本项研究得到国家社会科学基金重点项目
"中华民国新闻史研究"（13AXW003）资助

南京师范大学民国新闻史研究所丛书（第一辑）
新闻史人物研究系列 ｜ 倪延年 主编

幽默与抗争：
新闻人林语堂研究

钱 珺 著

南京师范大学出版社
NANJING NORMAL UNIVERSITY PRESS

图书在版编目(CIP)数据

幽默与抗争：新闻人林语堂研究 / 钱珺著. —南京：南京师范大学出版社，2018.10
(南京师范大学民国新闻史研究所丛书. 第一辑，新闻史人物研究系列)
ISBN 978-7-5651-3628-3

Ⅰ.①幽… Ⅱ.①钱… Ⅲ.①林语堂(1895—1976)—人物研究 Ⅳ.①K825.6

中国版本图书馆 CIP 数据核字(2017)第 319215 号

丛 书 名	南京师范大学民国新闻史研究所丛书(第一辑)
主　　编	倪延年
书　　名	幽默与抗争：新闻人林语堂研究
著　　者	钱　珺
责任编辑	项雷达
出版发行	南京师范大学出版社
地　　址	江苏省南京市玄武区后宰门西村 9 号(邮编:210016)
电　　话	(025)83598919(总编办)　83598412(营销部)　83598297(邮购部)
网　　址	http://www.njnup.com
电子信箱	nspzbb@163.com
照　　排	南京理工大学资产经营有限公司
印　　刷	江苏中山印务有限公司
开　　本	787 毫米×960 毫米　1/16
印　　张	16
字　　数	280 千
版　　次	2018 年 10 月第 1 版　2018 年 10 月第 1 次印刷
书　　号	ISBN 978-7-5651-3628-3
定　　价	45.00 元

出 版 人　彭志斌

南京师大版图书若有印装问题请与销售商调换
版权所有　侵犯必究

序　言

新闻史是新闻事业发生、发展和变化的历史。新闻史学是研究新闻事业发生、发展和变化的社会现象及其规律的科学,属于专门历史学的范畴。新闻事业主要由新闻信息、新闻人、新闻媒介及新闻活动等要素构成。对新闻事业要素发生、发展和变化历程的研究是新闻史研究的基本内容。《南京师范大学民国新闻史研究所丛书》(第一辑)就是由4种研究民国时期新闻史人物的专著组成的专题性学术丛书。

一

"十朝都会"南京是孙中山1912年元旦领导创建的中华民国临时政府的首都,从1927年4月18日起成为蒋介石国民党集团主导的"中华民国国民政府"(1946年11月"国民大会"后改称"中华民国总统府")所在地。[①] 由于特殊的政治地理位置,南京成为民国时期的政治经济文化中心。1924年4月1日开始发稿的国民党中央通讯社1927年5月移至南京,国民党中央广播电台1928年8月1日在南京开始播音;几经变迁的《中央日报》也于1929年2月1日正式在宁出报,其他新闻媒介也纷纷在南京创办或靠拢。自1927年至1937年的十年间及抗日战争胜利后的数年间,南京及周边地区的新闻事业得到较快的发展,成为民国时期中国新闻事业的中心地带,因而也成为民国时期新闻事业相关文献史料收藏和保存比较集中的地方,在研究民国时期新闻史方面具有不可多得的地理和文献优势。

南京师范大学在中国高等教育史尤其是高等师范教育史上是一所具有百余年历史和重要影响的学校,其历史可上溯至1902年由清末名臣张之洞奏请

---

① 日本侵略军1937年11月12日攻陷上海,民国南京政府国防最高会议1937年11月16日"议决迁都重庆"。1946年5月1日,国民政府颁布凯旋令,"定于5月5日国民政府自陪都重庆凯旋南京"。

创办的"三江师范学堂"。南京师范大学的新闻专业教育起源于国家教育部于1964年批准的在当时的南京师范学院政教系设立的新闻专业。后因国家暂时经济困难停止招生。1977年恢复高考时在中文系招收新闻专业本科生。1995年成立了由新闻系、广播电视新闻系、广告学系、现代教育技术学系组成的新闻与传播学院,2012年增设网络与新媒体系。经过几代人数十年的努力,南京师范大学新闻与传播学院毕业的学子遍布大江南北、北上广深。2001年获准设立新闻学和传播学硕士学位授权点,2006年获准设立新闻学二级学科博士学位点,2018年获准设立新闻与传播学一级学科博士学位授权点,被学界同行专家誉为"进入全国新闻教育第一方阵"。

2012年5月新闻与传播学院成立民国新闻史研究所。在此基础上,学校于2014年4月成立民国新闻史研究所。南京师范大学民国新闻史研究所是国内第一个以民国时期新闻史为研究对象和主题的学术研究机构,拥有本校在职教师和中国人民大学、中国传媒大学、华中科技大学、中央民族大学、暨南大学、南京大学、上海大学、湖南师范大学、华南师范大学、南京政治学院、新华通讯社等单位的民国新闻史专家相结合的研究队伍;同时也是一个立足国内、面向世界的开放互动型专业研究机构,分别于2014年、2015年、2016年和2018年承办,由中国新闻史学会和南京师范大学联合主办的第一、二、三、四届"民国新闻史高层论坛",从第一届开始就有来自新加坡和我国台湾地区的学者主动撰文、踊跃参会进行学术交流,此后的数届则有来自法国、英国及我国台湾地区、香港特区的学者参加学术交流。国家社会科学基金重大项目"中华民国新闻史"秘书处设在民国新闻史研究所,并编印信息通报性内部刊物《民国新闻史研究动态》,同时在组织第一、二、三届"民国新闻史高层论坛"过程中,研究所编辑出版了以应征论文为主要内容的《民国新闻史研究:2014》《民国新闻史研究:2015》和《民国新闻史研究:2016》年度学术集刊。

南京师范大学百余年深厚的文化底蕴,新闻与传播学院几代人数十年的治学传统,以及海内外众多专家的鼎力支持和赐教,为南京师范大学民国新闻史研究所开展研究活动提供了重要支持和保障。

二

研究民国新闻史应该也必须把当时的新闻史人物、新闻媒介、新闻事件及新闻活动放到特定的社会环境里进行认识和分析,才能比较客观地认识和评价民国时期的新闻史人物、新闻媒介及新闻史人物在媒介上说过的话和在新

闻活动中做过的事。民国时期社会环境的主要特点是：

1. "两半"社会性质依旧。中国半殖民地半封建的社会及国家（政府）运作形态定型于清末。孙中山领导创建了民国南京临时政府，虽然标志着中国封建君主专制王朝的终结和资产阶级共和政体的诞生，但仍然没有能改变中国半殖民地半封建的社会性质。孙中山在《对外宣言书》中声明："凡革命前清廷与各国所订条约、所借外债、所认赔款及让与各国或个人之种种权利，民国均予以承认、保护。"抗战胜利后，美国在中国设有军事顾问团，派遣数万海军陆战队驻扎中国上海、青岛、天津、北平和秦皇岛等地。国民党政府与美国政府（含驻华美军）签订的《中美警宪联合勤务协定》《中美友好通商航海条约》和《中美空中运输协定》"友好互惠"协定，使美国人仍实质享有治外法权和各种特权；美国商品在中国享有与中国商品征税、销售同等的待遇；美国船舶可在中国"开放之一切口岸、地方及领水内"自由航行；美国军舰在"危难"时可开进中国任何不开放的"口岸、地方或领水"；美国飞机可在中国领空随意飞行，并在上海"及以后随时同意之地点"作"非交通性的停靠"。可见当时的中国政府虽然是存在的，但美国人是不能得罪的。

2. 国民党处于强势地位。由于在推翻清朝统治斗争中的历史贡献，中国同盟会主导了民国南京临时政府的成立和运作。中国同盟会在民国北京政府及其众议院、参议院乃至全国政坛中仍是重要政治力量。在"二次革命"、成立护法军政府和非常大总统府、在苏联支持下和共产党合作开展反帝反封建"大革命运动"等重大事件中，国民党都一直掌握着中国政治运动的主导权。国民党新军阀首领蒋介石成立民国南京政府后，以"孙中山继承者"自居占据政治道德优势，借助庞大的军警宪特建立了"一党为大"的政治体制和运行机制，在国际上成为"中国政府"和中华民族的代表，并由于中华民族在世界反法西斯战争中的重要贡献，在"二战"结束后成为联合国五个常任理事国之一。因拥有全国社会、行政和自然资源。无论是在抗战时期还是抗战后国共谈判中，国民党都长期处于强势和执政的地位。

3. 共产党处于弱势地位。"大革命"运动中，共产党员是以"个人身份"加入国民党的，"整体和个体"与"主导和参与"关系十分明显。"国共合作"抗日应是平等的，但蒋介石在"庐山谈话"中说，"对于国内任何派别，只要诚意救国，愿在国民革命抗敌御侮之旗帜下共同奋斗者，政府无不开诚接纳，咸使集中于本党领导之下而一致努力"。一是"政府开诚接纳"，二是"集中于本党领导之下"，完全是"政府对民众""领导党对被领导党"姿态。抗战胜利后，毛泽东应蒋介石三次邀请到重庆进行国共谈判签署的是《政府与中共代表会谈纪要》,国民党是"政府"方,中共是党派"代表"。直到解放军展开战略反攻后,这种情况才开始改变。

4. 外国势力影响中国政治。民国时期对中国政治局势影响最大的是资本主义的英美、军国主义的日本及社会主义的苏联。日本在民国时期对中国进行了长达十四年的武装侵略,扶植的汉奸政府为虎作伥。中华民族在付出巨大代价后,终于把"日本鬼子"赶回了老家。蒋介石国民党集团重要官员的主要教育和从政背景加之第一夫人家族的特殊影响,使国民党政府成为"二战"结束初期美国对外援助的主要接受者。作为报答,国民党政府成为美国对抗苏联的"铁杆随从",中华民国成为美国军队的最大驻外国及战后剩余商品的倾销市场。社会主义苏联是既复杂多变又直接影响中国政局的重要力量。列宁领导的苏联先后于1919年7月25日和1920年9月27日发表两次"对华宣言",宣布"俄国历届政府同中国订立的一切条约无效,放弃以前夺取中国的一切领土和中国境内的一切俄国租界"等权利,积极支持国共合作反帝反封建"大革命"。国共分裂蒋介石转向英美后,苏联因与共产党意识形态一致而支持共产党。抗战时期,苏联既和日本订有《苏日中立条约》,又和民国南京政府保持外交关系;对抗战胜利后中共军队在东北地区的军事行动又给予重要的帮助。

5. 舆论影响政治走向。民国时期的民心及舆论力量来源,第一是辛亥革命运动尤其是五四新文化运动后日益普及的知识分子群体及上层精英人士认可并追求的民主、自由、平等、法治等西方资产阶级观念;第二是存在于中国社会底层民众之中的社会应公平合理,人与人平等相待,没有政治压迫和经济剥削,民众享有人格尊严和安定生活,外敌入侵时一致对外以维护国家领土完整和民族生存的传统文化精神;第三是世界各国主持正义人士反对强国欺凌弱国、侵犯别国主权和损害领土完整,反对侵略战争和支持反侵略战争的立场和呼声。这些方面的民心和舆论力量都对当时的国家政治生态产生了重要的影响。

上述各方因素,无一不对民国时期活跃在新闻界的各色人物产生明显而直接的影响,既成为他们表演人生"活报剧"的舞台或背景,也是我们研究民国时期新闻史人物应该考虑的时代或社会因素。

三

在构成民国时期新闻事业的新闻人、新闻内容、新闻媒介、新闻活动等诸要素中,新闻人是具有主观能动性并制约其他因素的核心因素。评价民国时期新闻史人物或新闻媒介,既不能割断其与阶级阵营、政党意识和学术派别的关系,也不能回到"以阶级斗争为纲"的研究模式,更不能落入"历史虚无主义"的陷阱,应坚持历史唯物主义和辩证唯物主义基本立场和观点,从不同维度进行评价。

首先是"国家观念"的维度。"国家"除了具有"阶级的统治机关"的政治涵义外,还指"有疆域、人民、独立地位和主权的不同地区的政治实体",而且在大多数人看来,"政府"和"国家"是两个不尽相同的概念,爱"国"不等于爱"政府"。只要新闻史人物或其掌握的新闻媒介的新闻活动有利于国家政治进步、经济发展及国防巩固,即对于"国家"有促进或补益作用,就应该肯定他们的历史性贡献。用"国家观念"衡量,多数民国新闻史人物的新闻活动都应该得到肯定——至少在客观上为"国家利益"尽了"书生报国""新闻救国"的责任。

其次是"民族利益"的维度。"民族利益"是指"一个民族在政治、经济、文化教育、语言、宗教、风俗习惯等各个方面利益的总和"。维护"民族尊严"是保护"民族利益"的重要内容。在外敌入侵、民族存亡的考验面前,大多数民国时期新闻人恪守"威武不能屈、富贵不能淫"的民族气节和坚持反对外敌侵略的新闻活动应得到充分肯定。

再则是"社会道德"的维度。新闻传播活动属于上层建筑领域的活动。新闻史人物只要在其新闻活动中宣传弘扬中华民族历史发展中形成的崇敬文明、注重秩序、尊重多元、平等待人、与人为善、乐于助人、尊老爱幼、崇尚节俭等主流传统社会优良道德,并以其实际行动和效果对社会良好道德风貌的形成发挥积极意义,利于正常社会秩序的形成和稳定,就应该予以积极的肯定。

最后是"行业贡献"的维度。"行业贡献"是指新闻史人物对新闻基础理论、专业实践及行业技术等社会性进步做出的贡献。用"行业贡献"的标准衡量,所有在民国时期对新闻行业的人才培养、技术进步、实践经验、新设备和技术的引进及应用等方面具有开拓意义和促进作用的言论行为都应得到肯定。

另外还有"阶段表现"的维度。"阶段表现"是指在对新闻史人物进行评价时,应对其不同历史阶段中的新闻活动的"是"或"非"进行阶段区别性的记载和评价。我们认为,即使对大革命失败后与党分道扬镳,后来成为"托派"领袖,并亲自创办"托派"报刊鼓吹"二次革命"且拒不认错的陈独秀,也应客观评价其在共产党创建前创办《安徽俗话报》和《新青年》所发挥的积极作用,客观评价他在参与创建共产党并在共产党成立后领导创办《向导》等中共机关报并初步形成中共党报体制等活动中的历史性贡献。

四

南京师范大学民国新闻史研究所是全国新闻史学界及其他领域民国新闻史研究专家学者的共同学术平台。其研究对象涵盖民国时期新闻事业的全部要素，包括新闻史人物研究、新闻媒介研究、新闻事件研究、地方新闻事业研究及其他专题性研究等多个方面。其研究成果将以《南京师范大学民国新闻史研究所丛书》的形式陆续出版。现在呈现给读者诸君的就是4种以民国时期新闻史人物为研究对象和主题的著作组成的《南京师范大学民国新闻史研究所丛书》（第一辑）。

首先，就研究对象而言，4种著作研究的对象即传主有一个"共性"，即都与"民国时期"有关。无论是胡道静、黄天鹏，还是马星野和林语堂，他们的新闻活动主要是在民国时期。他们各人的经历和奋斗，从不同的侧面反映了在那个特定时代环境下不同经历和个性的新闻人所走过的人生道路及特定社会环境在每一个新闻人身上打下的"时代印记"。

其次，这些著作研究的4位传主的人生道路和思想轨迹都经历了不同的转变。胡道静的新闻活动从积极主张抗日转向追求政治民主。黄天鹏从汕头报馆福建特派记者起步，后官至"国大代表"兼任宪政督导委员会委员。马星野从新闻学教师到实际主持中央政治学校新闻系，又成为《中央日报》社长，其新闻思想经历了从"西方新闻专业主义"到"国家民族至上"的"三民主义"，再到"蒋公语录"阐释下的现代大众传播思想的发展历程。林语堂则经历了先是"横眉怒对"北洋军阀忍枪的"语丝派"，后转为提倡"幽默""闲适"但对现实进行明讽暗批的"论语派"，又在抗战时期成为积极"抗日派"的转变过程。当然各位传主转变的轨迹又各具"个性"。

再则，这4位作者都是年轻的新闻史研究者，都在高等学校从事新闻传播教学研究，也都是南京师范大学新闻与传播学院培养的新闻史学方向博士。他们在攻读博士学位期间仍要完成规定的教学研究工作量；或在学习时担任学校管理部门负责人；或在学习时继续讲课当辅导员的同时还当了妈妈；或是因脱产读书而必须外出兼课以减轻经济压力；等等。但欣慰的是他们都克服了困难，如期完成了学位任务。他们能够专注特定新闻史人物"打深井"，尽可能搜集相关史料并认真研读，探讨他们所处社会环境与人生道路的关系，解剖"这一个"人物的人生轨迹、新闻经历、思想变化、贡献和遗憾，力图考证展现一个比较客观、真实和完整的"他"。

最后,"人是各种社会关系的总和"。又因这些著作研究的是"民国时期"新闻史人物,而这些年轻的著者们却不可能有机会亲身经历和体会民国时期新闻史人物所处的"那个"时代,加之各人学术积累和对研究对象认识程度的差异、不同研究对象相关文献史料搜集和研读难度的不同,当然也受到导师学识水平的局限,所以收入《南京师范大学民国新闻史研究所丛书》(第一辑)中的这些著作难免有多方面的不足。好在他们是一群年轻人,且是一群有志于学术的年轻人,相信他们会通过不断努力达到不断完善的目标。

是为序。

倪　延　年
二〇一八年九月三十日于师大随园
南京师范大学民国新闻史研究所

目　录

序　言	1
引　言	1
第一章　林语堂成长为"新闻人"的背景	11
第一节　家庭熏陶与林语堂人生道路的选择	11
一、基督教家庭的影响与熏陶	12
二、在圣约翰大学的得与失	17
第二节　林语堂"成长"的时代背景	21
一、晚清到民国时期新闻业生态环境的变化	21
二、传统向现代转型的知识分子的出路	25
第三节　特定社会环境下的成长之路	31
一、文学革命的洗礼	31
二、开始向杂志投稿	33
小　结	37
第二章　林语堂的新闻实践研究	39
第一节　林语堂新闻实践的主要历程	39
一、"语丝"时期(1924—1932年)	40
二、"论语"时期(1932—1936年)	52
三、抗日时期(1936—1945年)	77
四、"无所不谈"时期(1965—1967年)	85
第二节　林语堂新闻实践的主要内容	86
一、鞭笞北洋军阀专制及其拥护者	87
二、抨击国民党右派的高压统治	92
三、创建相对自由的公共舆论空间	96

四、宣传中国抗战 ································· 98
　第三节　林语堂新闻实践的主要特点 ················· 102
　　一、以"幽默""中立"反抗恶政现实 ················· 103
　　二、从精英视角到大众立场 ························· 105
　　三、将文学风格引入新闻实践 ······················· 106
　　四、具有关注当下的新闻意识 ······················· 107
　　五、把个人情感升华为民族情感 ····················· 108
　小　结 ··· 110

第三章　林语堂的新闻与舆论思想研究 ················· 112
　第一节　林语堂新闻思想的主要内容 ················· 112
　　一、关于新闻功能的思想 ··························· 113
　　二、关于报刊文体的思想 ··························· 122
　　三、关于报刊编辑的思想 ··························· 133
　　四、关于报刊经营的思想 ··························· 141
　第二节　林语堂舆论思想的主要内涵 ················· 149
　　一、"民间的而非政府的" ··························· 149
　　二、"政府可一时压制而非能一直压制" ··············· 152
　　三、"民众的而非精英的" ··························· 156
　　四、"民意推动社会发展与进步" ····················· 162
　第三节　林语堂新闻与舆论思想的渊源初探 ··········· 163
　　一、辛亥革命后民主自由思想的熏陶 ················· 164
　　二、西方传媒理论的浸染 ··························· 166
　　三、中国传统文人性格的影响 ······················· 170
　小　结 ··· 176

第四章　新闻人林语堂的学术地位与历史评价 ··········· 178
　第一节　舆论史研究开我国舆论研究之先河 ··········· 178
　　一、研究成果的学术价值 ··························· 178
　　二、产生的社会影响 ······························· 181
　　三、研究的不足之处 ······························· 184

第二节　新闻人林语堂的历史贡献·················187
　一、报刊文体创新影响后人·····················187
　二、对军阀和国民党专制的控诉应充分肯定·······193
　三、海外抗日宣传产生了重要影响···············196
第三节　新闻人林语堂的局限性···················201
　一、未能一以贯之实践新闻自由的主张···········201
　二、对国情和政党的认识不够全面客观···········203
　小　结·······································205
结　语　多侧面的新闻人林语堂···················207
参考文献·······································218
附　录　林语堂新闻活动年表·····················228
后　记···240

引 言

20世纪80年代以来,在新闻史研究中,新闻人物研究一直是重要的组成部分,并取得了显著成绩,尤其是民国时期涌现的一批职业记者和报人,一直都是新闻人物研究的主要研究对象。在民国这一特定历史时期,除了史量才、成舍我、邵飘萍、黄远生这样的职业新闻人之外,还有一群活跃在新闻界的非职业化记者或报人,他们大多拥有独立的职业,在文学、文化、政治、教育等领域成就显著,或是著名的文学家、翻译家,或是政治家、哲学家、教育家,从事新闻活动虽非他们的"主业",然而他们的新闻实践却在新闻界产生了较大的影响,他们在新闻界的活动及成果,也构成了新闻史书写的内容之一。

一、从"新闻人"视角研究林语堂的意义与价值

林语堂是民国时期著名的小说家、散文家及文化学者,其著名小说《京华烟云》和杂谈《吾国与吾民》影响甚广,又因提倡"幽默"、创办刊物《论语》并创立"论语体"文风受到当时文化界关注,成为名噪一时的人物。但林语堂又不仅是小说家、散文家和文化学者,在他数十年的人生历程中,也有创办杂志、呼吁民主自由、反对国民党专制以及撰写出版《中国新闻舆论史》等以往较少人关注的重要方面。

在学术界,林语堂一直是被研究的重要人物之一,但由于极左思潮的影响,林语堂研究经历了一个较为曲折的发展过程。最早的研究可追溯到20世纪三四十年代鲁迅、郁达夫、胡风、阿英等人对林语堂及其著述、创办刊物的评论,之后一直到1979年这段时间里,由于政治立场问题,林语堂几乎在大陆学术界销声匿迹,即使被提及也是以反动文人的身份被定格。[①] 改革开放以后,伴随着马克思主义"实事求是"学风的深入人心,林语堂研究走出禁区,在世纪之交形成一股研究热潮。纵观学术界对林语堂的研究,长期以来较多地集中

---

① 王兆胜:《林语堂研究的意义、现状与瞻望》,《闽台文化交流》2006年9月(季刊)。

在他的文学成就和风格、对外文化交流及影响等方面,从新闻人视角研究的文章并不多见,尤其是对林语堂新闻活动的系统研究,目前尚未见到。本书从新闻人视角对林语堂的思想和行为进行挖掘、研究、描画,应当是一个有新意的视角,或可充实学术界已有的林语堂研究成果和拓展林语堂研究领域,向社会展现一个更为"完整"的林语堂。此外,已有的新闻人物研究往往把研究重心放在职业化的记者和报人群体,本书认为,把林语堂这类在特定历史时期从事新闻活动,并在新闻界产生社会影响的非职业化记者或报人纳入新闻人研究范畴,未尝不是一种新的思路和视角。

林语堂的新闻活动主要分为两个部分:一是作为报人、编辑、撰稿人的新闻实践,二是作为学者对中国的报刊和舆论的发展演变进行研究的实践。在民国时期的非职业化新闻人群体中,之所以选择林语堂作为个案进行研究,一方面在于林语堂的独特性及其在中国新闻舆论领域的学术地位。由于环境和个性的综合影响,林语堂的新闻实践常常处于"现实与理想""抗争与妥协"的矛盾之中,并努力在儒家的"入世"与道家的"出世"间寻找一种平衡,最终确立了以幽默、闲适、近情为中心的中庸主义新闻实践哲学。他创办的"论语派"刊物及提倡的幽默闲适文风与当时大报、杂志上严肃的笔调形成鲜明对比,并对当时的新闻业产生了较大影响。作为那个时代为数不多的中国新闻史研究学者之一,他对舆论进行的研究开我国舆论研究之先河,1935 年写成的《中国新闻舆论史》(*A History of the Press and Public Opinion in China*)是第一本用英文写成并在国外出版的新闻学著作,一经出版就在美国、日本等国家引起了较大关注和反响,为中国新闻史学向海外传播做出了特殊的贡献:在美国,该书是 20 世纪 50 年代美国大学研究中国近代史的指定参考书之一,对美国的汉学研究产生过重要影响;在日本,林语堂是受到日本新闻学术界认可的两位 20 世纪上半叶中国新闻学代表人物之一(另一位是戈公振),《中国新闻舆论史》曾两度被翻译成日文在日本出版。

另一方面,林语堂的新闻实践经历代表了五四时期一批以文化启蒙为目标的知识分子的人生经历和轨迹,他们在时代、环境和个人愿望的驱使下,以西方自由、平等、民主思想为理论武器,以报刊为平台,不同程度地参与社会变革。林语堂新闻实践历程的发展变化,呈现出一部分知识分子所经历的矛盾、徘徊、抉择的心路历程。通过对林语堂新闻实践经历和新闻思想的探索,本书也试图揭示出身处民国时期复杂的社会背景下这部分新闻实践者的群像特征。

二、现有研究述评

如前所述,目前尚未见到关于"新闻人"林语堂的系统研究,但零星谈论或个别提及林语堂新闻活动的研究成果有不少已经问世。经过梳理,大致分为以下几种类型。

(一)各类林语堂传记中对其新闻实践活动的记载

在《林语堂在大陆》①《林语堂在海外》②《林语堂传》③等传记中,对林语堂的新闻实践活动进行了不多的相关记载,虽然总体上关注度不够,但对林语堂在上海创办"论语派"刊物以及在海外的抗日宣传活动做了一定程度的描述和记录,为梳理和分析林语堂的新闻实践历程提供了依据。

(二)对林语堂的纪念性和评述性文字的汇编

1.《林语堂名著全集》④

全套丛书共 30 卷,收录和翻译了林语堂生平大部分用中文和英文创作的小说、传记、论著和译文,并收录了林语堂民国时期发表于《语丝》《论语》《人间世》《宇宙风》等刊物的文章(主要收在《拾遗集》⑤中),从中可以梳理出大量珍贵的一手资料。例如在《拾遗集》中,能反映林语堂的新闻认知、办刊理念、编辑思想、文体观念的文章史料有:《〈论语〉缘起》《论语社同人戒条》《〈论语〉第二期编辑后记》《〈论语〉第三期编辑后记》《我们的态度》《〈申报〉〈新闻报〉之老大》《与陶亢德书》《再与陶亢德书》《发刊〈人间世〉意见书》《跋〈西洋幽默专号〉》《〈论语〉三周年》《论小品文笔调》《小品文之遗绪》《再谈小品文之遗绪》《且说本刊》《无花蔷薇》《写中西文之别》《〈字林西报〉评走私》《中国杂志的缺

---

① 施建伟:《林语堂在大陆》,北京:北京十月文艺出版社,1991 年。
② 施建伟:《林语堂在海外》,天津:百花文艺出版社,1992 年。
③ 林太乙:《林语堂传》,北京:中国戏剧出版社,1994 年。
④ 林语堂:《林语堂名著全集》(一至三十卷),长春:东北师范大学出版社,1994 年。
⑤ 《拾遗集(上)》所收录的是林语堂在《语丝》和《论语》上发表的文章(1925 年 1 月 26 日—1936 年 1 月 1 日),见《林语堂名著全集》第十七卷。《拾遗集(下)》主要收录林语堂在《人间世》《宇宙风》《宇宙风乙刊》等刊物发表的文章(1934 年 6 月 5 日—1944 年 11 月),见《林语堂名著全集》第十八卷。

点——《西风》发刊词》《临别赠言》《自由并没死》《在美编〈论语〉及其他》《说本色之美》《与又文先生论〈逸经〉》《说小品文半月刊》《关于〈人间世〉》《所望于〈申报〉》《〈申报〉的医学副刊》《谈画报》等。除此之外,收在《披荆集》中的《方巾气研究》《二十二年之幽默》《为蚊报辩》《半部〈韩非〉治天下》《文章五味》《编辑滋味》《编辑罪言》,《无所不谈合集》中的《谈文体之变——为〈自由谈〉二十年纪念而作》《说新旧文学之不同》《看见碧姬芭杜的头发谈小品文》《谈新闻事业与现代社会》,《大荒集》中的《论现代批评的职务》,《行素集》中的《谈言论自由》等文,也体现了林语堂的新闻思想。

2.《小评论:林语堂双语文集》①

该文集中英文对照,共收录了目前所能找到的全部林语堂双语作品50篇,其中的英文版本大部分发表于《中国评论周报》②(The China Critic)的《小评论》("The Little Critic")专栏,中文版本陆续发表于《论语》《人间世》《宇宙风》等刊物上。这些作品大多英文版在先,中文版在后,两相对照后发现,中英文版本之间并非简单的翻译,而是针对不同读者和语境的再创作。此文集为全面解读和分析林语堂的新闻实践风格和新闻思想提供了较有价值的文本资料。

3.《林语堂研究论集》③

全书分为两辑,共收录以林语堂的学术思想和人生轨迹为切入点,论述林语堂作为一代学人的思想历程的文章17篇,对全面把握林语堂的思想变化有较大的参考价值。

4.《林语堂评说70年》④

全书分为批评、忆念、论说三个部分,其中"批评"部分收录了鲁迅谈及林语堂的文章与书信,林语堂在报章上与他人关于《子见南子》的论争文章、林语堂与郭沫若等左翼作家的论争文章等,为林语堂一生中几次著名的论争补充了细节和史料;"忆念"部分收录了郁达夫、曹聚仁、邵洵美、章克标、徐訏等人的回忆性文章22篇,为林语堂的新闻活动提供了颇多个人回忆性史料和细节;"论说"部分收录了胡风、唐弢、王兆胜等人的评论性文章14篇,对全面、客

---

① 钱锁桥编:《小评论:林语堂双语文集》,北京:九州出版社,2012年。
② 又译作《中国评论周刊》。
③ 施建伟:《林语堂研究论集》,上海:同济大学出版社,1997年。
④ 子通编:《林语堂评说70年》,北京:中国华侨出版社,2003年。

观评价林语堂的新闻活动具有一定的参考价值。

（三）有关林语堂研究的学术会议

1. "走近林语堂"国际学术研讨会

2006年9月23日，在林语堂先生111周年诞辰暨逝世30周年之际，漳州市林语堂研究会成立，并于次年的12月举行了以"走近林语堂"为中心议题的"林语堂国际学术研讨会"，来自海内外7个国家和地区的200余名专家学者从多种角度和多个层面对林语堂进行了深入研讨，并编辑出版了会议论文集《走近幽默大师》①，收录会议论文52篇。在这次学术会议上，仅有一篇论文《从〈中国新闻舆论史〉看林语堂的新闻审查观》从新闻学视角对林语堂的新闻思想做出了解读。此外，《林氏刊物的流风余绪——以上海沦陷区散文期刊为例》《民族意识与抗战文化——林语堂抗战期间文化活动的思想检讨》两篇论文分别从文学、文化视角述及林语堂的新闻实践活动。

2. "跨越与前进——从林语堂研究看文化的相融相涵"国际学术研讨会

该会议于2006年10月13日至14日在台北东吴大学举行，会后出版了会议论文集②。在这次会议上，台北的秦贤次先生宣读了他的最新研究成果《林语堂与圣约翰大学》，他收集的《圣约翰人》(1916年年刊)(*The Johannean 1916*)为研究林语堂在上海圣约翰大学时的学习情况提供了更多的证据，一些在林语堂自传和传记中不曾提及或一笔带过的内容得到了部分解释或证实。③ 这篇论文也为林语堂在圣约翰大学时期曾经当过英文编辑提供了证据。

（四）对林语堂新闻思想的个案研究

1. 编辑出版观念研究

冉彬的博士论文《30年代上海文学与上海出版业》对林语堂和出版的关系进行了考察，认为林语堂开创的现代小品文是颇受读者欢迎的报刊文体，通

---

① 陈煜斓主编：《走近幽默大师》，北京：中国社会科学出版社，2008年。
② 《跨越与前进——从林语堂研究看文化的相融相涵国际学术研讨会论文集》，台北林语堂故居，2007年。
③ 李平：《林语堂的学生生涯史料考察》，《闽台文化交流》2009年第4期。

过和中外出版商的合作,林语堂让中国文学从上海走向了世界。①薛晖的硕士论文《林语堂30年代期刊编辑思想研究》,根据林语堂的编辑实践总结出其编辑思想包括四个方面:"开卷有益、掩卷有味"的办刊宗旨;重视刊物的个性和特色;完全公开"地盘"的办刊方针;儒家精神与现代市场经济相结合的办刊理念。②鹿丽萍的《林语堂编辑出版思想略论》认为无论是创作小说、编撰英文读本还是创办编辑期刊,林语堂总能成功的原因在于"无论作为什么身份,总能从读者和市场需求的角度考虑问题,这使他成为一个从来不是为研究而写作的纯学者,而成为一个畅销书作家,一个有着社会使命与人文关怀的学者"③。吴慧坚的《文化传播与策略选择——从林语堂著〈生活的艺术〉说起》,以《生活的艺术》一经出版就跃居美国畅销书排行榜第一名为例,分析林语堂在传播中国文化的著述与传播过程中给予我们的启示,即注意文化传播的共享性、丰富性、时代性和局限性。④章敏的《论林语堂1930年代创作语境与读者接受的变化及对当下的启示》,认为20世纪30年代的上海读者群主体是在言论不自由的空气下偏离政治倾向、受过一定教育的新市民阶层。林语堂这一时期的创作转型,既有着反对文学政治化、工具化的对文学独立性的坚持,又有着对自身文学观念的完善与发展,其实质是外因与其文学审美自觉追求的深度契合。⑤

2. 文体观念研究

马永利的博士论文《现代都市语境下的中国"杂志文"》,以林语堂提倡的"杂志文"概念为核心,提出"杂志文"在中国大众文艺杂志发展过程中,以不同形态和不同特征贯穿始终,其间,"杂志文"越来越表现出林语堂所提倡的"通俗""近情""贴近生活"的特征,体现出一种现代化趋势,作者群体也由绝对多数的作家文人向更多的社会人物发展。⑥邓琳的硕士论文《静观的智识——

---

① 冉彬:《30年代上海文学与上海出版业》,上海师范大学博士学位论文,2007年。
② 薛晖:《林语堂30年代期刊编辑思想研究》,河南大学硕士学位论文,2006年。
③ 鹿丽萍:《林语堂编辑出版思想略论》,《编辑之友》2010年第8期。
④ 吴慧坚:《文化传播与策略选择——从林语堂著〈生活的艺术〉说起》,《福建论坛(人文社会科学版)》2007年第9期。
⑤ 章敏:《论林语堂1930年代创作语境与读者接受的变化及对当下的启示》,《徐州师范大学学报(哲学社会科学版)》2008年第6期。
⑥ 马永利:《现代都市语境下的中国"杂志文"》,山东师范大学博士学位论文,2005年。

林语堂20世纪30年代散文现代理性精神》,指出林语堂20世纪30年代创作的大量散文作品或隐或显地贯穿着现代理性精神,这种现代理性精神既具有自然科学理性,又包含人文主义理性,是他把西方的理性精神和中国儒家、道家思想相结合,取自己所需而产生的一种现代精神。① 黄宁的硕士论文《鲁迅和林语堂:关于1930年代的小品文论争》,认为鲁迅与林语堂之间历时三年的小品文论争,双方主要在三个问题上产生了不同看法:一是幽默问题,二是性灵文学观,三是闲适的人生态度。②

3. 新闻自由思想研究

彭昕的硕士论文《林语堂新闻自由思想研究(1924—1936)》,从言论自由、新闻检查制度、新闻自由如何实现三个方面展开论述,提出林语堂的新闻自由思想是对资本主义新闻自由思想的传承和创造性发展。③ 周仁政的《论林语堂的自由个人主义文化观》,从文化史角度考察林语堂自由个人主义理念的文化内涵及特征,提出林语堂的自由个人主义是一种在文化观念上消弭了自由主义政治文化倾向而专注于个人心灵世界的独特文化形态,他在东西合璧的意义上确立了以"中国的人文主义"为价值尺度的文化理想,以宗教泛爱主义为理性依托,把自由主义引向文学实践一隅,建构了一种独特的个人化文化表达方式。④

(五) 对林语堂新闻学著述与刊物的个案研究

1. 对《中国新闻舆论史》的研究

侯东阳的论文《林语堂的新闻舆论观——评林语堂的〈中国新闻舆论史〉》,首次向国内新闻学界介绍和评析《中国新闻舆论史》这部英文著作的内容。⑤ 王海和何洪亮的《中国古代舆情的历史考察——从林语堂的〈中国新闻

---

① 邓琳:《静观的智识——林语堂20世纪30年代散文现代理性精神》,同济大学硕士学位论文,2009年。
② 黄宁:《鲁迅和林语堂:关于1930年代的小品文论争》,青岛大学硕士学位论文,2009年。
③ 彭昕:《林语堂新闻自由思想研究(1924—1936)》,中南大学硕士学位论文,2013年。
④ 周仁政:《论林语堂的自由个人主义文化观》,《江苏社会科学》2000年第2期。
⑤ 侯东阳:《林语堂的新闻舆论观——评林语堂的〈中国新闻舆论史〉》,《新闻与传播研究》2001年第2期。

舆论史〉说起》,依据《中国新闻舆论史》分析考察了中国古代舆情的发展与特点。① 曾菡的硕士论文《〈中国新闻舆论史〉研究》,将《中国新闻舆论史》与朱传誉的《中国民意与新闻自由发展史》在新闻自由、中国古代新闻事业、近代报刊等内容方面进行了比较分析,并分析了20世纪30年代中国报业、期刊的发展情况以及现代新闻检查制度。② 王海的《20世纪二三十年代中西杂志比较——兼论林语堂的杂志观》,根据林语堂在《中国新闻舆论史》中关于当时杂志状况的描述,提出尽管20世纪二三十年代中国的杂志种类繁多,但杂志的编辑和写作水平远没有达到西方杂志的高度,原因主要是中西杂志在写作风格、作者群体、采写内容、经营方面,尤其是新闻伦理方面存在很大的差异。③ 吴翔的《林语堂的舆论改良观——关于〈中国新闻舆论史〉的解读》,提出林语堂对新闻审查制度的研究是对戈公振《中国报学史》的继承和发展,新闻审查的本质是政府需要,其实质是一种舆论改良观。④

2. 对林语堂创办或编辑的刊物的研究

徐冰的《20世纪三四十年代中国文化人的日本认识:基于〈宇宙风〉杂志的考察》,透过林语堂创办的杂志《宇宙风》上有关日本问题的评论和报道,以20世纪三四十年代中国文化人的视角对20世纪的中日关系进行了回顾和总结。⑤ 李英姿的博士论文《传统与现代的变奏——〈论语〉半月刊及其眼中的民国》,指出《论语》半月刊是林语堂、邵洵美等文人群体宣扬自己的政治观点、文化理念和生活理念的大舞台,充分展示出这一文人群体从传统到现代的嬗变;"古今中外"融汇的民国时期孕育了《论语》半月刊,《论语》半月刊则以十分活泼的"幽默文化"风格参与了民国社会从传统向现代的转型。⑥ 黄芳的博士论文《跨语际文学实践中的多元文化认同——以〈中国评论周报〉〈天下月刊〉

---

① 王海、何洪亮:《中国古代舆情的历史考察——从林语堂〈中国新闻舆论史〉说起》,《湖北社会科学》2007年第2期。
② 曾菡:《〈中国新闻舆论史〉研究》,武汉大学硕士学位论文,2008年。
③ 王海:《20世纪二三十年代中西杂志比较——兼论林语堂的杂志观》,《国际新闻界》2008年第9期。
④ 吴翔:《林语堂的舆论改良观——关于〈中国新闻舆论史〉的解读》,《世界华文文学论坛》2011年第4期。
⑤ 徐冰:《20世纪三四十年代中国文化人的日本认识:基于〈宇宙风〉杂志的考察》,北京:商务印书馆,2010年。
⑥ 李英姿:《传统与现代的变奏——〈论语〉半月刊及其眼中的民国》,首都师范大学博士学位论文,2008年。

为中心的考察》,研究了林语堂等中国现代知识分子以《中国评论周报》《天下月刊》为媒介进行的跨语际文学实践与文化传播活动。① 田焱的硕士论文《〈论语〉杂志研究》,对《论语》的整体面貌及运行机制进行了考察,并在特殊历史文化语境下探讨了《论语》式文风存在的可能性。② 俞王毛的硕士论文《传承与建构——〈论语〉〈人间世〉〈宇宙风〉的特征及其影响》,以林语堂创办的三份刊物为研究对象,分析了其在思想和艺术上的独特成就及对三四十年代上海文学的影响。③ 另一篇硕士论文刘丽芸的《〈论语〉〈人间世〉〈宇宙风〉与林语堂性灵文学观的建构》,也从这三份刊物出发,阐述了林语堂性灵小品文理论的发展过程及其与期刊之间的关系。④

上述关于林语堂新闻思想、著述、创办期刊的个案研究为全面认识林语堂的新闻实践经历和思想提供了一定基础,但这些研究多数站在文学、历史学和文化学的视角,往往是在研究其他问题时附带提到林语堂的新闻活动及思想,无法清晰呈现林语堂在新闻学领域的实践特征,真正从新闻人视角切入的研究数量少而缺乏整体性,无法整体呈现林语堂作为新闻人的形象和特性。

三、本书的内容框架、研究思路与方法

本书的总体研究目标和宗旨是探寻林语堂在文学、文化和翻译成就之外的另一面——作为"新闻人"的经历、历史贡献和人物特性,从而与其他领域研究者的成果一起向世人展现一个更为完整的林语堂形象。为了全面呈现林语堂作为新闻人的形象和特性,本书把林语堂的新闻实践活动和新闻与舆论思想作为研究对象,一方面对林语堂新闻实践的背景和历程做阶段性的描述,分析他的新闻实践风格和特征,另一方面以林语堂创办的刊物和新闻学著述为研究文本,分析他的新闻与舆论思想的内涵和形成过程。在此基础上,对林语堂在我国新闻舆论领域的学术地位和历史贡献进行探讨和思考,进而展现林语堂作为新闻人的形象和特征。

---

① 黄芳:《跨语际文学实践中的多元文化认同——以〈中国评论周报〉〈天下月刊〉为中心的考察》,华东师范大学博士学位论文,2010年。
② 田焱:《〈论语〉杂志研究》,上海师范大学硕士学位论文,2006年。
③ 俞王毛:《传承与建构——〈论语〉〈人间世〉〈宇宙风〉的特征及其影响》,厦门大学硕士学位论文,2006年。
④ 刘丽芸:《〈论语〉〈人间世〉〈宇宙风〉与林语堂性灵文学观的建构》,厦门大学硕士学位论文,2006年。

基于这样的研究思路,对林语堂新闻实践历程的梳理和分析、对林语堂新闻与舆论思想的内涵及形成过程的探讨构成本书主体部分的第二和第三章,第一章主要从社会背景和家庭环境探讨林语堂成长为"新闻人"的背景,第四章在第二和第三章的基础上对林语堂在我国新闻舆论领域的学术地位和历史贡献做出评价。林语堂的新闻活动主要集中于20世纪二三十年代,但为了尽可能呈现林语堂从事新闻活动的全貌,本书对其新闻实践历程做了从头到尾的梳理,并依据其新闻思想和实践理念的发展变化划分为四个阶段:从加入"语丝社"到创办"论语派"刊物前为第一阶段,即"语丝"时期(1924—1932年);从在上海创办"论语派"刊物到出国赴美定居前为第二阶段,即"论语"时期(1932—1936年);从出国后到抗日战争结束为第三阶段,即抗日时期(1936—1945年);到台湾定居后在"中央社"开辟《无所不谈》专栏为第四阶段,即"无所不谈"时期(1965—1967年)。这样的阶段划分一是为了叙述方便,二是为了更好呈现林语堂新闻与舆论思想的发展变化轨迹。需要说明的是,由于林语堂兴趣广泛,涉猎多个领域,他的新闻实践历程在时间上并不是连续的。

本书所探讨的既是一个新闻学课题,又是一个历史学课题,必须把研究对象纳入具体的历史语境中考察,尊重历史,注重史实实证,因此本书采用的研究方法主要是文献研究法。运用到的文献主要有:与林语堂直接相关的传记、年谱、文集、回忆录;林语堂公开发表的能反映其新闻思想和舆论观念的著作、文章、演讲;林语堂实际创办并编辑的《论语》《人间世》《宇宙风》等刊物。此外,本书还采用了历史比较法。对于林语堂创办的幽默刊物与当时的大报、左翼文学刊物在办刊立场、办刊理念等方面的不同,对林语堂与胡适、鲁迅选择的不同的新闻实践道路,以及与梁启超和李普曼的舆论思想的不同,都做了不同程度的比较。

第一章 林语堂成长为"新闻人"的背景

从林语堂的人生历程来看,新闻实践只是他的副业,并不能体现他的最大成就,但是,他却一生都保持着与新闻界的密切联系,当过报人、编辑、撰稿人、评论家、专栏作家、新闻学者。那么,是什么吸引他走上新闻实践之路的?他又为何没有选择新闻业作为自己的主业?从职业属性来看,林语堂既非职业的记者也非职业的报人,那么在记者和报人开始职业化的年代,他是如何以一个自由人的身份出入新闻界的?为什么当时的新闻界需要这一类人?从林语堂的新闻实践道路来看,他追求"不左不右",不黑不白,坚持"两脚踏中西文化,一心评宇宙文章"的新闻立场,不做政治附庸,尊重人的需求,具有开拓创新意识和人文关怀,那么,是什么样的家庭和成长环境造就了这样的林语堂?本章分别从家庭环境、时代背景、个人境遇三个方面进行探讨,以此呈现林语堂之所以成为"新闻人林语堂"的原因。

第一节 家庭熏陶与林语堂人生道路的选择

光绪二十一年农历八月二十二日(1895年10月10日),林语堂出生于福建省龙溪县坂仔村一个基督教家庭,幼名和乐,学名玉堂,字语堂。[①] 家中有兄弟六人,姐姐两人,林语堂排行第五。林语堂幼时跟随父亲传教,先后在教会小学、教会中学接受教育,后入上海圣约翰大学学习英文。在林语堂世界观和人生观形成的主要阶段,基督教的家庭背景和成长环境对他的性格、观念的形成产生了重要影响,并由此影响了他对新闻道路的选择。

---

① 林语堂在早期常使用"玉堂"这个名字,从海外学成归来回北京之后,发表文章署名"语堂",后来就不用"玉堂"了。见林太乙:《林语堂传》,《林语堂名著全集》第二十九卷,长春:东北师范大学出版社,1994年,第47页。

一、基督教家庭的影响与熏陶

林语堂的次女林太乙曾说:"他(林语堂)写过约六十本书,上千篇文章,但除了常提到他快乐的童年之外,很少写到他的私人生活。"①童年生活对林语堂而言是值得"流连眷恋"的"特殊甜美的时光",②他八十岁时回忆自己的童年,认为有三样东西对他的影响较大,一是出生地龙溪县坂仔村的山景,二是身为理想家的他的父亲,三是严格的基督教家庭。③坂仔的山景赋予林语堂朴素的平民视角、自由独立的灵魂,他在回忆中总结道:"如果我有一些健全的观念和简朴的思想,那完全是得之于闽南坂仔之秀美的山陵,因为我相信我仍然是用一简朴的农家子的眼睛来观看人生。那些青山,如果没有其他影响,至少曾令我远离政治"④,"我之所以这样,都是仰赖于山。这也是人品的基调,我要享受我的自由,不愿别人干涉我"⑤。而他的父亲及基督教家庭带给他的则是乐观上进、大胆创新、幽默风趣的品质。林语堂新闻实践风格的形成,对新闻功能的认识,都有童年成长环境和家庭的影响。这其中,父亲对他的影响最大,"他所知道的许多事情,都是父亲讲给他听的"⑥。

林语堂的父亲林至诚(1855—1922年)是一个基督教牧师,在林语堂记忆中,父亲"是个无可救药的乐观派,锐敏而热心,富于想象,幽默诙谐",且"是以极端的前进派知名的。在厦门很少男孩子听说有个圣约翰大学之时,他已经送自己的孩子到上海去受英国语文的教育了"⑦。幼年的林至诚生活很艰苦,

---

① 林太乙:《林语堂传》,见《林语堂名著全集》第二十九卷,长春:东北师范大学出版社,1994年,第1页。

② 林语堂著,工爻译:《林语堂自传》,见《林语堂名著全集》第十卷,长春:东北师范大学出版社,1994年,第7页。

③ 林语堂著,张振玉译:《八十自叙》,见《林语堂名著全集》第十卷,长春:东北师范大学出版社,1994年,第251页。

④ 林语堂著,工爻译:《林语堂自传》,见《林语堂名著全集》第十卷,长春:东北师范大学出版社,1994年,第5页。

⑤ 林语堂著,张振玉译:《八十自叙》,见《林语堂名著全集》第十卷,长春:东北师范大学出版社,1994年,第255页。

⑥ 林太乙:《林语堂传》,见《林语堂名著全集》第二十九卷,长春:东北师范大学出版社,1994年,第6页。

⑦ 林语堂著,张振玉译:《八十自叙》,见《林语堂名著全集》第十卷,长春:东北师范大学出版社,1994年,第255页。

父亲在他很小的时候就被太平天国的军队抓去做挑夫,从此杳无音讯,母亲因为穷苦不得不把一两岁大的弟弟送人。他做过小贩,肩挑糖果,四处叫卖,下雨天帮母亲卖豆仔酥,为了获得较高利润,挑米去监狱卖,也挑竹笋到距离十五里的漳州去卖。但这样困苦的生活丝毫没有阻断林至诚的梦想。他没有上过学,靠自学努力读书认字,在 24 岁时入教会神学院学习,后来成为当地颇有名气的一名牧师,成功实现了自己的梦想——读书成名。之后,他敢于做更大的梦,就是让自己的儿子都能上大学,他认为世界上最好的学校是德国柏林大学和英国牛津大学,因此时刻督促林语堂用功读书,将来能上那种学校,并创造一切条件让林语堂接受最好的教育。① 后来林语堂在德国莱比锡大学攻读博士学位,写信告诉父亲他真的在德国一家最高学府读书了,他知道父亲听了会非常高兴。② 但遗憾的是,还没等到学成回国,林语堂就在德国莱比锡城听到了父亲去世的消息。③

在对待子女问题上,与那个年代多数封建古板的大家长相比,林至诚无疑要开明、平等很多,林语堂的开拓创新意识,主要是受了林父的影响,他从小就对新事物充满好奇,热衷于各种"发明"。当林语堂还是一个孩童的时候,就自己采草药发明了一种叫"好四散"的治疗外伤的药,并对药粉的功效深信不疑;④因为对发明机器感兴趣,他常常在坐船时站立不动定睛凝视轮船上的蒸汽引擎,钻研好几个月制造能让井里的水自动流向菜园的"吸水管"。⑤ 这要换在一般封建家庭,这样"胡闹"的行为也许早就遭到了吓止,一个孩童的创造性就此被扼杀,但在林家这样做是被允许甚至

幼年时的林语堂

---

① 林太乙:《林语堂传》,见《林语堂名著全集》第二十九卷,长春:东北师范大学出版社,1994年,第 4-5 页。

② 林太乙:《林语堂传》,见《林语堂名著全集》第二十九卷,长春:东北师范大学出版社,1994年,第 43 页。

③ 林语堂著,张振玉译:《八十自叙》,见《林语堂名著全集》第十卷,长春:东北师范大学出版社,1994年,第 278 页。

④ 林语堂著,张振玉译:《八十自叙》,见《林语堂名著全集》第十卷,长春:东北师范大学出版社,1994年,第 259 页。

⑤ 林语堂著,工爻译:《林语堂自传》,见《林语堂名著全集》第十卷,长春:东北师范大学出版社,1994年,第 16 页。

是受到鼓励的。尽管这些"发明"并未成功,但自由、宽松、开放的家庭氛围使林语堂从小就按照自己的兴趣行事,大胆幻想,敢于把想法付诸行动。因此,他成年后在新闻实践过程中标新立异,推陈出新,就一点也不奇怪了。

林至诚也是一个幽默风趣的人,他"幽默成性,在讲台说笑话,在饭桌也和孩子谈笑"①。林语堂晚年对于父亲记得最分明的,"是他和朋友或同辈分的牧师在一起时,他那悠闲的笑声"②,以及父亲说的笑话。有一则笑话是关于在厦门传教的搭拉玛博士的。当年的教堂里是男女分坐,各占一边。在一个又潮湿又闷热的下午,搭拉玛博士讲道时看见男人打盹,女人信口聊天,没有人听讲,就在讲坛上向前弯着身子说:"诸位姊妹如果说话的声音不这么大,这边的弟兄们可以睡得安稳一点儿了。"③正是这种幽默风趣的个性感染了林语堂,在他幼小的心中埋下了"幽默"的种子。此外,早年的卖货经历也使林至诚的讲道平易近人,林语堂用"爽快有味,平常老百姓都能听懂"④来形容他的讲道风格。在向教众宣讲教义时,林至诚善于将《圣经》的真理和自己所编的笑

林语堂幼年经常参加聚会的怀恩堂

---

① 林太乙:《林语堂传》,见《林语堂名著全集》第二十九卷,长春:东北师范大学出版社,1994年,第7页。
② 林语堂著,张振玉译:《八十自叙》,见《林语堂名著全集》第十卷,长春:东北师范大学出版社,1994年,第255页。
③ 林语堂著,张振玉译:《八十自叙》,见《林语堂名著全集》第十卷,长春:东北师范大学出版社,1994年,第256页。
④ 林语堂著,张振玉译:《八十自叙》,见《林语堂名著全集》第十卷,长春:东北师范大学出版社,1994年,第256页。

话结合起来,使人在轻松的气氛下接受福音,因此到坂仔后当地人立刻被他风趣的讲道吸引。① 他对伶牙俐齿的林语堂很是得意,经常在林语堂不读书时带着他传教,让他讲道以出出风头,林语堂十几岁时已经讲道多次。② 林语堂的演讲才能大约是得益于此,日后他在创办和编辑刊物的过程中大力提倡幽默与闲适,提出通俗化、大众化、趣味性的办刊主张,力求所办刊物"有益又有味"、"让人人看得懂",也多少受了跟随林至诚传教时的熏陶和影响。

　　这里尤为重要的一点是,身为牧师的儿子,林语堂童年时期与西方社会的联系更加密切,较之其他乡村孩子有了更多接触基督教文字宣传品和西方文明的机会。19 世纪,来自欧洲和美洲的贸易商和传教士成为中国沿海地区的一股重要力量。相较于 17 世纪最初来华的天主教士的横行霸道,19 世纪来华的基督教传教士更注重宣传策略和效果,因而在厦门、漳州等地的传教活动更被社会所接受。林语堂就是在这样的环境中开始接触西方的报刊以及传教士中文报刊。

　　有两位传教士对童年林语堂的影响甚大,为他打开了一扇通向西方知识和文化的窗口。一位是范礼文牧师(Reverend W. L. Warnshius),他 1901 年来到林语堂的故乡坂仔,与林至诚成为好友,还在林家阁楼上住了数日。在《从异教徒到基督徒》一书中,林语堂说自己和英文书本的第一次接触便是一本不知道谁丢在他家里的美国妇女杂志 *Ladies Home Journal*(《妇女家庭》),母亲常把它放在针线盒里,用里面的光滑页夹住那些绣花线,用了非常长久的时间。③ 在《八十自叙》中,他说母亲在客厅墙上挂了两张画,其中一张画的是一个西洋少女,是母亲从很好的西洋杂志上剪下来的,大概是《星期六晚报》(*The Saturday Evening Post*),母亲常用这本杂志夹针线和小的针线活计。④ 并说:"我相信家母用来夹针线的那本《星期六晚报》刊物,一定是来自范礼文太太之手的。"⑤ 林语堂接触到的第一份英文期刊到底是 *Ladies*

---

① 吴志福:《林语堂之父林至诚牧师小传》,《天风》2013 年第 4 期。
② 林太乙:《林语堂传》,见《林语堂名著全集》第二十九卷,长春:东北师范大学出版社,1994 年,第 16 页。
③ 林语堂著,谢绮霞译:《从异教徒到基督徒》,见《林语堂名著全集》第十卷,长春:东北师范大学出版社,1994 年,第 47 页。
④ 林语堂著,张振玉译:《八十自叙》,见《林语堂名著全集》第十卷,长春:东北师范大学出版社,1994 年,第 262 页。
⑤ 林语堂著,张振玉译:《八十自叙》,见《林语堂名著全集》第十卷,长春:东北师范大学出版社,1994 年,第 263-264 页。

Home Journal 还是 *The Saturday Evening Post*，由于林语堂自己也是做大概猜测，已无从考证其准确性。但不管这第一份期刊到底是什么，传教士范礼文为林家带来了外文出版的杂志应是事实。此时的林语堂对外文杂志也许只有一个印刷精美的粗浅印象，但他在20世纪30年代对西方杂志是很关注并进行了研究的，在撰写《中国新闻舆论史》和给《西风》杂志作发刊词时都提到了中西杂志的比较。他对西方杂志之所以情有独钟，除了留美期间的接触外，或许也与童年的这一深刻印象有关。

在范礼文的影响下，林至诚对"新学"发生了浓厚的兴趣，林语堂由此接触到另一位在生命中"影响绝大决定命运的人物"[①]——传教士林乐知(Young J. Allen)。林乐知(1836—1907年)是19世纪来自美国南方监理会的一名传教士，在华居留时间长达47年，以办报、办学、译书著称，对晚清时期的维新运动影响很大，并因创办和主编《万国公报》[②]在中国近代报刊史上闻名遐迩。据林语堂的回忆，林乐知在当时还主编了一份基督教报刊 *Christian Intelligence*(《教会消息》)[③]，范礼文见林父对一切西方及新的东西感兴趣，便将这份报纸介绍给了他。这是一份篇幅只有一页纸内容的油墨印周报，由上海基督教文学会在林乐知的主持下发行，报费每年一元，独为林父的财力所能订阅。虽然该报纸张、印刷粗劣，却对林家产生了极大的影响，林父第一次知道上海圣约翰大学就是在这份周报上看到的，这才有了后来送林语堂到上海圣约翰大学读书的事。无怪乎林语堂用"决定命运的人物"来形容林乐知，他主编的这份《教会消息》确实一定程度上改变了林语堂的命运，使他走出大山，走向世界。当然了，林语堂之所以能去成上海圣约翰大学，林至诚起的作用至关重要，是林父的坚持和付出使林语堂最终踏入了当时中国最好的英文学府。

在《中国新闻舆论史》一书中，林语堂对传教士及其办报活动对中国的影

[①] 林语堂著，工爻译：《林语堂自传》，见《林语堂名著全集》第十卷，长春：东北师范大学出版社，1994年，第12页。

[②] 1868年9月，林乐知在担任《上海新报》的编辑期间，创办了《中国教会新报》(*Church News*)，1872年改名为《教会新报》，1874年又改名为《万国公报》(*The Globe Magazine*)。

[③] 在《林语堂自传》和《八十自叙》中，*Christian Intelligence* 被译作《通问报》，见《林语堂名著全集》第十卷，长春：东北师范大学出版社，1994年，第12页、第263页。而在《林语堂传》中，林太乙将其译作《教会消息》，见《林语堂名著全集》第二十九卷，长春：东北师范大学出版社，1994年，第6页。笔者认为林太乙的译法更为准确。

响做了如下评价:传教士把办报看成是攻心之术,有西方报刊的先例,他们明白报刊的宣传功用,因此诸如马礼逊、麦都思、林乐知等有眼光的传教士都把主要精力放在了写作和办报上,把介绍现代科学知识作为他们传教的内容之一,而这正是19世纪传教士活动的最大功劳。① 作为传教士办报活动的直接受益者,林语堂的这一评价是发自肺腑的。值得一提的是,传教士的办报活动也让林语堂看到了报刊在开启民智、传播知识方面的重要作用,因此在日后的办刊活动中他一直都很重视报刊的教育功能。

二、在圣约翰大学的得与失

圣约翰大学(Saint John's University)是清末至民国时期一所著名的教会大学,由美国圣公会在上海创办,是在华办学时间最长的教会学校,也是中国最早开设报学专业的学校②,素有"东方哈佛"③之称。

1911年辛亥革命爆发,而这时的林家全身心都在送林语堂去全中国最著名的英文大学读书这件事上。那时到上海圣约翰大学读书起码要花费一百银圆,而林父的月薪只有二十银圆,因此整个夏天林至诚都在为筹款东奔西跑,最后终于在学生陈子达的帮助下等得一百银圆。④

生在基督教家庭,林语堂自六岁入坂仔教会办的铭新小学,十三岁入教会办的寻源中学,一直接受的是基督教教育。虽然幼时的他也好奇:为什么要在吃饭前祷告上帝?在他面前的那碗饭明明不是天赐的,而是农人辛苦的收获。但受父亲的影响,他早期还是立志要成为一名牧师,于是1911年进入圣约翰大学预备学校时他先在神学院学了一年半。在这过程中,他经常产生神学真实性的苦恼,渐渐对神学失去兴趣,成绩也不好,于是在监督的建议下转入文

---

① Lin Yutang: A History of the Press and Public Opinion in China; Chicago: The University of Chicago Press,1936,P78.
② 1920年,圣约翰大学在普通文科内增设报学专业,由《密勒氏评论报》主笔毕德生兼职授课,出版有英文的《约大周刊》。见黄瑚:《中国新闻事业发展史》,上海:复旦大学出版社,2001年,第146页。
③ 圣约翰大学年刊《约翰年刊》(1927年)上刊登的《老约翰所造就之人材》一文,首句为:"约翰素有东方哈佛之号。"见《约翰年刊》,1927年,第121页。
④ 林太乙:《林语堂传》,见《林语堂名著全集》第二十九卷,长春:东北师范大学出版社,1994年,第12-13页。

科就读,1916年正式从圣约翰大学文学院毕业。①

在上海圣约翰大学度过的时光一直让林语堂念念不忘,他回忆道:"我很感谢圣约翰教我讲英语。其次,圣约翰又教我赛跑和打棒球,因此令我胸部得发展;如果我那时进了别的大学,恐怕没有这机会了。这是所得的一项。至于所失的项下,我不能不说它把我对于汉文的兴味完全中止了,致令我忘了用中国毛笔。后来直到我毕业,浸淫于故都的旧学空气中,才重新执毛笔,写汉字,读中文。得失两项相比对,我仍觉圣约翰对于我有一特别影响,令我将来的发展有很深的感力的,即是它教我对于西洋文明和普通的西洋生活具有基本的同情。由此看来,我在成年之时,完全中止读汉文也许有点利益。那令我树立确信西洋生活为正当之基础,而令我觉得故乡所存留的种种传说为一种神秘。因此当我由海外归来之后,从事于重新发现我祖国之工作,我转觉刚刚到了一个向所不知的新大陆从事探险,于其中每一事物皆似孩童在幻想国中所见的事事物物之新样,紧张,和奇趣。"②

根据这段回忆以及林语堂在新闻领域的表现,笔者认为林语堂在圣约翰大学的"得"主要是对英语产生了浓厚兴趣,使他具备了优秀的英文写作能力,为他日后担任英文编辑、在海外的报纸杂志上发表文章打下了坚实的基础。此外,圣约翰大学教给他的"对于西洋文明和普通的西洋生活具有基本的同情",又使他在新闻实践过程中对大众日常生活的兴趣远远高于政治。

但与此同时,圣约翰的学习环境又几乎把林语堂与外部世界进行了隔绝。尽管从圣大毕业初入北平时他的思想受到了来自新文化运动和中国传统文化的冲击,意识到自己与真实的中国社会之间存在隔阂,但正如林语堂所言,他更珍惜圣约翰赋予他的"西洋"头脑,以及追求好奇、冒险的"洋气"。这就不难理解为什么自海外回国后在北大当教授时他是一个"激烈分子",敢于用旗杆和砖石与警察相斗。当时北京的时局对他来说就是一个等待被探险的"新大陆",他对时事政治的"信口批评"③,怀着孩童般的紧张与奇趣。他在日后的新闻实践中所追求的"能做我自己的自由和敢做我自己的

---

① 李平:《林语堂的学生生涯史料考察》,《闽台文化交流》2009年第4期。
② 林语堂著,工爻译:《林语堂自传》,见《林语堂名著全集》第十卷,长春:东北师范大学出版社,1994年,第21页。
③ 林语堂著,工爻译:《林语堂自传》,见《林语堂名著全集》第十卷,长春:东北师范大学出版社,1994年,第28页。

胆量"①,"憎恶强力,从不骑墙,也不翻斤斗,无论是身体的,精神的,或政治的"等骨气②,大概与他所说的这种"洋气"相关。因为在林语堂的词汇中,有"洋气"即有骨气。③ 这种洋气既是圣约翰赋予他的,又是他从小在基督教的家庭氛围中形成的。

但是这种"洋气"为什么消失了呢？林语堂"是在基督教的保护壳中长大的,圣约翰大学是那个壳的骨架。……我们搬进一个自己的世界,在理智上和审美上与那个满足而光荣的异教社会(虽然充满邪恶,腐败及贫穷,但同时也有欢愉和满足)断绝关系"④。圣约翰的教育环境,使林语堂在17到21岁人生观和价值观形成的关键时期几乎不了解近代中国社会与政治的发展,也没有机会思考如何解决自己与社会的冲突,所以当身陷风云诡谲、瞬息万变的政治洪流中时,他慌乱、不知所措,只能依据人性趋利避害的本能远离政治和掌控不了的局势。

在圣约翰大学林语堂还有另外一"得":第一次编辑英文刊物的体验。在圣大一年半的预备学校时期,林语堂刻苦用功,英语学得很好,在大学一年级时就被选为校学生刊物 Echo 的英文编辑,进入这个刊物的编辑部。⑤ 这是林语堂在英文编辑方面的首次尝试,在自传中却寥寥数语带过。笔者推测,这次编辑经历并没有给林语堂留下深刻的印象,只是证明了他引以为傲的英文实力,所以记载了一笔,抑或担任英文编辑只是他在圣约翰大学时期比较微小的一件事,所以没有花费太多的笔墨去做特别说明。但 The Johannean 1916(《圣约翰人》1916年年刊)中对林语堂做了如下的记载:大四时,他担任班长、本届毕业纪念年刊的主编、《约翰声》编辑、"英文文学辩论社"社长、"圣约翰青年中学"英文秘书、学校合唱团团长、田径队队员、足球队二队队员。⑥ Echo 在英语里面是"回声"的意思,笔者认为这里的《约翰

---

① 林语堂:《言志篇》,《行素集》,见《林语堂名著全集》第十四卷,长春:东北师范大学出版社,1994年,第82页。

② 林语堂:《有不为》,《讽颂集》,见《林语堂名著全集》第十五卷,长春:东北师范大学出版社,1994年,第65页。

③ 施建伟:《林语堂在大陆》,北京:北京十月文艺出版社,1991年,第70页。

④ 林语堂著,谢绮霞译:《从异教徒到基督徒》,见《林语堂名著全集》第十卷,长春:东北师范大学出版社,1994年,第56页。

⑤ 林语堂著,张振玉译:《八十自叙》,见《林语堂名著全集》第十卷,长春:东北师范大学出版社,1994年,第268页。

⑥ 李平:《林语堂的学生生涯史料考察》,《闽台文化交流》2009年第4期。

声》即约翰大学的《回声》,应该就是他在《八十自叙》中所提的 Echo 这份英文刊物[①],他大四时还是这份刊物的编辑,说明他在大学四年一直担任该刊编辑。关于《圣约翰人》(1916年年刊)记载的这条信息,笔者试做出三个方面的解读:第一,由于一个人的精力有限,林语堂在圣约翰大学课余忙于班长、社长、秘书、团长等事务,对这份英文编辑工作的投入度不会太高,从他大一进入该刊编辑部,到大四仍然只是个编辑亦可以看出;第二,虽然他在《约翰声》编辑部没有做出太大成绩和贡献,但他在编辑方面的能力是受到大家认可的,不然为什么让他当"本届毕业纪念年刊的主编"?第三,在同时有那么多事务要忙的情况下,他能从大一坚持下来一做就是四年,说明林语堂在内心深处是喜爱编辑这份工作的,或者说,《约翰声》的编辑工作有值得他留恋的地方。此外,尽管林语堂在校时圣约翰大学还没有开设新闻类相关课程,但在他毕业后的第四年该校即在他就读的文学院开设了中国最早的报学专业,聘请报社主笔兼职授课,说明圣约翰大学对培养新闻方面的人才一直是很重视的。那么笔者大胆猜测,在林语堂任《约翰声》编辑期间会不会就得到过来自学校聘请的报社专业人士的指导?

更有趣的一点,从以上《圣约翰人》(1916年年刊)记载林语堂的这条信息中,我们还可窥得林语堂成年后的种种行为和表现,与其在圣大时期的经历有着惊人的相似之处。例如,林语堂的一生也是拥有多个身份和头衔:作家、学者、翻译家、语言学家、发明家,在各个领域"玩"得风生水起;又如,虽然他在新闻领域有着较好的天赋和能力,进入这个领域也比较早,但投入度不够,跟在文学、文化领域相比,取得的成绩始终略逊一筹,就像在圣约翰大学一样,虽然他大一时就进入了《约翰声》编辑部(根据《八十自叙》中的叙述口吻,这在当时应是很了不起的一件事)并坚持做了四年,却最终也没能像在班级、辩论社、合唱团那样做到较高的职位。也许这只是命运的巧合,也许这其中有着其他不为人知的缘由,但不可否认,林语堂青春时期在素来重视英语、宗教、体育和课外活动的圣约翰大学的学习与生活,对他日后人生道路和生活方式的选择都产生了重要的影响。

---

① 钱锁桥博士将 Echo 这份英文刊物译作《回音》,见钱锁桥编:《小评论:林语堂双语文集》引言,北京:九州出版社,2012年,第23页。

第二节 林语堂"成长"的时代背景[①]

20世纪20年代,中国正处于一个新旧时代交替的大变动时期。辛亥革命虽然推翻了封建帝制,但是由于革命的不彻底性,很快陷入了军阀混战的局面,社会动荡不安。在文化领域,新文化运动和五四运动带来了思想和文化的复兴,西方的自由与民主观念,以及马克思主义、社会主义等社会新思潮都一股脑儿地涌入中国。这时期的中国知识分子,一方面忧心于军阀混战、生灵涂炭的局势一发而不可收,一方面又处于新旧思想斗争与融合的状态中,对国家民族的前途一片迷茫,面临着寻找出路的紧张与痛苦。这时期的新闻业,"潜在的传播生态开始发生巨变"[②],在思想文化的启蒙领域迎来"第三次办报高潮"[③]。报刊的数量激增,报刊的种类和新闻体裁日益丰富,报刊的经营管理也日益完善,并开始出现了职业化的记者和报人,新闻界的社会影响力不断扩大。林语堂便是在这样的时代背景下,一脚踏入了新闻界。

一、晚清到民国时期新闻业生态环境的变化

在政治体制和外商办报、国人办报等多重因素的影响下,晚清到民国时期的新闻业环境发生了较大变化,一定程度上为林语堂这样的知识分子进入新闻界创造了条件。

(一) 自由新闻体制的建立

在西方传教士刚刚引入西方报刊时期,中国尚处于封建"报禁""言禁"十分森严的时期,外报假借不平等条约几乎一统天下,国人基本没有办报的自由。1900年八国联军入侵北京后,清政府宣布实行"新政",有限度地开放"报

[①] 本节内容大部分已发表,发表时有改动。见钱珺:《清末民初知识分子的新闻职业选择》,《福建师范大学学报(哲学社会科学版)》2017年第1期。
[②] 李彬:《中国新闻社会史》,北京:清华大学出版社,2008年,第121页。
[③] 李彬:《中国新闻社会史》,北京:清华大学出版社,2008年,第118页。

禁""言禁",予民以创办报刊的自由权利。① 一时间大量的报刊涌现,形成外报、官报、民报共存的格局。但是,旧的文化专制主义的法律制度仍未废止,危害清政府统治的报刊和宣传报道,仍受到了清廷的严厉制裁。1903年,《苏报》案、沈荩案相继发生,昭示着民间的出版自由和言论自由在封建专制面前,显得不堪一击。1908年,《大清报律》奉旨颁行,虽然民间的言论出版自由第一次以法律的形式得到承认,但是该报律以日本的《新闻纸条例》为母本,仿照的是新闻自由限制法,"在钳制报界,控制舆论方面更加严厉"②,所以尚未颁布前就受到整个报界的舆论抵制。而颁布后,现实情况也如此,"光绪末叶至民国前,封报馆、捕'报人'等蹂躏新闻自由的事反而更常见了"③。

1912年1月1日,中华民国南京临时政府成立后,建立起与西方资本主义国家接轨的自由新闻体制,把言论出版自由的原则写进国家根本大法。自此,民间的言论出版自由权利得到法律的保障。孙中山对新闻界寄予厚望:"今民国成立,尤赖报界有言责诸君,示政府以建设之方针,促国民一致之进行,而建设始可收美满之效果。故当革命时代,报界鼓吹不可少,当建设时代,报界鼓吹更不可少,是以今日有言责诸君所荷之责任甚重。"④言论出版自由观念逐渐为人们认知和重视,新闻界十分活跃,影响力日益扩大。不久,袁世凯利用手中的军政大权,以逼迫清帝退位为筹码,窃取了政权。他上台后,颁布了一系列钳制新闻界的制度和法规,继他之后,各派北洋军阀也相继颁布了为其军阀统治服务的法规和条例。但是由于军阀连年混战,政权不稳定,基本无暇顾及新闻管制法规和条例的执行,在"弱势专制"下的新闻界实际上享有相当大的自由。总体来看,从晚清到民国,随着自由新闻体制的建立,新闻自由意识逐步深入人心,加上军阀混战带来的统治力薄弱,报纸和报人具有一定程度的言论和出版自由。正是这种自由空间的存在,使林语堂得以在逃避了军阀通缉之后辗转到上海创办幽默刊物。

---

① 黄瑚:《中国新闻事业发展史》,上海:复旦大学出版社,2001年,第61页。
② 春杨:《清末报律与言论、出版自由》,《法学》2000年第3期。
③ 樊亚平:《中国新闻从业者职业认同研究(1815—1927)》,北京:人民出版社,2011年,第248页。
④ 孙中山:《在上海报界公会欢迎会的演说》,1912年10月12日。见中国社会科学院近代史研究所中华民国史研究室等编:《孙中山全集》第二卷,北京:中华书局,1982年,第495页。

（二）从"重言论"走向"重新闻"

19世纪70年代，在外报的刺激和影响下，国人开始自办报刊。1874年，王韬在香港创办《循环日报》，以"强中以攘外，诹远以师长"为宗旨，强调"变法以自强"，开政论报刊之先河。自此，从维新变法运动开始，近代中国报刊出现了三次国人办报高潮[①]。1895年甲午战争失败后，以康有为的"公车上书"为起点，历时103天的维新变法运动开始，光绪皇帝发布诏书准许官民办报，各地维新志士以极大的热情创办报刊，出现了第一次国人办报高潮。这时期虽然也出现了专业性报刊，但报刊的主体是政论性报刊，较有影响力的如康有为和梁启超先后创办的《中外纪闻》《时务报》《清议报》等，它们都以宣传维新派的政治主张为主要内容，构成整个变法运动的重要一环。1901到1911年，在辛亥革命爆发前的十年，中国资产阶级发展壮大，在海内外形成一股革命势力，为了制造反清革命舆论，出现第二次国人办报高潮。这时期的报刊以资产阶级革命派报刊为主，大多由兴中会、同盟会等革命团体创办，以宣传革命、推动革命进程为主要内容，比较有影响力的如革命派的机关报《民报》、于右任的"竖三民"报（即《民呼日报》《民吁日报》《民立报》）等。1919年五四新文化运动爆发，思想界异常活跃，出于思想文化启蒙的目的，从《新青年》开始出现第三次国人办报高潮。前两次办报高潮大多出于"救亡图存"的创办目的，内容大多关注时务，洞察世界，因此报刊都很重视政论，尤其是社论形式的表达，形成晚清报刊的一大特色。中华民国成立后，"由于袁世凯和北洋军阀实行言禁政策，报纸、报人生怕因言论而贾祸，大部分报纸只是发表一些不痛不痒无关大局的短评，有些报纸甚至干脆取消了社论和论说栏目，中国报业的政论传统由此中断"[②]。各家报纸开始把重心放在对新闻的报道上，《申报》《大公报》等都开始实行不偏不倚、轻言论重新闻的编辑方针。五四时期，虽然政论性文章的热度有所回温，但整体而言，这时期的报刊更注重对事实信息的报道。带来的变化是，报刊开始重视大众的需求，开始重视大众的利益而非政府利益，最关键的一点，报刊的知识性和趣味性功能得到报人和大众的接受和认同。这一点对饱受言论自由摧残的林语堂非常重要，他开始思考"文人论政"之外的新闻出路，并凭借敏锐的市场意识在上海创办了极受大众欢迎的通俗刊物。

---

① 三次办报高潮的划分参见李彬：《中国新闻社会史》，北京：清华大学出版社，2008年；黄瑚：《中国新闻事业发展史》，上海：复旦大学出版社，2001年。
② 黄瑚：《中国新闻事业发展史》，上海：复旦大学出版社，2001年，第113页。

(三)报纸副刊的发展

1890年3月21日,《申报》在报首显要位置刊登了一篇告白,宣称今后不再刊登文艺性作品。字林洋行的《字林沪报》为了与之争夺读者,反其道而行,开始重视副刊性文字。1897年,"他们看到一些以趣味为中心的游戏性小报在读者中很有影响,因而就想摹仿小报,在《字林沪报》上搞些花样。不过,他们又觉得小报上那些'游戏笔墨'难登大雅之堂,于是便想出了在'正张'之外另出'附张'的办法,用专门版面来集中刊载诗词、小品、乐府、传奇之类带有消闲性质的作品"①。中国第一个副刊《消闲报》就此诞生。《消闲报》在一开始虽然只是随正报免费派送的"附张",但它有固定的版面和基本稳定的编辑和作者队伍,它的出现标志着大报承认了副刊是报纸不可或缺的一部分,也打破了副刊性文字只在文人之间传播的局限。在《消闲报》的带动下,辛亥革命时期越来越多的报纸开始设立副刊,例如《申报》的《自由谈》,《新闻报》的《快活林》等。这时期的副刊基本延续《消闲报》的文艺性和消闲性,主要刊载"消遣游戏之作及鸳鸯蝴蝶派、礼拜派的作品"②,虽然在一定程度上起到了向普通社会大众普及知识、传播知识的作用,但多数格调不高,甚至"不少副刊还充斥低级趣味的、黄色的内容"③。

19世纪70年代国人开始自办报刊的时候,西方的独立报纸和大众报纸正处于黄金发展时期,日报的辉煌和成就对国人办报产生了深刻的影响。"出于对日报的推重,国人自办的第一批中文近代报刊,就多为日报。……晚清,在报纸与期刊两者中,行业内更看重报纸。"④五四运动前后,以《新青年》杂志为标志,报刊的发展紧紧围绕新文化运动和文学革命、改造国民性、文化启蒙等重大主题内容,因此可以承载更多文字内容的期刊受到重视。当时中国的期刊太少了,作为日报"附张"的副刊开始担负起期刊的作用。到了五四时期,在中国思想解放的大风暴中,人们对副刊的性质和社会作用有了全新的认识,副刊被赋予"介绍关于政治的社会的文化的论著或批评""介绍各国民众的思

---

① 王文彬:《中国报纸副刊》,北京:中国文史出版社,1988年,第3页。
② 员怒华、王灿发:《中国报纸副刊的历史嬗变》,《湖南大众传媒职业技术学院学报》2004年第1期。
③ 黄瑚:《中国新闻事业发展史》,上海:复旦大学出版社,2001年,第135页。
④ 谷长岭:《晚清报刊的两个基本特征》,《国际新闻界》2010年第1期。

潮到中国来""要以艺术的力量去滋润读者"的任务。① 为了满足人们对新思潮、新知识、新理论的渴求,副刊迎来了革新,从单一的文艺性副刊向"兼具思想性、知识性、理论性和文艺性的综合性副刊"②转变。这时期的副刊直接参与新文化运动且地位显赫,出现了世人瞩目的"四大副刊",即《晨报副刊》《京报副刊》、《民国日报》的副刊《觉悟》、《时事新报》的副刊《学灯》。其中最有影响力的是孙伏园主编的《晨报副刊》,它"既是《新青年》之外传播马克思主义的主要阵地,同时又在鲁迅支持下成为新文化运动的一面旗帜,刊发了一系列惊心动魄的作品"③。受副刊发展的影响,各类专刊和周刊也纷纷出现,期刊市场蓬勃发展。文人和知识分子成为新闻界的香饽饽,他们虽然不是职业的记者,但他们的新闻作品成为推动期刊业发展的重要力量。同时,副刊的高知名度和影响力,也吸引了像林语堂这样具有西学背景的知识分子。1923年林语堂从美国学成归来后,发表文章主要就选择了《晨报副刊》,并由此结识鲁迅,为后来加入语丝社结下了缘分。

二、传统向现代转型的知识分子的出路

学者普遍认为,中国传统文化中没有"知识分子"这一概念,与之相近的是"士大夫",他们在"充满政治与道德气息的儒家文化主导下,以经学为主要内容,以'学而优则仕'为目标"④的科举制度下产生,既是国家政治的直接参与者,同时又是社会上层文化、艺术的创造者、传承者。1905年科举制度被废除后,士大夫失去了生存的土壤,逐渐远离社会和政治重心,读书人失去了出路,成为"失业者"。这时候,在西方思潮的影响和冲击下,一部分士大夫中的先进分子在捍卫民族利益、挽救民族危亡的愿望驱使下,开始了从传统士大夫向现代知识分子的转型。首先,在学习和吸收了西方的价值理念之后,他们身上传统的儒家道德意识开始向西方的现代观念转变,他们一边宣扬西方的自由、平等、民主理念,一边仍然保留传统士大夫的道德和精神;其次,在角色及地位上

---

① 冯并:《中国文艺副刊史》,北京:华文出版社,2001年,第175页。
② 员怒华、王灿发:《中国报纸副刊的历史嬗变》,《湖南大众传媒职业技术学院学报》2004年第1期。
③ 李彬:《中国新闻社会史》,北京:清华大学出版社,2008年,第123页。
④ 翟爱玲:《传统与现代之间:中国近代知识分子的嬗变特征》,《河南科技大学学报(社会科学版)》2009年第5期。

从权力的依附者变为对既定秩序的批判者。由于科举制被废除,他们失去了与权力的密切关系,但是报刊媒介的兴起又为他们提供了政治上的话语权阵地。① 他们通过办报和发表言论,在政治和文化领域重新确立了优势地位。如学者李欧梵所言:"晚清以降,知识分子利用报纸媒介,开创了各种新的文化和政治的批评的'公共空间',知识分子从传统体制中解放出来,在这块自由的天地里从事知识传播、思想启蒙、政治批评、文化创造等。"② 到了五四时期,"先进知识分子的独立性有所增强,他们已不再是重要的政治人物,而是一批教授、学者、记者、律师等各界专业人才,并有大学生为其群众基础,其科学化与知识化程度较高,属专业型的近代知识分子,如陈独秀、胡适、李大钊、蔡元培、鲁迅、钱玄同、周作人等,他们摆脱了维新群体和辛亥群体的思辨方向和行为方式,把批判与变革重点由政治转向了文化"③。这时期,报刊更是成为他们从事思想文化活动的强大舆论武器,加上因为有了大学做后盾,他们不需要办报或当报人,就可以通过参与媒介走入政治舆论中心。

在知识分子从传统走向现代的过程中,新闻媒介发挥着关键的参与作用。近代中国知识分子正是借由新闻实践完成了从传统向现代的转型,并在与报刊的互动过程中,寻找到了实现自身目标和自我价值的出路。由于不同阶段社会环境、时代风气和个人心态的不同,晚清到民国时期知识分子大致出现了以下几种道路选择。

(一) 进外报讨生活

1840 年鸦片战争之后,中国的国门被强行打开,传教士得以在中国境内公开传教和办报,原本以南洋和澳门为活动基地的传教士,纷纷移至中国内地发展,而香港的割让,使之成为外国人在华办报的第一个重要基地。④ 1861 年后……无论从报纸的数量还是其实际影响考察,香港都已不及上海而退居第二了。⑤ 从 19 世纪 70 年代开始至 19 世纪末,传教士中文报刊迎来最辉煌的

---

① 对此有学者认为:"中国的知识分子真正作为'意见领袖'出现在中国的社会舞台上,受到世人的关注还是在近代伴随着一大批报刊的出版发行才实现的。"见陈媛媛:《中国近代知识分子与传媒的历史渊源》,《湖北社会科学》2008 年第 12 期。
② 李欧梵:《现代性的追求》,北京:生活·读书·新知三联书店,2000 年,第 4 页。
③ 陈蕴茜:《论五四知识分子群体的转型》,《江苏社会科学》1996 年第 3 期。
④ 赵晓兰、吴潮:《传教士中文报刊史》,上海:复旦大学出版社,2011 年,第 3-4 页。
⑤ 方汉奇、丁淦林、黄瑚等:《中国新闻传播史》,北京:中国人民大学出版社,2002 年,第 52 页。

发展时期,外报在中国的大量创办为知识分子提供了一条出路。这类知识分子主要是晚清时期的落魄文人,他们大多出身于书香门第,有科考的背景。科举落榜或家境破落后,为谋求生存之道,他们选择告别传统的文人道路,走入报馆。①

负责中文报刊编辑工作的传教士深知自身中文修养有限,因此从创办之初,就很重视招募中国的文人参与编辑工作。例如《遐迩贯珍》的首任主编兼编辑麦都思曾在《遐迩贯珍》的创刊号序言中坦言:"惟自忖于汉文义理,未能洞达娴熟,恐于篇章字句,间有未尽妥协"②,因此公开招募:"现经四方探访,欲求一谙习英汉文义之人,专司此篇纂辑,尚未获遘,仍翘首以俟其人,乃先自行手为编述,尤胜于畏难而不为也。"③尽管麦都思最后也未能如愿招聘到合适的专职编辑,但表明蓬勃发展中的传教士中文报刊对中国的文人产生了客观的需求,这为大批考不取功名且家道中落或深陷困境的文人提供了跻身仕途之外的谋食之路,并使之成为近代中国第一批进入新闻业的知识分子。例如王韬在创办《循环日报》前,柯文曾这样描述他是如何进入"墨海书馆"的:"1849 年夏……王韬面临他生活中的第一个真正危机——他的父亲死了。这使他必须立即承担供养母亲、兄弟、妻女的责任。……当年秋天,王韬从前就认识的麦都思聘请王韬到新教伦敦会办的'墨海书馆'当中文编辑。王韬虽不甚情愿,但报酬优厚,仍得接受。"④又例如曾担任《申报》主笔的蔡尔康,秀才出身,也是因为家道中落,无奈之下只能"就馆西人"。⑤

(二)职业之余论政报国

这是大部分徘徊于传统与现代之间的中国知识分子选择的出路。李金铨曾言:"百年以降,中国报刊的主要角色是救亡图存,其三部曲是启蒙、革命与追求国家现代化。这些角色结合了中国士大夫传统及现代知识分子精神,形

---

① 谢庆立:《19 世纪中国报业与新型知识分子》,《中国文化研究》2013 年春之卷。
② 《序言》,《遐迩贯珍》1853 年第 1 号。
③ 《序言》,《遐迩贯珍》1853 年第 1 号。
④ [美]柯文著,雷颐,罗检秋译:《在传统与现代性之间:王韬与晚清改革》,南京:江苏人民出版社,2003 年,第 8 页。
⑤ 樊亚平:《中国新闻从业者职业认同研究(1815—1927)》,北京:人民出版社,2011 年,第 21 页。

成一种鲜明的'文人论政'风格。"①中国儒家文化主导下的读书人,从古至今都以胸怀天下、匡扶时世为己任。从古代的"清议"开始,读书人素有通过"论政"实现报国理想的传统。到了近代,随着报刊的地位和影响力不断提升,被西方的洋枪洋炮和西方文明唤醒的先进知识分子,开始将言论报国、言论救国的理想寄托于报刊这一载体。

在与西方文化和外报的接触过程中,先进知识分子看到了报刊的舆论监督功能及其价值:"秉笔者有主持清议之权,据事直书,实事求是,而曲直自分,是非自见,必无妄言谰语、子虚乌有之谈,以参错其间,然后民信不移。……主笔者、采访者各得尽言无隐,则其利国利民实无以尚之也。英国议政者,必以日报为众民好恶之所在,而多所折衷。法国之从政者,则以日报为足教官吏而不敢违背。"②在这样的认知下,思想先进的知识分子纷纷把报刊作为"上书建言"、思想启蒙的平台。早期如王韬,他自己创办《循环日报》,发表八百余篇政论文章,竭力向清政府主张变法和改革;他还积极倡议办报,在《申报》上发表《论各省会城宜设新报馆》③等文章。后期如康有为和梁启超,他们把创立学会和发行报刊作为维新变法运动的主要内容,一方面利用报刊向皇帝建言,对政府进行监督,一方面开始重视"从变法宣传和思想启蒙的角度"④发挥报刊的作用。到了辛亥革命时期,以孙中山为首的革命派把报刊彻底变成推翻清政府服务的工具,不仅报刊用于革命宣传和舆论造势,报馆还担负起"革命党人策划武装起义的指挥机关和联络机关"⑤。再到五四时期出现的"中国第一代现代意义上的知识分子"⑥陈独秀、胡适、李大钊、鲁迅等人,"一方面延续儒家自由主义的传统,以天下为己任,以言论报国;一方面代表转型现代自由知识分子积极参与社会"⑦。他们提倡办报,也积极创办报刊,以报刊针砭时事。他们以"自由人"的身份在从事新闻活动的同时,还拥有自己独立的职业,报刊

---

① 李金铨主编:《文人论政:知识分子与报刊》,桂林:广西师范大学出版社,2008年,第1页。
② 郑观应:《日报上》,《盛世危言》,沈阳:辽宁人民出版社,1994年,第75页。
③ 发表于《申报》1878年2月19日。
④ 李滨:《中国近代报刊角色观念的发展和演变》,长沙:岳麓书社,2011年,第75页。
⑤ 黄瑚:《中国新闻事业发展史》,上海:复旦大学出版社,2001年,第84页。
⑥ 许纪霖:《20世纪中国六代知识分子》,《中国知识分子十论》,上海:复旦大学出版社,2003年,第82-83页。
⑦ 李金铨主编:《文人论政:知识分子与报刊》,桂林:广西师范大学出版社,2008年,第20页。

只能算是他们的副业。

（三）以新闻记者和办报为职业

随着自由新闻体制的建立及报刊从"重言论"向"重新闻"的转变，新闻业对新闻事实报道的需求加强，对优秀新闻人才的需求也迅速上升。一批"受过良好的教育，有一定的新闻学修养和办报经验，又有较好的中西学问基础和驾驭文字的能力"[①]的知识分子脱颖而出，开始把新闻记者作为自己的职业。他们与晚清的落魄文人和以政治为目标的论政文人不同，这群知识分子涉足新闻业时大多怀抱着"新闻救国"的理想和对新闻业的热爱，新闻记者是他们唯一为之努力和奋斗的职业目标，代表人物如黄远生、邵飘萍、林白水等。还有一类是对办报情有独钟的报业家，他们大多有担任主笔和编辑的丰富经验，具有一定的经营才能和商业眼光，"一方面将报纸视为一种事业，注重报纸对社会的监视、导引和服务等职能；一方面在报纸内部实行企业化发展方针，从而使报纸发展成了事业本位与营业本位得到较完美结合的'企业化大报'"[②]，代表人物如史量才、成舍我等。在当时的环境下，无论是黄远生、邵飘萍、林白水，还是史量才、成舍我，他们在新闻道路上或是遭误杀丧命，或是惨死于军阀枪口下，或是遭到压制、通缉，几乎没有一个人的道路是平坦顺畅的。

我们无法探知早年的林语堂是否也曾向往过成为一名职业记者或报人，但从他的传记和著述中，我们可以看到：这些职业记者和报人的遭遇，一定程度上打消了他的新闻热情，使他对中国的新闻自由感到深深的失望。他在《中国新闻舆论史》一书中这样痛陈职业记者和报人受到的迫害：1926年奉系军阀张宗昌在进驻北京后，以革命报刊接受俄国方面的卢布为由，未经审讯就枪杀了《京报》的编辑邵飘萍与《社会日报》的编辑林白水。1934年5月24日，《民生报》因刊登汪精卫下属在行政院新办公大楼建设过程中贪污受贿的新闻，被当局以"恶意宣传"罪勒令停刊3天。两个月后，《民生报》又刊载了一条关于汪精卫的一名下属被弹劾的声明，这个消息是由一家通讯社发布并由新闻检查官审查通过的，然而蒋介石仍下令南京宪兵司令部关闭《民生报》报社，

---

① 黄瑚：《中国新闻事业发展史》，上海：复旦大学出版社，2001年，第114页。
② 樊亚平：《中国新闻从业者职业认同研究(1815—1927)》，北京：人民出版社，2011年，第197页。

逮捕成舍我。① 恶劣的媒介生态环境与林语堂追求自由的价值观发生了严重冲突，这或许是他最终不能成为一名职业新闻人的重要原因。

（四）从事知识传播和文化创造

对于既不想论政报国，也不想以记者或报人作为职业归属的知识分子来说，还有一条出路就是进入文化出版行业，从事跟知识、文化的生产与传播相关的工作。从晚清到民国，西方传教士在中国的传教活动，一方面促进了近代报刊业的发展，一方面也推动了出版业的发展和繁荣。到了20世纪30年代，上海已经发展成为一座国际化的大都市，城市的现代化、都市化发展水平在全国遥遥领先，加上当时上海租界相对宽松的出版管理氛围，文化出版行业获得繁荣发展。据记载，当时上海齐聚了包括商务印书馆、中华书局、世界书局等大型印刷企业在内的80%的印刷企业，负责全国90%的图书、80%的报刊的出版。② 这些出版机构，不管是民营的还是外国的，都以商业利益作为第一考虑要素，都以市场和读者的需求作为出版发行的主旨。商业化的运作和管理催生出规范的读者市场，广大的市民阶层成为文化消费的主力，他们大多以通俗刊物为阅读对象，刺激了通俗刊物的出版和发行。为了赢得市场，许多出版机构开始创办通俗刊物，这就为对政治不感兴趣的知识分子提供了生存的空间。再加上上海出版业相对完善的稿酬和版税制度，大批知识分子聚集到上海，开始以知识传播和文化创造为业。他们有的成为专职作家，为报纸副刊进行创作；有的成为翻译家，为出版机构翻译出版国内外的名著；有的跟出版机构合作，自己创办通俗刊物；有的直接在出版机构任职，担任编辑或从事出版发行；有的则几个身份兼而有之。林语堂就是在这个时期来到了上海，开始创办《论语》等幽默刊物。

综上所述，晚清到民国时期自由新闻体制的建立、报纸副刊对文人和知识分子的需求等因素为林语堂进入新闻界创造了有利条件，但跟职业化的报人和记者相比，他选择了以"自由人"的身份出入新闻界，并未选择专职新闻人的人生道路，这既与当时职业记者或报人的人身安全得不到法律保障有关，也与林语堂追求自由的个性有关。

---

① Lin Yutang: A History of the Press and Public Opinion in China; Chicago: The University of Chicago Press, 1936, P169 - 170.
② 冉彬：《30年代上海文学与上海出版业》，上海师范大学博士学位论文，2007年，第21-22页。

第三节　特定社会环境下的成长之路

　　1916年秋,林语堂从上海圣约翰大学毕业,由校方举荐到清华大学担任英文教员。当时正值中国新文化运动兴起时期,以《新青年》为主要阵地的文学革命风暴席卷全中国。1916年,远在美国留学的胡适写信给陈独秀,商讨文学改良的有关问题,受到陈独秀的重视和称赞,陈回复胡适请他写成文章寄给《新青年》刊用。陈独秀在1915年的《现代欧洲文艺史谭》一文中提出"中国文艺应当趋向写实主义",胡适加以发挥撰成《文学改良刍议》,提出"言之有物,不摹仿古人,不避俗字、俗语"等八项主张,1917年1月1日由《新青年》刊出。1917年2月,陈独秀在《新青年》上发表《文学革命论》,提出文学革命的三大主义,强调文学观念、文学内容的革新,反对"文以载道""代圣贤立言"的旧文学观念,反对在文学中表现孔孟思想和封建伦理道德观念,批判拟古主义、形式主义的桐城派、文选派、江西派。1918年,胡适又发表《建设的文学革命论》一文,将原来的"八项主张"修改成"八不主义",提倡白话文,反对文言文,提倡新文学,反对旧文学,并把改革语文工具看作是文学革命的主要内容和根本目的。胡适和陈独秀的文章发表后,很快得到一些同道和青年知识分子的响应和支持,钱玄同、刘半农、鲁迅和周作人等纷纷发表文章、书信等作品。[1] 受此环境的鼓舞和影响,林语堂从"基督教的保护壳"[2]——圣约翰大学里一出来,就迅速投入到当时以报刊论争为主要形式的文学革命宣传中。从1917年起,他一边从事教学工作,一边开始在报刊上发表文章支持文学革命。

一、文学革命的洗礼

　　"在北京,我和两位有一流才智的人接触,他们给了我难以磨灭的影响,对我未来的发展有不同的贡献。其一是代表一九一七年中国文化复兴的胡适博

---

[1] 参见史仲文、胡晓林等主编:《中国全史》第二十卷《中国民国文学史》,北京:人民出版社,1994年,第17-19页。
[2] 林语堂著,谢绮霞译:《从异教徒到基督徒》,见《林语堂名著全集》第十卷,长春:东北师范大学出版社,1994年,第56页。

士。……在纽约放出第一炮,这一炮,完全改变了我们这一代的中国思想及中国文学的趋势。这是文学革命,在中国文学史上是一个路标,提倡以国语取代文言,以国语作为文学表现的正常媒介。同时,北京国立大学有一个信奉共产主义的教授陈独秀,编辑《向导》机关报。"①这是林语堂在《从异教徒到基督徒》里的一段话,它清楚地表明了新文化运动和文学革命给林语堂的思想转型带来的深刻影响。

刚刚脱离基督教的保护壳就一下子扎入中国文化的中心,林语堂既欣喜又苦恼。欣喜的是,那么一场轰轰烈烈的"运动"让他赶上了,他激动万分。八十岁时他回忆初到北平时新文化运动带给他的感受,这样写道:"中国那时思想上正在狂风急浪之中。胡适之博士在纽约已经开始提倡'文学革命',陈独秀则领导对'孔家店'的毫不妥协的激烈攻击,攻击儒家思想如'寡妇守节不嫁','贞洁',两性标准,缠足,扶乩等等。胡适向中国介绍自由诗,提倡用白话写新诗,易卜生剧本《傀儡家庭》,以及王尔德的唯美主义,萧伯纳的戏剧。他更进一步指出中国的落后,不仅在科学,工艺,而且在现代政治组织,甚至文学,戏剧,哲学。所有的青年学生都受到鼓舞,好像是吹来一阵清风。其实吴稚晖早已提出了警告,他说'把线装书扔入厕所里去'。周树人后来也随着说'所有中国的古书都有毒'。"②他尤其推崇身处运动中心的胡适,说:"只有像胡适那样信念坚定的人,才敢公开指出中国不仅在枪炮和机器方面远远赶不上西方,就是在现代民主政治方面,在学术研究方面,也远远落后。"③

但同时林语堂也很苦恼。从小接受的基督教教育使他成为一个英语很好、进步而"有西方心感的、对新学表示赞同的人"的同时,也废除了他对中国字的知识,对中国民间传说、文学及戏剧的知识。④ 他发现自己不仅对中国哲学一窍不通,对民间传说也一无所知。他知道使巴勒斯坦的古都哲瑞克陷落的约书亚的使者,却不知道孟姜女的眼泪冲倒了一段万里长城,而身为大学毕

---

① 林语堂著,谢绮霞译:《从异教徒到基督徒》,见《林语堂名著全集》第十卷,长春:东北师范大学出版社,1994年,第66页。

② 林语堂著,张振玉译:《八十自叙》,见《林语堂名著全集》第十卷,长春:东北师范大学出版社,1994年,第272页。

③ 林太乙:《林语堂传》,见《林语堂名著全集》第二十九卷,长春:东北师范大学出版社,1994年,第30页。

④ 林语堂著,谢绮霞译:《从异教徒到基督徒》,见《林语堂名著全集》第十卷,长春:东北师范大学出版社,1994年,第56-57页。

业生和中国的知识分子,他认为这实在惭愧。① 虽然圣约翰大学与《新青年》的前身《青年杂志》处于同一个城市上海,他却根本不知道《青年杂志》的存在。② 因此在北平这场声势浩大的思想解放运动中,他又深深地感受到了自己与中国社会的隔膜,看到了自己与中国其他知识分子的差距。他无奈道:"不仅是我的学问差,还有我的基督教教育性质的影响呢。"③为了弥补这种差距,他开始认真在中文上下功夫,大量阅读中国经典以充实自己的国学基础。他在自传中说:"在这思想大动乱当中,我为自己的得救,而埋头研读中国哲学及语言学——每一种我可以抓得到的东西。"④他博览了《人间词话》《四库集录》《说文玉篇》《广韵》《韵府群玉》《佩文韵府》《骈字类编》等书籍,尤其花了很多时间和精力攻读《红楼梦》。⑤ 这为他后来在《新青年》《晨报副刊》等中文刊物上投稿奠定了文史基础。同时,他下定决心去西方求学以扎实自己的学识基础,以便成为像胡适、陈独秀一样"有一流才智的人"而贡献于国家。在清华大学的三年服务期一满,他便申请了哈佛大学的比较文学所。不得不说,这正是文学革命带给他的触动。

二、开始向杂志投稿

1918 年 2 月,24 岁的林语堂在《新青年》杂志上发表了《汉字索引制说明》⑥,这是他用中文发表的第一篇文章。在林语堂潜心研读中国语言学书籍的过程中,因为已经习惯了英文字母的简洁流畅,他发现中国的汉字不仅多而且字体很烦琐,他尤其对《康熙字典》的部首检字法不满,认为根本不通、不讲理,因此萌生了改革字典索引方法的念头。通过研究,他提出汉字

---

① 林语堂著,张振玉译:《八十自叙》,见《林语堂名著全集》第十卷,长春:东北师范大学出版社,1994 年,第 271 页。
② 施建伟:《林语堂在大陆》,北京:北京十月文艺出版社,1991 年,第 60 页。
③ 林语堂著,张振玉译:《八十自叙》,见《林语堂名著全集》第十卷,长春:东北师范大学出版社,1994 年,第 271 页。
④ 林语堂著,工爻译:《林语堂自传》,见《林语堂名著全集》第十卷,长春:东北师范大学出版社,1994 年,第 67 页。
⑤ 参见《林语堂年表》,子通主编:《林语堂评说 70 年》,中国华侨出版社,2003 年,第 441 页。
⑥ 发表于《新青年》第 4 卷第 2 号,全文见林语堂:《语言学论丛》,《林语堂名著全集》第十九卷,长春:东北师范大学出版社,1994 年,第 254-256 页。

应该以笔画次序分类,以首笔点画种类定部,就像英文字母那样指定某些笔画为母笔,这样查起字来更便捷。他在文章最后说:"新制之作,应社会之需要,作者既深感其事之难,又极望同志之助;倘蒙赐之匡正,藉供切磋使此制得成完璧,则幸甚矣。"①当时社会生活中的一个重要内容就是"改良"(或称"革命")中国的旧式文学,所以"应社会之需要"表明了林语堂写作此文声援文学革命的目的。

蔡元培 1917 年开始任北大校长,他聘请陈独秀为文科学长,并聘请李大钊、胡适、钱玄同等"新派"人物在北大任教,确定"思想自由,兼容并包"的办学方针,实行"教授治校"的制度,提倡学术民主,支持新文化运动,使北大逐渐成为新文化运动的大本营。林语堂对他很是钦佩,因此邀请他为文章作序。蔡元培在序中说,康熙部首"其部居有未易猝定者,甚矣。检字之难也!"②而林语堂的检字法,"其明白简易,遂与西文之用字母相等,而检阅之速,亦与西文相等。苟以之应用于字典,辞书,及图书名姓之记录,其足以节省吾人检字之时间,而增诸求学与治事者,其功效何可量耶!"③充分肯定了林语堂提出的汉字索引制的功用。不仅如此,他在后来给《四角号码检字法》作的序中,更把这种检字法放在了开创性的位置:"完全抛弃字原的关系,纯从楷书的笔画上分析,作根本改革,始于愿学华文的西人。……中国人创设这一类方法的,我所知道,自林玉堂先生五母笔、二十八子笔始。"④

钱玄同 20 世纪初在日本学习世界语,对语言学有一定的研究。1917 年初《新青年》编辑部从上海迁到北京后,他便加入《新青年》编辑部,在《新青年》上提倡文字改革。林语堂也很想听听钱玄同对"汉字索引制"的意见,因此也邀请他为之作序。钱玄同指出,汉字索引制的说明书"立法简易,用意周

---

① 林语堂:《汉字索引制说明》,《语言学论丛》,见《林语堂名著全集》第十九卷,长春:东北师范大学出版社,1994 年,第 256 页。
② 蔡元培:《蔡孑民先生序》,见《林语堂名著全集》第十九卷,长春:东北师范大学出版社,1994 年,第 257 页。
③ 蔡元培:《蔡孑民先生序》,见《林语堂名著全集》第十九卷,长春:东北师范大学出版社,1994 年,第 258 页。
④ 蔡元培:《〈四角号码检字法〉序》,见刘凌、孔繁荣编:《蔡元培书话》,杭州:浙江人民出版社,1998 年,第 123 页。

到"①，但"尚有一事当注意"②，即由于目前少部分字体的笔画不统一，有些字很难辨认它的首笔点画到底是什么，这个问题不解决，仍将给检字带来障碍。同时，他亦觉得林语堂对《康熙字典》的谴责太温和了，不够痛快，他在跋中斥之为"其分部之法，最无价值。貌似同于《说文解字》，实则揆之造字之义，触处皆是纰缪"③。后来，林语堂专门就此写信给钱玄同④，一方面表示感谢，一方面提出中国的新文学应学习西文的"用字的适当，段落的妥密，逐层进论的有序，分辨意义的精细，正面反面的兼顾，引事证实的细慎"⑤。

有了蔡元培和钱玄同的支持，"汉字索引制"引起全国的注意，并由此引发了部首改变运动。但林语堂显然对笔画检字法还是不满意，因此继续埋头研究，1918年又写成《分类成语辞书编纂法》⑥一文，发表于《清华季刊》。由于这两篇文章发表后所产生的社会影响，1919年教育部"国语统一筹备会"在北京正式成立后，林语堂被聘为会员。⑦

这次在《新青年》杂志的投稿经历对林语堂来说意义重大。由于之前与中国传统文化的隔绝，他既不能像陈独秀、鲁迅那样有的放矢地去批判旧文化，也不能以切身感受去揭露封建礼教的吃人本质，他形容自己是"漂浮在中国觉醒的怒潮里"⑧。而从他擅长的语言学角度出发，他似乎找到了一条能够抒发态度和立场的渠道，就像一个始终漂浮在北平上空的人终于找到了一处落脚

---

① 钱玄同：《钱玄同先生跋》，见《林语堂名著全集》第十九卷，长春：东北师范大学出版社，1994年，第259页。

② 钱玄同：《钱玄同先生跋》，见《林语堂名著全集》第十九卷，长春：东北师范大学出版社，1994年，第260页。

③ 钱玄同：《钱玄同先生跋》，见《林语堂名著全集》第十九卷，长春：东北师范大学出版社，1994年，第260页。

④ 林语堂：《论〈汉字索引制〉及西洋文学》，刊于《新青年》第4卷第4号。全文见张宝明、王中江主编：《回眸〈新青年〉·语言文学卷》，郑州：河南文艺出版社，1997年，第465-466页。

⑤ 林语堂：《论〈汉字索引制〉及西洋文学》，见张宝明、王中江主编：《回眸〈新青年〉·语言文学卷》，郑州：河南文艺出版社，1997年，第465页。

⑥ 全文见林语堂：《语言学论丛》，《林语堂名著全集》第十九卷，长春：东北师范大学出版社，1994年，第286-291页。

⑦ 林太乙：《林语堂传》，见《林语堂名著全集》第二十九卷，长春：东北师范大学出版社，1994年，第29页。

⑧ 林语堂著，工爻译：《林语堂自传》，见《林语堂名著全集》第十卷，长春：东北师范大学出版社，1994年，第67页。

点,终于可以为新文化运动和文学革命贡献自己的一分力量。从他整个新闻实践历程来看,这次撰稿主要涉及的是语言学的内容,与新闻学相去甚远,但这次投稿经历却让他以新文化运动参与者的身份初次见识到了杂志的魅力,以及杂志作为新闻舆论工具的力量。

1917年,胡适应蔡元培之邀任北京大学教授,林语堂以清华教员的身份迎接他,林太乙用"两人相见,犹如触电"①来形容父亲与胡适第一次相见时的情景。当时胡适已经是全国知名的文学革命的提倡者,他一回来就引用15世纪伟大人文主义者伊拉斯摩斯从意大利返回自己祖国时的豪言道:"我们回来了,一切都会不同了。"②如此强大的气场,林语堂对他"触电般"的欣赏,这完全可以理解,但当时的林语堂只是到现场欢迎他的北平文化界的普通一员,是什么引起了胡适的注意呢?原因就是林语堂在英文报上发表的几篇文章。

关于这几篇文章,在有关林语堂的传记和论著中皆未提及,大概是因为用英文写作的,原始史料已很难搜集,在《八十自叙》和林太乙的《林语堂传》中也提得很少。我们只能根据现有的资料大概推测它们的创作经过:胡适在纽约提倡用白话代替文言的时候,林语堂就开始关注这个问题。他的优势是外语,在研究通俗英文和意大利文演进经过的过程中,他发现欧洲各国文学在15与16世纪兴起时用的都是当时的白话,于是以此为理由撰文支持用白话文创作中国文学。胡适是1917年7月回国,8月到的北大,而林语堂1916年秋从圣约翰大学毕业来到清华后才开始接触文学革命,因此这几篇英文文章的发表时间应该介于1916年秋至1917年8月之间,要早于《汉字索引制说明》。又据林语堂回忆,这是他在北平报上写的文章,从当时北平英文报纸的发行情况来看,胡适回国后才看到的可能性较大,由此我们可以大致推断:1917年7月至8月间,林语堂写了几篇关于欧洲文学发展与白话写作之间关系的文章发表于北平的英文报,胡适看了很是欣赏,从此两人成为好友。③ 胡适纪念馆收藏的一份林语堂的手稿很好地印证了这一点。手稿上胡适用朱笔对林语堂的

---

① 林太乙:《林语堂传》,见《林语堂名著全集》第二十九卷,长春:东北师范大学出版社,1994年,第29页。

② 林太乙:《林语堂传》,见《林语堂名著全集》第二十九卷,长春:东北师范大学出版社,1994年,第29页。

③ 在《八十自叙》中,林语堂写道:"我在北平的报上写文章,支持用白话写作,理由是在欧洲各国文学在十五与十六世纪兴起时,都是用当时的白话,如意大利的但丁和包加邱都是。我的文章引起了胡适之注意,从那时起,我们一直是朋友。"见林语堂著,张振玉译:《八十自叙》,《林语堂名著全集》第十卷,长春:东北师范大学出版社,1994年,第273页。

文章做了修改,而这份手稿正是林语堂写于 1918 年的《分类成语辞书编纂法》,这说明 1918 年两人已经是关系比较亲密的朋友了。

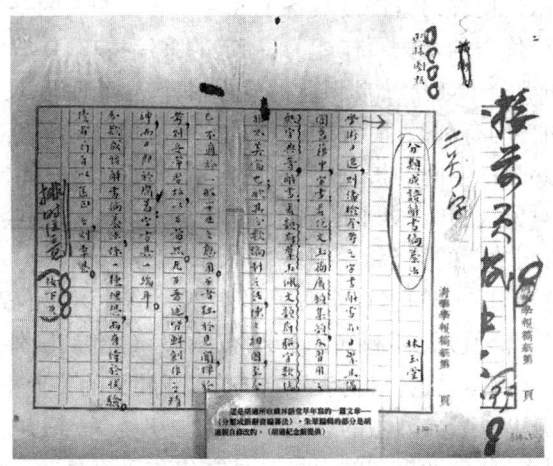

《分类成语辞书编纂法》手稿页(胡适做修改)

之所以要强调这几篇英文文章,是因为这表明林语堂在尚未正式踏入新闻界前,其试图通过发表言论进入文化舆论中心的主观愿望是很强烈的,颇有些希望借此而闻达于世的意味。另外,这也能解释为什么 1919 年身为北大教授的胡适会以北大名义资助清华的教职工林语堂赴海外读书。这为 1923 年林语堂从海外学成归来后入北大当教授,进而加入"语丝社"创造了机缘。

小　结

"一个人一生出发时所需要的,除了康健的身体和灵敏的感觉之外,只是一个快乐的孩童时期——充满家庭的爱和美丽的自然环境便够了。"①从这一点来看,林语堂是幸运的。风景秀丽的家乡坂仔,气氛和睦、自由开明的基督教家庭使他能够依循自己的本性自由快乐地成长,接受了"新学"思想的林父乐观豁达,敢于梦想,富有远见,幽默风趣,这些品质都融入林语堂的个性中,

---

① 林语堂著,工爻译:《林语堂自传》,见《林语堂名著全集》第十卷,长春:东北师范大学出版社,1994 年,第 4 页。

对他日后从事新闻活动产生了重要影响。

同时,19世纪基督教传播活动的熏陶和影响,圣约翰大学时期的英语学习和编辑体验等,也使林语堂慢慢具备了成为一名新闻人的基本素养,如对报刊的兴趣和好感,优秀的双语写作能力,一定的采编技巧,良好的受众意识,等等。作为一个知识分子,时代、报刊业的发展和个人境遇等,又为林语堂创造了诸多踏足新闻界的有利条件:五四时期社会对新知识、新思潮、新理论的渴求,知识分子公共交往空间的扩大,一定程度的新闻自由空间,报刊功能的多样化发展,副刊对文人、知识分子的需求,同人的引荐……这些都为林语堂提供了尽情展现新闻才能的舞台。

许纪霖认为知识分子的安身立命可以表现为三种不同的人生关怀:社会(政治)关怀、文化(价值)关怀和知识(专业)关怀。① 刚从国外回来进入北大的林语堂是以新文化运动的"参与者"身份进入新闻界的。他主观上想为国家做贡献,客观上遇上了轰轰烈烈的思潮和学潮,顺理成章地以"文人论政"的方式一脚踏入新闻界,并借助报刊的力量跻身文化和政治舆论中心,以此实现知识分子的价值和报国理想。但从林语堂的整个新闻实践历程来看,他对文化价值的关心要远远超过对社会政治本身的关心。作为"五四"一代知识分子,按理说林语堂应该和胡适、鲁迅一样具有传统知识分子"修身、齐家、治国、平天下"的政治参与热情,但从小受基督教家庭的熏陶和西式教育的影响,西方的文化理念和价值观念对林语堂的性格塑造影响更大,他身上更具"自由、独立、崇尚个性"的西方知识分子精神。在人生的关键转折期,他把基督教文化中的"人性"视为重要的价值抉择标尺,并据此做出新闻道路的选择。他日后的新闻活动总体上带有浓烈的西方知识分子的精神品质以及"文化人"的烙印,他的新闻思想中也糅合了中国的传统文化和西方的新闻理念及价值标准。

---

① 许纪霖:《20世纪中国六代知识分子》,《中国知识分子十论》,上海:复旦大学出版社,2003年,第85页。

第二章 林语堂的新闻实践研究

"任何事情,那怕是一件芝麻绿豆的生活琐事,林语堂都会借题发挥,小题大做……别人所极力掩盖的,正是他着意要暴露的;别人梦寐以求的,他会不屑一顾;他不仅不回避自我的矛盾,而且以'一团矛盾'自诩。"①林语堂自己在八十岁对过往的人生做出评价时说:"我也不知道他是谁,只有上帝知道","我只是一团矛盾(a bundle of contradictions)②而已,但是我以自我矛盾为乐"。③这样的一个林语堂,他的一生经历复杂而丰富,身份多元,备受赞誉也饱受争议。他 1923 年从海外学成归来后一头扎进五四新文化运动的洪流中,从五四到抗战爆发,他在时代、环境和个人愿望的交叉影响下走出了一条一波三折的新闻实践之路。

第一节 林语堂新闻实践的主要历程

林语堂从青年时代起就投身于新闻实践活动,并且一生都与新闻界结下不解之缘。他的新闻实践生涯始于 20 世纪 20 年代在报刊上发表时政评论,终于 20 世纪 60 年代在台湾"中央社"开辟《无所不谈》专栏,先后长达 40 多年时间。根据新闻实践内容和方式的发展变化,我们把林语堂的新闻实践历程分为四个时期,分别是"语丝"时期(1924—1932 年)、"论语"时期

---

① 施建伟:《林语堂研究论集》,上海:同济大学出版社,1997 年,第 105 页。
② Lin Yutang: Memoirs of an Octogenarian; Hwa Kang Journal.(林语堂:《八十自叙》),《华冈学报》1974 年第 9 期,第 322 页。在台北风云时代出版公司 1989 年出版的中译本《八十自叙》中,译作"一捆矛盾"。
③ 林语堂:《八十自叙》,见《林语堂名著全集》第十卷,长春:东北师范大学出版社,1994 年,第 245 页。

(1932—1936年)、抗日时期(1936—1945年)和"无所不谈"时期(1965—1967年)。①

一、"语丝"时期(1924—1932年)

1923年9月,从国外留学归来的林语堂在胡适的引荐下②,进入北京大学任英文系英文及语言学教授,1924年兼任北京女子师范大学英文学科主任、教务长等职。当时国内政治形势急剧变化,发生了一系列重大的历史事件。1924年1月20日,孙中山在广州主持召开了中国国民党第一次全国代表大会。会议通过了由共产党人帮助起草的宣言和党章,接受了中国共产党反帝、反封建的革命主张;重新解释了三民主义;确定了联俄、联共、扶助农工的三大政策,把旧三民主义发展为新三民主义,为国共合作奠定了政治基础。同年9月18日,爆发第二次直奉战争。10月23日,冯玉祥等人发动"北京政变",推翻了直系贿选总统曹锟,把所属部队改称中华民国国民军,并于25日发出通电,请孙中山北上主持国家大计。11月24日,冯玉祥联合奉系军阀张作霖,推举段祺瑞任北京临时政府执政。之后,政权落入张作霖手中,开启了北洋政府的张作霖时代。11月10日,孙中山接受邀请,发表《北上宣言》,提出"北伐之目的,不仅在推倒军阀,尤在推倒军阀所赖以生存之帝国主义""取消一切不平等之条约及特权""对于时局,主张召集国民会议,以谋中国之统一与建设"③等主张。11月13日,孙中山乘永丰舰离开广东启程北上,先抵上

---

① 1946—1964年林语堂在海外期间主要进行文学创作和文化交流活动,在新闻实践方面暂未发现重要史料,故略去此段时间。

② 1911年清华大学在创办之时,作为一所由美国退还的部分"庚子赔款"建立的留美预备学校,每年都会输送毕业生留学美国。当时,清华大学还有另外一项规定,任教满三年的在职教师,也可由校方资助出国留学。1919年6月,从上海圣约翰大学毕业后入清华大学教书的林语堂在清华的服务期已满三年,他申请到留学美国的半额奖学金,每月40美元。当时林语堂新婚不久,这笔奖学金如果用于夫妇二人的留美费用,显然不够。对林语堂赏识有加的胡适知道此消息后,决定以北大的名义资助林语堂,并与林语堂做了一个约定:北大每月资助林语堂40美元,林语堂学成回国后,要脱离清华到北大任教。

③ 孙中山:《北上宣言》,《申报》1924年11月18日。

海,再绕道日本赴天津,12月31日抱病到达北京。孙中山怀着"救国"①的目的北上,受到民众的热烈欢迎。但是,他提出的关于"召集国民会议"的主张却遭到段祺瑞政府的抵制。1925年3月12日,孙中山因患肝癌救治无效,在北京逝世。逝世前夕签署了《国事遗嘱》《家事遗嘱》和《致苏俄遗书》三份文件,留下了"现在革命尚未成功,凡我同志,务须依照余所著《建国方略》《建国大纲》《三民主义》及《第一次全国代表大会宣言》,继续努力,以求贯彻"②的遗嘱。

有感于风云诡谲的政治局势,原本潜心于教书和语言学研究的林语堂开始关注中国的时局与政治问题,并尝试以"文人论政"的方式实现"言论报国"的新闻理想。

（一）在进步刊物上发表中文时政评论

日常的教书生活之余,林语堂除了在报刊上发表跟语言学研究相关的文字之外,也根据自己的兴趣写一些文艺及思想方面的文章,例如《征译散文并提倡幽默》(1924年5月23日)、《幽默杂话》(1924年6月9日)、《一个研究文学史的人对于类推怎么想呢?》(1924年6月16日)、《吃牛肉茶的泰戈尔——答江绍原先生》(1924年6月27日)、《问竺震旦将何以答萧伯纳?》(1924年7月15日)等,这些文章都发表在孙伏园主编的《晨报副刊》上。③ 1924年11月,孙伏园和周氏兄弟等人创办《语丝》周刊,林语堂因为经常在《晨报副刊》撰稿的缘故,顺势成为《语丝》周刊16位主要撰稿人④之一。自此一直到1926年遭北洋军阀政府通缉被迫南下,林语堂先后在《语丝》《京报副刊》《猛进》《莽原》《国民新报副刊》等刊物上发表大量针砭时弊、反映社会现象的评论文章,

---

① 12月31日孙中山抱病从天津乘火车到北京,在抵达北京车站时发表书面谈话《入京宣言》,称:"文此次来京,曾有宣言,非争地位权利,乃为救国。十三年前,余负推倒满洲政府、使国民得享自由平等之责任,惟满清虽倒,而国民之自由平等早被其售与各国,故吾人今日仍处帝国主义各国殖民地之地位;因而吾人救国之责,尤不容缓。至于救国之道多端,当向诸君缕述,惟今以抱恙,不得不稍俟异日。"
② 孙中山:《国事遗嘱》,由孙中山口授,汪精卫笔录。
③ 参见《林语堂年表》,子通主编:《林语堂评说70年》,中国华侨出版社,2003年,第443页。
④ 根据《语丝》第3期(1924年12月1日)上的第3版中缝广告,《语丝》杂志的16位主要撰稿人为:周作人、钱玄同、江绍原、林语堂、鲁迅、川岛、斐君女士、王品青、衣萍、曙天女士、孙伏园、李小峰、淦女士、顾颉刚、春台、林兰女士。

并作为一员猛将参加了"语丝派"与"现代评论派"在报刊上的激烈论战。①

"国民性"是英语"national character"的汉译，又称"国民性格"或"民族性格"，是"一个国家的国民或一个民族成员的群体人格，是一国国民或一民族成员在特殊的社会历史条件下形成的各种心理与行为特征之总和"②，是"多数国民所具有的稳定的、反复出现的心理特质"③。该词在日本明治维新时期从欧洲传入日本，属于"先由日本人以汉字的配合去'意译'（或部分的'音译'）欧美语言的词，再由汉族人民搬进现代汉语里面来，加以改造而成的现代汉语外来词"④。晚清时期，梁启超等人从日本将"国民性"这个词引入中国，引起了有志之士对中国国民性问题"深恶痛绝"的批判，他们坚信只有彻底挖掉罪孽深重的劣根，中国人才能浴火重生。⑤ 因此，从晚清开始到20世纪二三十年代，中国掀起了轰轰烈烈的国民性改造运动，"五四"一代人试图通过办杂志、

---

① 这时期林语堂发表的评论文章主要有：《论土气与思想界之关系》（1924年12月1日，《语丝》第3期）、《谈理想教育》（1925年1月10日，《现代评论》第1卷第5期）、《论性急为中国人所恶》（1925年3月29日，《猛进》第5期）、《给玄同的信》（1925年4月20日，《语丝》第23期）、《话》（1925年6月8日，《语丝》第30期）、《丁在君的高调》（1925年6月24日，《京报副刊》）、《随感录》[又名《回京杂感（四则）》]（1925年10月12日，《语丝》第48期）、《谬论的谬论》（又名《"读书救国"谬论一束》）（1925年11月9日，《语丝》第52期）、《咏名流》（1925年11月23日，《语丝》第54期）、《Zarathustra 语录》（1925年11月30日，《语丝》第55期）、《苦矣！左拉！》（1925年12月，《翦拂集》）、《插论语丝的文体——稳健、骂人及费厄泼赖》（又名《论语丝文体》）（1925年12月14日，《语丝》第57期）、《论骂人之难》（1925年12月19日，《国民新报副刊》）、《〈"公理"的把戏〉后记》（1925年12月31日，《翦拂集》）、《祝土匪》（1926年1月10日，《莽原》第1期）、《写在刘博士文章及爱管闲事图表的后面》（1926年1月26日，《语丝》第63期）、《泛论赤化与丧家之狗》（1926年3月10日，《京报副刊》）、《悼刘和珍杨德群女士》（1926年3月29日，《语丝》第72期）、《闲话与谣言》（1926年3月30日，《翦拂集》）、《讨狗檄文》（1926年4月2日，《翦拂集》）、《打狗释疑》（1926年4月17日，《翦拂集》）、《"发微"与"告密"》（1926年4月23日，《翦拂集》）、《冢国絮语解题》（1926年12月19日，《翦拂集》）、《文妓说》（1926年12月23日，《翦拂集》）。

② 周晓红：《理解国民性：一种社会心理学的视角》，《天津社会科学》2012年第5期。

③ 袁洪亮：《"国民性"概念辨析与界定》，《株洲师范高等专科学校学报》2002年第1期。

④ 高名凯、刘正琰：《现代汉语外来词研究》，北京：文字改革出版社，1958年，第88页。

⑤ 张宏杰：《中国国民性演变历程：专制制度的演进导致国民性格大倒退》，长沙：湖南人民出版社，2013年，第248页。

写小说、宣传、呼号等唤醒沉睡的国人。① 受此舆论氛围的影响，加上教育总长章士钊上台后施行有悖于"五四"新思想的教育政策，1924年12月1日，林语堂在《语丝》第3期上发表了第一篇时政评论文章《论士气与思想界之关系》，并于1925年1月10日在《现代评论》第1卷第5期上发表《谈理想教育》一文，将矛头直指以章士钊为首的封建保守派。

1925年3月12日孙中山逝世的消息一经发布，社会各界举行悼念活动，新闻工作者也纷纷在报刊媒体上发表评论，一方面评价孙中山的功过是非，另一方面评价其逝世对中国时局发展的影响。② 当时《大公报》等主流媒体对孙中山基本都持赞誉的评论基调，称"中国之大，能以党名始终勿渝者，孙逸仙一人而已尔。……先生手创民国，吾国之国魂也"③。但是也出现了不少诋毁孙中山的声音，例如以梁启超、林长民为主导的政治派系"研究系"的北京《晨报》和上海的《时事新报》④因为受梁启超观点的影响，连续刊登了多篇批评孙中山的评论文章，称孙的革命宣传方法"急于求成，东牵西扯"⑤，"孙文招引党徒，焚戮广州，实为国之罪人，粤之公敌"⑥，又污蔑他"恃红党宣传费以生活""蹂躏人民自由十倍于军阀""专以大言欺世盗名""政治不满人望""党同伐异，轻举妄动，以图一逞""倒行逆施提倡不合今日国情之共产主义，为目的而不择手段勾结军阀，只见其手段未见其实现本来目的云云"⑦。时任北京女子师范大学校长的杨荫榆也公开污蔑孙中山是"共产公妻"，不许学生去悼念。林语堂一直对孙中山是十分钦佩的，他在自传中回忆起20世纪20年代"可述的大事"，一件是政府围堵请愿的学生，使五十多名学生伤亡（其中两名女生被枪击身亡）；另一件就是孙中山先生的出殡，称"这事令我震动于心比其他什么事都

---

① 张宏杰：《中国国民性演变历程：专制制度的演进导致国民性格大倒退》，长沙：湖南人民出版社，2013年，第258-259页。
② 郭辉：《"盖棺论定，尚有待于千载下焉"——孙中山逝世后的舆论反应》，《民国档案》2010年第4期。
③ 蔡听松：《哀孙中山先生》，《大公报》，1925年3月13日第3版。
④ 方汉奇、丁淦林、黄瑚等：《中国新闻传播史》，北京：中国人民大学出版社，2002年，第211页。
⑤ 《悼孙文氏》，《晨报》1925年3月13日第2版。
⑥ 《粤人竟有目孙文为罪人者》，《晨报》1925年3月21日第3版。
⑦ 黄裔：《〈战士和苍蝇〉考辨》，《梅溪集》，香港：香港天马图书有限公司，2003年，第117页。

厉害"①,因此他在报上读到对孙中山的诋毁文字后非常气愤。1925年3月24日,鲁迅在《京报》附刊《民众文艺周刊》第14号上发表《战士和苍蝇》,把梁启超等人比喻成苍蝇,讽刺他们依附于北洋军阀政府的无耻文人的做法。林语堂读后觉得大快人心,3月29日紧随其后在《猛进》周刊第5期发表了《论性急为中国人所恶》一文,把孙中山的"性急"与中国封建思想中的"惰性"做对比,提出要以"精神复兴"改造封建思想的痼疾。他说:"如鲁迅先生所云,今日救国在于一条迂谬渺茫的途径,即'思想革命',此语诚是;然愚意以为今日救国与其说在'思想革命',何如说在'性之改造'。"②又说,造成"今日国中衰颓不振之现象"的主要原因是"中国人之惰性",这种惰性得"中庸哲学之美名为掩护,遂使有一二急性之人亦步步为所吸收融化",以致"稍有急性之人乃绝不易得",因此像孙中山这样的"性急"者"不大像中国人"(正话反说),进而提出,要想改变目前国民的"惰性"现状,今日的言论界必须来一场"超乎'思想革命'而上的'精神复兴'运动"。③

1925年3月30日,《语丝》第20期上刊登了刘半农从巴黎寄给周作人的一封信《巴黎通讯》,同时刊登了钱玄同的《写在半农给启明的信底后面》一文,由此引发了关于"欧化的中国"的大讨论。④ 林语堂觉得钱玄同的"欧化的中国"主张与自己在《论性急为中国人所恶》中提出的"孙中山非中国人"的观点不谋而合,因此写了《给玄同的信》以回应大讨论,阐述自己对"欧化的中国"和改造国民性的看法。受当时"任意而谈""激昂慷慨"的语丝社氛围的影响,他对国民性的批判是比较激烈的:"今日谈国事所最令人作呕者,即无人肯承认今日中国人是根本败类的民族,无人肯承认吾民族精神有根本改造之必要。"原因何在?"真实为国悲感者绝少","尚有败类的高调盈盈吾耳",并提出实现"精神之欧化"和六个根治民族劣根性的主张。⑤ 1935年5月27日,林语堂在大夏大学发表演讲,再次谈到了国民性问题。这时候的林语堂身上的"锋芒"

---

① 林语堂著,张振玉译:《八十自叙》,见《林语堂名著全集》第十卷,长春:东北师范大学出版社,1994年,第29页。
② 林语堂:《论性急为中国人所恶》,《翦拂集》,见《林语堂名著全集》第十三卷,长春:东北师范大学出版社,1994年,第14页。
③ 林语堂:《论性急为中国人所恶》,《翦拂集》,见《林语堂名著全集》第十三卷,长春:东北师范大学出版社,1994年,第14-16页。
④ 参见《语丝》第20期,1925年3月30日。
⑤ 林语堂:《给玄同的信》,《语丝》第23期,1925年4月20日。见《林语堂名著全集》第十三卷,长春:东北师范大学出版社,1994年,第10-13页。

已经收敛,心态也发生了变化,对于中国的国民性不再猛烈抨击,而是追根溯源,把改造国民性寄托于社会大环境的改变。他提出国人的弱点有三个:"忍耐性、散漫性及老猾性",究其根源,由长久以来的"特殊文化及特殊环境"造成,"所以要中国人民变散漫为团结,化消极为积极,必先改此明哲保身的态度,而要改明哲保身的态度,非几句空言所能济事,必改造使人不得不明哲保身的社会环境,就是给中国人民以公道法律的保障,使人人在法律范围以内,可以各开其口,各做其事,各展其才,各行其志,不但扫雪,并且管霜。换句话说,要中国人不像一盘散沙,根本要着,在给与宪法人权之保障"①。这里提到的"人权之保障",也是林语堂反复提出的在中国实现言论自由的重要前提。

1925年5月30日,震惊中外的五卅运动在上海爆发并很快席卷全国。北京、广州、南京、重庆、天津、青岛、汉口等几十个大中城市都举行了成千上万人的集会、游行示威和罢工、罢课、罢市。"五卅"惨案发生后,北京女子师范大学的学生纷纷站出来声援工人阶级的英勇斗争,却遭到了以章士钊和杨荫瑜为代表的封建顽固势力的阻挠,《现代评论》《晨报》等刊物上出现了不少"遗老与遗少反对学生爱国运动的论调",例如"罢课是自杀""学生不念书,反来爱国,是上了知识阶级之当"等。② 6月18日,鲁迅首先撰文斥责陈西滢等"伪文明人""仇视那真诚的青年的眼光……比英国或日本人还凶险"③,7月8日又撰写《补白(三)》一文,认为梁启超提到的"五分钟热度"④不是"学生病","外人不足责,而本国的别的灰冷的民众,有权者,袖手旁观者,也都于事后来嘲笑,实在是无耻而且昏庸!"⑤林语堂早已对陈西滢等所谓的"正人君子"和"名流"反感,义不容辞地加入"笔战"支持爱国学生运动。6月24日他紧随鲁迅之后在《京报副刊》上发表《丁在君的高调》,驳斥《现代评论》主要评论员丁在君高唱的"我们应该慎重,不要再闹拳匪起来""劝化了一百个拉洋车的,不如

---

① 林语堂:《中国的国民性》,《人间世》第32期,1935年7月20日。见《林语堂名著全集》第十八卷,长春:东北师范大学出版社,1994年,第139-141页。
② 林语堂:《"读书救国"谬论一束》,《翦拂集》,见《林语堂名著全集》第十三卷,长春:东北师范大学出版社,1994年,第28页。
③ 鲁迅:《忽然想到(十一)》,《民众文艺周刊》第25号,1925年6月23日。
④ 梁启超在《第十度的"五七"》一文中曾说:"我不怕说一句犯众怒的话:'国耻纪念'这个名词,不过靠'义和团式'的爱国心而存在罢了!义和团式的爱国本质好不好另属一问题。但他的功用之表现,当然是靠'五分钟热度',这种无理性的冲动能有持续性,我绝对不敢相信。"见《晨报》的"勿忘国耻"栏,1925年5月7日。
⑤ 鲁迅:《补白(三)》,《莽原》第12期,1925年7月10日。

感动一个坐洋车的""中国弄到这般田地完全是知识阶级的责任"等"不负责任"的论调。① 10月12日,他又在《语丝》第48期上发表《随感录》②一文,直呼对于某某名流的"大说鬼话","我们简直非效喇嘛开打鬼大会不可"。③ 10月26日《语丝》出刊满五十期,语丝社众人齐聚一堂畅谈《语丝》创刊后的经验和教训,林语堂主张《语丝》要扩大内容,反对"勿谈政治",得到了语丝社成员的热烈响应。④ 11月6日,他将发言加工整理成《谬论的谬论》⑤发表在《语丝》第52期上,文中指出:"勿谈政治是中国民族病态的表现","我们不但要反对人家的提倡勿谈政治主义,我们并且应该积极的提倡,凡健全的国民不可不谈政治,凡健全的国民都有谈政治的天职"。⑥

1925年12月1日,章士钊下台,国民党元老吴稚晖在《京报副刊》上发出不打"死老虎"的声音⑦,周作人随后将之明确表述为不打"落水狗"的主张。⑧ 12月14日,林语堂为回应周作人提出的不打落水狗主张,在《语丝》第57期上发表《插论语丝的文体——稳健、骂人及费厄泼赖》⑨一文,遭到鲁迅的点名批评。12月29日,鲁迅在《论"费厄泼赖"应该缓行》中开篇即指出"《语丝》五七期上语堂先生曾经讲起'费厄泼赖'(fair play),以为此种精神在中国最不易得",并提出"痛打落水狗"的主张。⑩ 林语堂之所以支持"费厄泼赖"源于个性中对英国绅士风度的心向往之,事实上在实际行动方面他是一点也不"费厄泼赖"的:在发表《插论语丝的文体——稳健、骂人及费厄泼赖》之后,鲁迅发表《论"费厄泼赖"应该缓行》之前,他曾于12月19日在《国民新报副刊》上发表

---

① 林语堂:《丁在君的高调》,《翦拂集》,见《林语堂名著全集》第十三卷,长春:东北师范大学出版社,1994年,第17-20页。
② 发表在《语丝》第48期上所用标题,收入《翦拂集》时的标题为《回京杂感(四则)》。
③ 林语堂:《回京杂感(四则)》,《翦拂集》,见《林语堂名著全集》第十三卷,长春:东北师范大学出版社,1994年,第21页。
④ 施建伟:《林语堂在大陆》,北京:北京十月文艺出版社,1991年,第127-128页。
⑤ 发表在《语丝》第52期上所用标题,收入《翦拂集》时的标题为"读书救国"谬论一束》。
⑥ 林语堂:《"读书救国"谬论一束》,《翦拂集》,见《林语堂名著全集》第十三卷,长春:东北师范大学出版社,1994年,第31页。
⑦ 吴稚晖:《官欤——共产党欤——吴稚晖欤》,《京报副刊》1925年12月1日。
⑧ 周作人语:"打落水狗"是吾乡方言,即"打死老虎"之意。见周作人:《失题》,《语丝》第56期,1925年12月7日。
⑨ 发表在《语丝》第57期上所用标题,收入《翦拂集》时的标题为《论语丝文体》。
⑩ 鲁迅:《论"费厄泼赖"应该缓行》,《莽原》第1期,1926年1月10日。

《论骂人之难》,12月31日写作《〈"公理"的把戏〉后记》,并在《莽原》第1期上发表《祝土匪》,这三篇文章均言辞犀利地怒斥反对"女师大"学潮的所谓"学者"和闲话家,丝毫不"费厄泼赖"。在鲁迅的提醒之下,林语堂继续发挥匕首投枪式的评论风格,积极声援鲁迅的"打狗"主张。1926年1月23日,他手绘漫画《鲁迅先生打叭儿狗图》刊在《京报副刊》上,漫画中的鲁迅长袍八字胡,手持竹竿,猛击落水狗的头,狗狼狈地挣扎。3月10日,他又以孙中山逝世一周年为契机,在《京报副刊》上发表《泛论赤化与丧家之狗》,把陈西滢等人比喻成丧家狗,并提出"我们须内除文妖,才能够外抗军阀"①。

鲁迅先生打叭儿狗图

1926年3月12日,在冯玉祥的国民军与奉系军阀作战期间,日本军舰掩护奉军军舰驶进天津大沽口,炮击国民军。国民军坚决还击,将日舰驱逐出大沽口。3月16日,日本联合英美等八国向段祺瑞政府发出通牒,要求撤除大沽口的国防设施。3月18日,北京群众五千多人在天安门集会抗议,要求拒绝八国通牒,结果游行队伍在行进到执政府门前时遭到全副装备的军警的枪杀,当场死亡47人,伤200多人。"三一八"惨案对林语堂的触动非常大,因为死伤的学生中正好有他熟悉且喜爱的学生刘和珍,他亲自去现场领回了学生的尸体。林语堂悲愤欲绝,于惨案发生后的第三天写下《悼刘和珍杨德群女士》,刊登在3月29日《语丝》第72期的卷首位置。正当林语堂沉浸在悲痛中时,《现代评论》上却出现了为段祺瑞政府开脱的言论,3月27日陈西滢在《现

---

① 林语堂:《泛论赤化与丧家之狗》,《翦拂集》,见《林语堂名著全集》第十三卷,长春:东北师范大学出版社,1994年,第77页。

代评论》第3卷第68期上发表《闲话》一文,虽然文中一开始也怒斥卫队屠杀群众的暴行,但后文却暗示是女师大的教职员不负责任地把刘和珍推入了死地。①对于这样的言论,林语堂忍无可忍,他在《八十自叙》中回忆道:"对三月十八日段祺瑞北洋政府的屠杀学生一事,《现代评论》是采取亲北洋政府的态度。《现代评论》这种只顾自己利害的态度,激起了我们的愤怒,才对他们发动抨击。"②3月30日,林语堂写作《闲话与谣言》进行破口大骂。4月2日又写作《讨狗檄文》一文发表在《京报副刊》上。4月13日,一位署名"侯兆麟"的读者给林语堂写信讨论《讨狗檄文》中关于"打倒文妖"的问题,③4月17日,林语堂以《打狗释疑》一文在《京报副刊》上对来信做出公开答复和回应,文中写道:"事实之经过使我益发信仰鲁迅先生'凡是狗必先打落水里而又从而打之'之话。"④

1926年4月16日,《京报副刊》刊出鲁迅的《大衍发微》一文,文中汇集了大量调查资料,将"三一八"惨案发生后军阀开列的通缉名单公之于世,林语堂也在这份通缉名单中,对他的职务介绍是"北大英文系教授,女师大教务长,《国民新报》英文部编辑,《语丝》撰稿者"。名单上的其他人还包括鲁迅、周作人、孙伏园、沈兼士、徐宝璜等人以及《京报》《世界日报》《晚报》《国民新报》《国民晚报》《京报副刊》《国民新报副刊》的编辑和记者,《猛进》《语丝》《莽原》的主要撰稿人等。⑤即使在这样的环境下,林语堂仍然没有放弃用手中的笔与军阀政府做斗争,4月23日他受鲁迅发表的《大衍发微》的启发,写作《"发微"与"告密"》,这成为林语堂在北京时期的最后一篇时政评论文章。

---

① 陈西滢在《闲话》中写道:"3月18日她的学校出了一张布告,停课一日,叫学生都去与会。杨女士还是不大愿意去,半路又回转。一个教职员勉强她去,她不得已去了。卫队一放枪,杨女士也跟了大众就跑,忽见友人某女士受伤,不能行动,她回身去救护她,也中弹死。"见陈西滢:《闲话》,《现代评论》第3卷第68期,1926年3月27日。
② 林语堂著,张振玉译:《八十自叙》,见《林语堂名著全集》第十卷,长春:东北师范大学出版社,1994年,第298页。
③ 侯兆麟:《一封通信》,见《林语堂名著全集》第十三卷,长春:东北师范大学出版社,1994年,第70-72页。
④ 林语堂:《打狗释疑》,《翦拂集》,见《林语堂名著全集》第十三卷,长春:东北师范大学出版社,1994年,第67页。
⑤ 鲁迅:《大衍发微》,《京报副刊》1926年4月16日。

(二) 担任英文编辑,发表英文时政评论

"三一八"惨案之后,段祺瑞政府倒台。在帝国主义的支持下,直奉军阀接管北京政权,开始大肆搜捕"宣传赤化者",北方政局一片混乱。1926 年 4 月 24 日,张作霖以"宣传赤化"的罪名封闭京报馆,逮捕《京报》社长邵飘萍,并在两日后将其枪杀,不久后,《社会日报》社长林白水也遭军阀张宗昌杀害,北京陷入白色恐怖中。林语堂在自传中写道:"当我在北平时,身为大学教授,对于时事政治,常常信口批评,因此我恒被人视'异端之家'为那(北大)一个激烈的分子。……民国十五年(一九二六年)四五月间,狗肉将军张宗昌长驱入北平,不经审讯而枪杀两个最勇敢的记者(邵飘萍和林白水)。那时又有一张名单要捕杀五十个激烈的教授,我就是其中之一。此讯息外传,我即躲避一月,先在东交民巷一个法国医院,后在友人家内。有一日早晨,我便携家眷悄然离开北平了。"① 1926 年 5 月下旬,林语堂携妻女逃回老家厦门,担任厦门大学的文科主任和国学院总秘书。

国共合作发动的反对封建军阀的北伐战争使林语堂觉得"中国的新日子已现曙光"②,加上当时厦大发生学潮,1927 年 3 月他愤而辞职,接受国民政府外交部部长陈友仁③的邀请赴武汉担任国民政府外交部秘书,同时担任英文报 The People's Tribune(《民众论坛》)的主编。④ The People's Tribune 每天都有社论,林语堂在工作之余也在这份刊物上发表英文时政评论文章,例如《中国须为国民党提供保障》("Making China Safe for the Kuomingtang")、《时代的标志》("The Signs of the Times")等。这些文章连同英译的谢冰莹的《女兵日记》由商务印书馆于 1930 年结集出版,为 Letters of a Chinese

---

① 林语堂著,工爻译:《林语堂自传》,《林语堂名著全集》第十卷,长春:东北师范大学出版社,1994 年,第 28-29 页。
② 林语堂:《林语堂自传(二)》,《逸经》1936 年 12 月 5 日。
③ 林语堂任《国民新报》英文编辑时,陈友仁是该报的英文记者,两人是同事。参见鲁迅:《大衍发微》,《京报副刊》1926 年 4 月 16 日;林太乙:《林语堂传》,《林语堂名著全集》第二十九卷,长春:东北师范大学出版社,1994 年,第 59 页。
④ 参见林太乙:《林语堂传》,《林语堂名著全集》第二十九卷,长春:东北师范大学出版社,1994 年,第 59 页。

Amazon and War-time Essays(《林语堂时事述译汇刊》)。①

就在林语堂刚刚在武汉上任后不久,1927年4月,上海发生了蒋介石制造的"四一二"反革命政变,同年7月,武汉发生了汪精卫制造的"七一五"反革命政变。"分共""清党"和成千上万的捕杀使林语堂对政治失望和胆怯,9月,他离开武汉赴上海"专心写作"②。

1928年5月,The China Critic(《中国评论周报》)在上海创刊,该刊是一份由留学归国的同人共同发起创办的以时政评论为主的英文刊物,旨在发表对中国时局的意见和看法,香港城市大学钱锁桥博士称之为"现代中国唯一一份由一批受过西式教育的中国专业知识分子自己营运的英语周刊"③,1940年11月停刊,1945年8月复刊,1946年6月终刊。出于相同的教育背景和专业特长,林语堂自1928年11月起就给《中国评论周报》撰稿,并于1930年开始担任该刊编辑。④ 根据徐訏的回忆,1934至1935年间,林语堂每天到中央研究院上班,因为他是英文总编辑,下午就关门写作,与其他编辑商量讨论具体编务事宜,编完全稿,他一定会非常认真地阅读、核对,每周四下午,他就去参加《中国评论周报》的会集。⑤

事实上,林语堂自1930年《中国评论周报》第3卷第27期开始至1936年8月赴美前,一直担任《中国评论周报》"The Little Critic"(《小评论》)专栏的编辑工作⑥(其中1931年5月至1932年5月因林语堂随中央研究院文化代表团出访欧洲,由全增嘏暂代)⑦,并在《小评论》专栏发表了大量评论时政的英

---

① 钱锁桥:《林语堂眼中的蒋介石和宋美龄》,《书城》2008年第2期。该书又称《女兵日记和战时评论》,见陈欣欣:《林语堂:孤行的反抗者》,北京:清华大学出版社,2015年,第98页。
② 林语堂在《八十自叙》中回忆道:"做了六个月之后,我对那些革命家也感到腻烦。从民国十六年,我就开始专心写作了。"见林语堂著,张振玉译:《八十自叙》,《林语堂名著全集》第十卷,长春:东北师范大学出版社,1994年,第299页。
③ 钱锁桥编:《小评论:林语堂双语文集》,北京:九州出版社,2012年,第25页。
④ 《中国评论周报》先后由张歆海、刘大钧、桂中枢担任主编,潘光旦、全增嘏、林语堂、钱钟书、吴经熊等担任编辑。
⑤ 徐訏:《追思林语堂先生》,见子通主编:《林语堂评说70年》,北京:中国华侨出版社,2003年,第137页。
⑥ 参见黄芳:《〈中国评论周报〉上林语堂、钱钟书、温源宁、姚克英文作品目录》,《跨语际文学实践中的多元文化认同——以〈中国评论周报〉〈天下月刊〉为中心的考察》,华东师范大学博士学位论文,2010年,第168页。
⑦ 参见钱锁桥编:《小评论:林语堂双语文集》,北京:九州出版社,2012年,第25页。

林语堂和妻子与《中国评论周报》其他成员及家属的合影

文小品文。这些文章后来结集为《小评论选集》上下两册,由上海商务印书馆出版。1931 年,China United 出版社曾经出版过一本文集 *China's Own Critics: A Selection of Essays*,选编了 1929—1931 年林语堂和胡适两人批评国民政府的文章,其中林语堂的文章主要选自《中国评论周报》的《小评论》专栏。

China's Own Critics: A Selection of Essays 订购单(摄于林语堂台北故居)

1928年6月9日,中央研究院在上海正式宣告成立,院长蔡元培任命林语堂担任英文主编,并兼任国际出版品交换处处长。① 1935年8月,英文刊物 T'ien Hsia Monthly(《天下月刊》)在上海创刊,吴经熊任总编,温源宁为主编,林语堂、全增嘏、姚莘农(克)等任编辑。抗战爆发后,该刊的主要编辑群体转移至香港,1941年夏因太平洋战事而停刊,前后总共出了56期。根据《天下月刊》的目录,从《天下月刊》创刊之初到1936年3月,林语堂一直担任《天下月刊》的编辑。②

二、"论语"时期(1932—1936年)

林语堂晚年回忆道:"我发明了'幽默'这个词儿,由此之故,别人都对我以'幽默大师'相称。而这个称呼也就一直沿用下来。但并不是因为我是第一流的幽默家,而是,在我们这个假道学充斥而幽默则极为缺乏的国度里,我是第一个招呼大家注意幽默的重要的人罢了。"③这里的"招呼大家注意幽默",即林语堂创办幽默刊物的经历。20世纪30年代上半期,林语堂借助上海出版业的繁荣接连创办和主编了《论语》《人间世》《宇宙风》等畅销刊物,这个办刊经历使林语堂在编辑出版界名声大噪,并对他新闻思想的形成产生了重要影响。同时,有感于国民党政府施行日益严苛的新闻检查制度,林语堂生平唯一一部新闻学著作《中国新闻舆论史》也在此时期撰写完成。

(一)创办并主编《论语》半月刊(1932年9月—1933年10月)

1.《论语》的创刊背景

20世纪30年代的上海是一座国际化大都市,灯红酒绿,纸醉金迷,但繁

---

① 参见林语堂著,张振玉译:《八十自叙》,《林语堂名著全集》第十卷,长春:东北师范大学出版社,1994年,第300页。但也有学者称,林语堂1927年10月任中央研究院外国语编辑主任。见子通:《林语堂年表》,载子通主编:《林语堂评说70年》,北京:中国华侨出版社,2003年,第444页。

② 黄芳:《〈天下月刊〉目录》,《跨语际文学实践中的多元文化认同——以〈中国评论周报〉〈天下月刊〉为中心的考察》,华东师范大学博士学位论文,2010年,第172-216页。

③ 林语堂著,张振玉译:《八十自叙》,见《林语堂名著全集》第十卷,长春:东北师范大学出版社,1994年,第295页。

荣的表象下面却是中国内忧外患、风雨飘摇的时局。此时的中国民众如阿英所言,"处于非常不幸的地位,外而帝国主义的压迫,内而封建势力的侵害,使大家陷入极端的苦恼,烦闷","大家有更多的话要说,更多的话希望有人代说"。① 一方面,民众有了苦恼、烦闷需要找地方倾诉,创办杂志是一条有效的途径;另一方面,身处内忧外患的时局当中,"一向只有个人观念的中国民众,由于切身的利害关系,使他们不得不注意到个人以外,不得不希望从报纸杂志的言论上,来帮助他们对于许多当前现象的了解,寻觅自己的路"②,民众对经济上负担得起的报纸杂志产生了较大的市场需求。在这样的形势下,《论语》应运而生。

"三一八"惨案发生之后,面对军阀的迫害和通缉,以文字谋生存的知识分子开始了南下大逃亡,寻觅自己的避难之所和谋生之路。上海因为蓬勃发展的文化出版事业,成为多数知识分子的首选之地。上海租界实行相对宽松的出版管理政策,自19世纪70年代大量外商在上海创办报刊起,上海便汇聚了墨海书馆、点石斋石印局、同文书局、商务印书馆等众多大型出版机构。中华民国成立后,中华书局、世界书局、大东书局、开明书店等纷纷创立。到20世纪30年代,根据《上海商业名录》的记载,上海共有出版社136家,报社48家,并集中分布在望平街和棋盘街这两条著名的文化街区。③ 激烈的市场竞争使上海的文化出版业朝着商业化运作方向发展,各大出版机构求贤若渴,对优秀人才的需求量大,这为知识分子创造了大量谋生的机会。与此同时,随着1910年清政府《大清著作权律》的颁布以及在上海出版界行业商会、公会的努力下,20世纪30年代的上海已经具备比较完善的版权保护制度,稿酬和版税也比较可观,这也吸引大批知识分子开始以编辑和出版为业。除此之外,蓬勃发展的文化出版事业孕育了一批受过一定教育的读者群体,他们大多以通俗刊物为阅读对象,为了赢得市场,许多出版机构都开始出版发行通俗刊物。此时的上海如许纪霖所言,"对于大部分知识分子而言是一个特殊而又颇具吸引力的社会。这样的一个社会,为知识分子谋生、成名、革命、避难、享乐等提供

---

① 阿英:《杂志年》,《阿英全集》第四卷,合肥:安徽教育出版社,2003年,第49页。
② 阿英:《杂志年》,《阿英全集》第四卷,合肥:安徽教育出版社,2003年,第49页。
③ 冉彬:《30年代上海文学与上海出版业》,上海师范大学博士学位论文,2007年,第33-34页。

了可能的机会"①。上海一时汇聚了全国各地的文化精英。这些汇聚到上海的知识分子、原本在上海的知识分子和从海外学成回到上海的知识分子聚到一起,因着不同的地缘、性情和政治倾向结成了不同的群体。他们通过文艺沙龙等形式各自形成交往圈,彼此倾诉如阿英所言"内忧外患"时局下自己的抱负、苦恼和烦闷,摸索出路。《论语》便是在这样的情况下产生于其中的一个交往圈。

经历了厦大风潮和在武汉革命政府的短暂任职之后,1927年9月,林语堂跟随大多数知识分子的脚步来到上海。这时候的林语堂心态发生了一些变化。在北京时,他热衷于写批评政府的文章,妻子廖翠凤怎么劝他"好好教书,不要管闲事"他都不听,还反驳妻子:"骂人是保持学者自身尊严,不骂人时才是真正丢尽了学者的人格,凡是有独立思想,有诚意私见的人,都免不了要涉及骂人。"即使在妻子生产女儿前后,他还在天天写文章,并在家做好绳梯随时准备跳墙逃走。②但经历了军阀的言论取缔,他意识到自己早期的文字就像学生的示威游行一般,披肝沥胆,慷慨激昂,公开抗议,但无技巧可言,于是开始思考说话和写文章的艺术,便有了《论语》的诞生。他说:"那严格的取缔,逼令我另辟蹊径以发表思想。我势不能不发展文笔技巧和权衡事情的轻重,此即读者们所称为'讽刺文学'。我写此项文章的艺术乃在发挥关于时局的理论,刚刚足够暗示我的思想和别人的意见,但同时却饶有含蓄,使不至于深受牢狱之灾。这样写文章无异是马戏场中所见的在绳子上跳舞,需眼明手快,身心平衡合度。在这个奇妙的空气当中,我已经成为一个所谓幽默或讽刺的写作者了。也许如某人曾说,人生太悲惨了,因此不能不故事滑稽,否则将要闷死。这不过是人类心理学中一种很寻常的现象罢;即是在十分危险当中,我们树立自卫的机械作用,也就是滑口善辩。这一路的滑口善辩,其中含有眼泪兼微笑的。"③

---

① 许纪霖等:《近代中国知识分子的公共交往(1895—1949)》,上海:上海人民出版社,2007年,第220页。
② 林太乙:《林语堂传》,见《林语堂名著全集》第二十九卷,长春:东北师范大学出版社,1994年,第56页。
③ 林语堂著,工爻译:《林语堂自传》,见《林语堂名著全集》第十卷,长春:东北师范大学出版社,1994年,第30页。

2.《论语》的创刊过程

在 20 世纪 30 年代上海的出版机构中,有一家叫上海时代图书公司①,前身为时代印刷有限公司,创办者是邵洵美。邵洵美 1926 年 6 月从欧洲留学归来后,受朋友开办书店的启发于 1928 年创办金屋书店,由此开启了他出版家的人生之路。金屋书店主要出版文艺类书籍,也负责发行《〈狮吼〉半月刊复活号》,因此他与狮吼社成员章克标、徐志摩、郁达夫、张若谷、张光宇、张振宇、曹涵美、丁悚等人关系非常好。1929 年邵洵美入股新月书店,又结识了新月社成员胡适、林语堂、罗隆基、沈从文、潘光旦、全增嘏、叶公超、曹聚仁等人。1930 年他结束金屋书店,斥巨资订购德国影写版印刷机,1932 年 9 月 1 日,被称为"国人经营的第一家采用影写版印刷技术的印刷公司"——时代印刷有限公司正式成立。②

邵洵美为人十分好客,经常在家里宴请狮吼社和新月社的一众友人。大约是 1932 年 8 月③的某个夜晚,一群人又聚在邵洵美家的客厅里,闲谈之中兴起要办一份刊物的念头。据当时参加者之一章克标的回忆,这样的"商谈"至少有三次。他在《闲话〈论语〉半月刊》一文中非常详细地记录了当时商谈的情况,向我们展现了这份刊物的产生过程:

> 《论语》创刊前,大家在邵洵美家客厅里商谈过不少于三次,都是晚饭后的黄昏辰光,时当炎夏,一面纳凉、一面闲谈,大家讲起要出一本刊物来消消闲,发发牢骚,解解闷气,好在邵洵美开着时代书店可以发行出去,推销没有困难。关于刊物内容,谈得不多;刊物的名字叫什么,谈得最久。都想要有一个雅俗共赏、有吸引力、号召力、要喊得响、站得起,而且惊人又迷人,又是大家都熟悉的,用来一炮打响,出奇制胜。大家来动脑子,一时谁也想不出好名目来,就拖下去了下次再谈,大概是第三次的会了,还这也不行,那也不好,议论纷纷,众口嘈嘈之际,我忽然想到了林语堂的大名'林语'两字声音相似的《论

---

① 根据邵洵美女儿邵绡红的回忆,1935 年是上海时代图书公司最兴旺的时期,一度同时出版七份杂志,因其出版日期的参差,每隔五天就有两份与读者见面。总共算起来,那时"时代"旗下杂志已有读者近十万。见邵绡红:《邵洵美的出版实践》,《出版科学》2007 年第 2 期。

② 王京芳:《邵洵美年表》,《新文学史料》2006 年第 1 期。

③ 王兆胜:《林语堂与邵洵美》,《福建论坛(人文社会科学版)》2004 年第 5 期。

语》,心里想不是大家在又论又议么?有论有语,论论议议,干脆借中国人全知道的《论语》,孔夫子的这本书名来作我们刊物的名字,岂不是好,随口提出之后,想不到大家一致欢呼,拍手叫好。刊物的名字就这样决定了。①

后来章克标又在《林语堂在上海》一文中列出了参加"商谈"的具体人员名单,除邵洵美、林语堂和章克标外,还有李青崖、全增嘏、沈有乾、林徽音及画家张光宇、张振宇、曹涵美三兄弟,以及后来的潘光旦、叶公超等十来个人。② 根据"商谈"的结果,林语堂被公推担任主编负责编辑工作,邵洵美的时代印刷公司负责印刷,时代图书公司负责发行。《论语》的创刊,就是这样一群志趣相投的知识分子在茶余饭后闲聊时产生的。它的诞生既有时代环境的必然性,又有着机缘巧合的偶然性。必然性体现在:它是在特殊的时代背景下,"《论语》社同人,鉴于世道日微,人心日危,发了悲天悯人之念,办一刊物,聊抒愚见,以贡献于社会国家"③。偶然性则体现在那个时代知识分子创办刊物的"兴之所至"。对此,邵洵美的女儿邵绡红曾回忆道:"自从接办《时代》画报,他(邵洵美)的出版欲一发不可收拾。有时他忽然起了个念头,朋友们聚在一起,有人出个点子,就会生出一份杂志来。譬如办幽默杂志《论语》,就是林语堂、李青崖、全增嘏、沈有乾、章克标、林徽音、潘光旦、叶公超和画家张光宇、张振宇、曹涵美十来个人在洵美家客厅里聊出来的。"④

学术界一直存在《论语》的创办及归属之争。本人认为,《论语》半月刊并非由"某一个人"一手创办,而是在"天时地利人和"的条件下众人孕育出的成果。关于它的创办资金,有两种说法,一说是源于林语堂对"论语社"的"社"字的解释,由全增嘏、潘光旦、李青崖、邵洵美、章克标几个人共同赞助。⑤ 另一说邵绡红在《我的爸爸邵洵美》一书中提到:"《论语》这本杂志出版发行都由

---

① 章克标:《闲话〈论语〉半月刊》,《读者良友》(香港)1986年12月总30期(第5卷第6期)。

② 章克标:《林语堂在上海》,见子通主编:《林语堂评说70年》,北京:中国华侨出版社,2003年,第119页。

③ 《缘起》,《论语》第1期,1932年9月16日。

④ 邵绡红:《邵洵美的出版实践》,《出版科学》2007年第2期。

⑤ 根据林语堂对论语社的解释:"所谓'社'者,全、潘、李、邵、章诸先生共同发起赞助之谓也",可以认为,《论语》半月刊由全增嘏、潘光旦、李青崖、邵洵美、章克标几个人共同出资创办。见林语堂:《与陶亢德书》,《论语》第28期,1933年11月1日。

洵美的书店、印刷厂承担,资金方面,一开始林语堂和洵美出了一点,第十期后就由洵美独资了。"①哪一种说法更接近于事实,笔者尚未找到其他史料进行旁证,但可以确定的是在整个创办过程中发挥关键作用的是三个人:林语堂、章克标和邵洵美。② 创办幽默刊物的点子是林语堂出的,刊名是章克标定的③,邵洵美负责发行。虽说林语堂可能并未出资,也不负责发行,但他在《论语》的创办过程中发挥了核心作用,在任主编期间基本确立了《论语》的办刊宗旨和编辑理念,《论语》以"幽默"一炮而红,应该说他功劳最高。

1932年9月16日,《论语》半月刊正式创刊,大小为16开本,每个月的初一和十六出版,每期零售价一角,逢特大号和新年号零售价为一角五分,全年共24期,全年定价国内二元,国外三元。④ 在内容方面,比较固定的栏目有:《论语》,通常是每期的第一篇文章,主要刊载短小精悍的时事短评;第17期起开始增设的《半月要闻》,内容与之相近;《有不为斋随笔》,这是林语堂个人很喜欢的一个栏目,主要介绍西方的文化,林语堂谓之"是记者的读书偶记。期期应有"⑤,但很可惜,这个栏目并未如林语堂预期的那样,只在第1、5、9、12、15期中出现过;《卡吞》,第2期开设,主要刊载中外幽默漫画,西方的《笨拙》

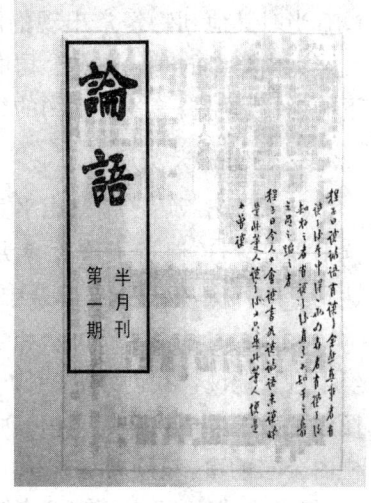

《论语》创刊号封面

和《纽约客》是其主要的转载源;《群言堂》,与读者互动的一个栏目,主要刊登对热点问题和现象的讨论以及读者来信,很受读者的欢迎;《古香斋》,第4期开设,主要刊载"各城各地有可保存价值之奇事奇行"⑥;《书报介绍》,有点类似今天的书刊广告栏,主要推荐和介绍名家的最新作品;《我的话》,林语堂辞去《论语》主编后开设的个人专栏,一直开设到第82期,后来邵洵美担任主编

---

① 邵绡红:《我的爸爸邵洵美》,上海:上海书店出版社,2005年,第91页。
② 王兆胜:《林语堂与邵洵美》,《福建论坛(人文社会科学版)》2004年第5期。
③ 章克标当时任时代书店的经理,负责发行和经营。
④ 《论语》第2期,1932年10月1日。
⑤ 林语堂:《〈论语〉第二期编辑后记》,《论语》第2期,1932年10月1日。
⑥ 《论语》第4期,1932年11月1日。

时,曾仿照《我的话》在《论语》上开辟《你的话》专栏,林达祖则开辟《他的话》专栏。① 除此之外,还有一些刊载中西方幽默故事的栏目,例如《雨花》《西洋雨花》《幽默文选》《西洋幽默》等。

创刊后,《论语》一开始没有编辑部办公室,而是在林语堂家里采取现行的包干办法,由林语堂承包编辑部门的工作,从第 11 期开始,时代图书公司每月支付给林语堂编辑费 100 元,林语堂编辑完就直接跟印刷所联系,时代图书公司只管发行。这样的做法大大避免了周折拖延,使《论语》每次都能按时出版,没有当时其他刊物经常出现的脱期现象。② 后来,《论语》编辑部设在上海霞飞路嵩山路口的时代图书公司的门市部楼上,那里同时还有时代图书公司旗下的《时代画报》等各个刊物的编辑部。③

3.《论语》大获成功

《论语》出版后,"销路出乎意外的大好,创刊号重印了几次,一下子轰动了读书界,以后也保持了这股势头"④。林语堂任主编期间,《论语》的最高销量达到三四万份,仅排于老牌杂志《生活》和《东方》之后。⑤

《论语》尤其受普通民众和学生们的喜欢。喜欢到什么程度呢?林语堂曾经很自豪地说:"我创办的《论语》这个中国第一个提倡幽默的半月刊,很容易便成了大学生最欢迎的刊物。中央大学罗家伦校长对我说:'我若有要在公告栏内公布的事,只须要登在你的《论语》里就可以了。'"⑥又例如坊间流传《论语》将卖给其他人,立刻有读者写信给林语堂表示抗议:

> 语堂兄:
> 昨天听见一个关于《论语》的奇异消息,据说《论语》要卖给曾仲鸣了!我常想中国的刊物好像花姑娘一样,稍为有些姿色——价值,

---

① 参见林达祖:《我与邵洵美合编〈论语〉之回忆》,《新文学史料》1997 年第 3 期。
② 章克标:《〈论语〉半月刊》,见陈福康、蒋山青编:《章克标文集(下)》,上海:上海社会科学院出版社,2003 年,第 161-162 页。
③ 林达祖:《我与邵洵美合编〈论语〉之回忆》,《新文学史料》1997 年第 3 期。
④ 章克标:《林语堂在上海》,见子通主编:《林语堂评说 70 年》,北京:中国华侨出版社,2003 年,第 120 页。
⑤ 施建伟:《林语堂在大陆》,北京:北京十月文艺出版社,1991 年,第 259 页。
⑥ 林语堂著,张振玉译:《八十自叙》,见《林语堂名著全集》第十卷,长春:东北师范大学出版社,1994 年,第 295 页。

就立刻给要人们弄去做姨太太了！我不忍见才长十龄的《论语》就被强奸！你们不是常常提起《笨拙》吗？请学她的样子！

末了，我希望孔门的《论语》不要变成扬雄的《太玄》方好！如前言不确，请将此信公刊在《论语》，显显《论语》的冰清玉洁，如何？祝

幽默！

一个认你是有希望的人——支①

类似的例子还有很多，比如"济南东门某夫妇因争读《论语》而半夜吵架，几至离婚涉讼""南京某校学生为《论语》定户，每值邮使将《论语》投入邮箱时，如不立刻取出，即自不见""苏州政治犯监狱（反省院？）有狱犯私贿狱吏购阅《论语》卒被发觉，以致罚关黑屋""华盛顿公使馆图书馆员来函，因《论语》被偷，请补缺本""北平书店伙计，因读《论语》，怠慢主顾被斥"②……诸如此类，皆说明了《论语》的受欢迎程度。所以林语堂曾大胆假设：有二万本销量的《论语》，应该会有大约六万的读者。③

那么，是什么导致《论语》有如此大的销量，以及如此受读者欢迎呢？笔者认为原因至少有以下三个。

其一，在经营策略上，林语堂仿效英国杂志《笨拙》④，把《论语》定位成一份幽默刊物，这是中国第一份真正意义上的幽默刊物，内容上"以提倡幽默文字为主要目标"⑤，广告宣传语打出"中国唯一的幽默杂志"⑥字样。这样的期刊定位既新奇又满足了大众发泄苦闷的需求，有读者评价道："《论

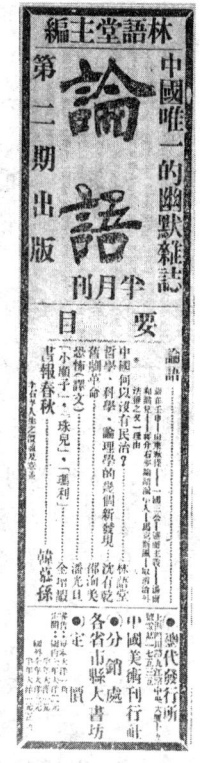

刊登在《申报》上的《论语》广告（《申报》1932年10月4日第4版）

---

① 《支先生致林语堂书》，《论语》第11期，1933年2月16日。
② 林语堂：《二十二年之幽默》，《披荆集》，见《林语堂名著全集》第十四卷，长春：东北师范大学出版社，1994年，第175页。
③ 林语堂：《二十二年之幽默》，《披荆集》，见《林语堂名著全集》第十四卷，长春：东北师范大学出版社，1994年，第175页。
④ 林语堂：《〈论语〉第三期编辑后记》，《论语》第3期，1932年10月16日。
⑤ 林语堂：《我们的态度》，《论语》第3期，1932年10月16日。
⑥ 《论语》第2期广告，《申报》1932年10月4日第4版。

语》主张幽默主义批评,一切取冷嘲不取怒骂,在新闻界中独成格调,真足予读者以无穷的兴味。"①

其二,在编辑策略方面,林语堂采取"兼蓄并收"的编辑方针,不管来稿作者是谁,政治立场是什么,只要与《论语》的性质相合就予以刊登。这一方面保证了充足的稿源②,可以对稿件好中选好,优中选优,另一方面也扩大了《论语》的读者群。

为了明确和规范稿件的选择标准,从《论语》的第 2 期开始,每期的扉页上都刊载了一则《论语社同人戒条》③,以提醒所有的撰稿者和编者务必以戒条为准则。

戒条全文如下:

一、不反革命。

二、不评论我们看不起的人(自邻以下的悉列入《子不语》),但我们所爱护的,要尽量批评(如我们的祖国,现代武人,有希望的作家,及非绝对无望的革命家)。

三、不破口骂人(要谑而不虐,尊国贼为父固不可,名之为忘八蛋也不必)。

四、不拿别人的钱,不说他人的话(不为任何方作有津贴的宣传,但可做义务的宣传,甚至反宣传)。

五、不附庸风雅,更不附庸权贵(决不捧旧剧明星,电影明星,交际明星,文艺明星,政治明星,及其他任何明星)。

六、不互相标榜,反对肉麻主义,

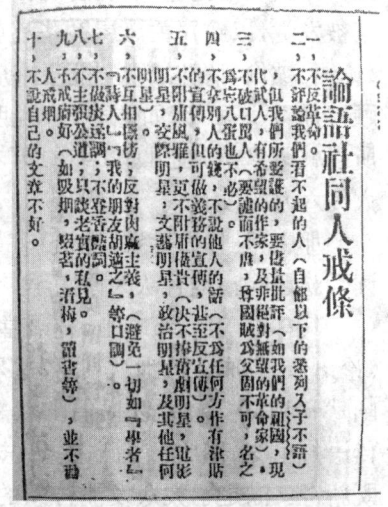

《论语社同人戒条》
(刊于《论语》第 2 期扉页)

---

① 《陈男青与林语堂书》,《论语》第 7 期,1932 年 12 月 16 日。
② 林语堂曾在编辑之余感慨:"来稿十分起劲,连记者在'群言堂'插嘴都没插嘴之余地。后来索性把那位马礼教赛跑回来的通信员截住,才有这《编辑后记》的篇幅出来。"见林语堂:《〈论语〉第二期编辑后记》,《论语》第 2 期,1932 年 10 月 1 日。
③ 虽未署名,但从内容及格调来看,当出自林语堂手笔。

(避免一切如"学者""诗人""我的朋友胡适之"等口调)。

七、不做痰迷调；不登香艳词。

八、不主张公道；只谈老实的私见。

九、不戒癖好(如吸烟,啜茗,看梅,读书等),并不劝人戒烟。

十、不说自己的文章不好。①

除此之外,林语堂也经常在《编辑后记》中跟读者交流《论语》的内容选择标准,以提高来稿的质量。例如在《〈论语〉第三期编辑后记》中,林语堂写道:

来稿虽然多,却没有认清本刊的性质。归结起来,有三大毛病：(一)○○室随笔○○斋闲话有六种。中国文人可怜的很,只会做一条一条的笔记,二千年来都是如此的。这类笔记可以少写一点。有可取的,可以放入《雨花》,或做补白。希望能多得成篇文字。(二)格调俏皮的多,幽默的少。二者之界限不易分,但俏皮到了冲澹含蓄而同情境地,便成幽默。(三)香艳诗词太多了。这些绝对没有刊登的希望,请勿徒费邮资。其余请详本社戒条。②

其三,《论语》拥有比较成熟的发行渠道。这主要得益于《论语》的总发行时代图书公司与各地书店或书局之间建立的紧密联系。《论语》不仅有"各埠开明书店和新月书店,各省县各大书坊"为其寄售及代定③,还有国内包括苏州、杭州、广州、南京、无锡、福州、重庆、云南、厦门、南通、汕头、常州、济南等21个城市的共37个代售点,以及上海的18个代售点,国外包括仰光、苏岛、菲律宾等6个代售点。④ 除此之外,各省市县的"大报贩"也是《论语》销售的主要渠道之一。⑤

4. 林语堂离开《论语》

而正在《论语》办得如此成功的时候,林语堂却选择离开了《论语》。1933年10月16日,林语堂在《论语》上刊登"启事"正式辞去主编一职：

---

① 《论语社同人戒条》,《论语》第2期,1932年10月1日。
② 林语堂：《〈论语〉第三期编辑后记》,《论语》第3期,1932年10月16日。
③ 《论语》第1期,1932年9月16日。
④ 《论语》第2期,1932年10月1日。
⑤ 《论语》第9期广告,《申报》1933年1月17日,第四版。

> 本人承论语社同人之托主编《论语》,幸得海外同志踊跃匡助,安度一年,基础粗定。现因本人另有编译计划,势难兼顾,决定自本期起脱离编辑职务,并已请陶亢德先生继续主编,所喜海内为本刊长期撰稿者不下数十人,陶先生编辑经验丰富,定可循序渐进,发扬光大。本人仍以社员地位逐期撰稿,另辟"我的话"刊载,尚希海内爱护本刊之作者,绩赞助多赐佳作为荷。①

自 1932 年 9 月 16 日《论语》创刊到辞去主编一职,林语堂总共编了 26 期,第 27 期到 82 期由原《生活》周刊的编辑陶亢德接任主编。② 虽然脱离了主编的职务,但林语堂仍然是《论语》的主要撰稿人之一,直到第 83 期邵洵美与郁达夫接任主编后他才完全脱离与论语社及《论语》的一切关系,《我的话》栏目也自第 83 期起停止。③

关于林语堂辞去《论语》主编一职的原因,众说纷纭。林语堂自己在《八十自叙》中回忆说:"我在上海办《论语》大赚其钱时,有一个印刷股东认为这个杂志应当归他所有。我说:'那么,由你办吧。'我那位朋友接过去。这份杂志不久就降格而成为滑稽笑话的性质,后来也就无疾而终。"这位印刷股东指的应该是邵洵美。

但在《林语堂在上海》一文中章克标却说:"至于说林语堂和邵洵美后来发生矛盾,为了争夺《论语》的主权,似乎没有这件明确的事情,只是在编辑费与稿费上有了意见。"④是什么样的意见?后期曾编辑《论语》的林达祖做过详细的记述:"(林语堂)眼看《论语》销路越来越好,就有点想法了,觉得《论语》是他一手打响的,不能让做老板的邵洵美独擅其利,于是提出增加开支,增添工作人员,提高报酬等。按说邵洵美也不是这种计较的人。但克标又看不过去了,又一次体现了直率之性格,就在《申报》'自由谈'上写了篇题为'高等华人'的文章,明显指出了林语堂这种孳孳为利的不漂亮行为。……事情既经挑明,林

---

① 林语堂:《林语堂启事》,《论语》第 27 期,1933 年 10 月 16 日。
② 第 83 期到 105 期由郁达夫、邵洵美合编,第 106 期到 109 期由邵洵美主编,第 110 期到 117 期由林达祖、邵洵美合编,第 118 期到 121 期由李青崖主编,第 122 期到 177 期由林达祖、邵洵美合编至终刊。见邵洵美:《一年论语》,《论语》第 142 期,1947 年 12 月 1 日。
③ 林太乙:《林语堂传》,《林语堂名著全集》第二十九卷,长春:东北师范大学出版社,1994 年,第 141 页。
④ 章克标:《林语堂在上海》,见子通主编:《林语堂评说 70 年》,北京:中国华侨出版社,2003 年,第 120 页。

语堂因此离开《论语》。"①作为当事人之一的邵洵美虽未明确谈起此事,但说起对林语堂的印象,用了"醉心版税""似一钱如命""有美国人的商业头脑"②等字眼,大约形容林语堂太爱钱,会计算。

根据邵洵美、章克标和林语堂三人的叙述,笔者认为林语堂与邵洵美之间的"矛盾"应该是起了经济方面的分歧,究其根源在于创办《论语》时的"兴之所至"。《论语》创办之初,论语社同人只是聚到一起寻个地方消消闲,发发牢骚,解解闷气,谁也没想盈利的事,没曾想《论语》出版后却大获成功带来了丰厚的利润,由此引发了经济利益之争。后来创办《人间世》的时候林语堂吸取了这个教训,采取自负盈亏的"承包"方式跟良友图书公司合作。

(二)创办并主编《人间世》半月刊(1934年4月—1935年12月)

《论语》的成功使林语堂在新闻出版界名声大噪,一些出版机构纷纷找他寻求合作。20世纪30年代上海出版界还有一位重要人物叫伍联德,广东台山县人,少时在商务印书馆工作,后来招商引资于1925年自己创办良友图书公司。他先后创办过7种文艺性期刊,其中最为成功的是《良友》画报。伍联德看中了林语堂的才华,当林语堂离开《论语》兴起另办一个刊物的念头时,伍联德便向他抛去了橄榄枝。据章克标回忆:"林语堂以承包的方式来办这个半月刊,那是因为伍联德的关系,伍支持林语堂。由良友提供一间办公室,林语堂至少有陶亢德和徐訏经常或轮流来坐写字间办公室。办公室用品及开支由良友负担。《人间世》的稿酬及编辑人员的薪工,都包括在承包费用之内,据说是500元,但不知是每期或按月。"③

1934年4月5日,《人间世》创刊,大小为16开本,"半月一册,字数四万,逢初五二十出版,纸张印刷编排校对,力求完善,用仿宋字排印,以符小品精雅之意"④,每册售价一角五分。林语堂任主编,陶亢德和徐訏任编辑,编辑部设在良友图书公司内,并由良友图书公司负责印刷和出版发行。

刊名"人间世"三个字源于庄子讨论处世之道的《人间世》,寓意期刊的内

---

① 林达祖、林锡旦:《沪上名刊〈论语〉谈往》,上海:上海书店出版社,2008年,第102 - 103页。
② 邵洵美:《你的朋友林语堂》,见子通主编:《林语堂评说70年》,北京:中国华侨出版社,2003年,第112页。
③ 章克标:《林语堂在上海》,见子通主编:《林语堂评说70年》,北京:中国华侨出版社,2003年,第120 - 121页。
④ 林语堂:《发刊〈人间世〉意见书》,《论语》第38期,1934年4月1日。

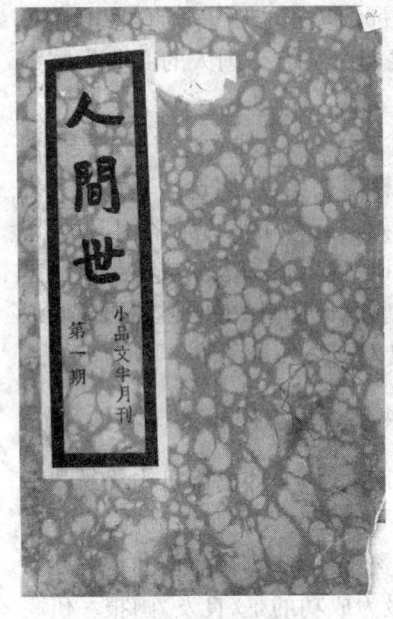

《人间世》创刊号封面

容范围,"宇宙之大,苍蝇之微,皆可取材"①。在办刊理念上,"专为登载小品文而设"②,欲将其打造成"中国第一本纯粹是散文小品的刊物"③。在创办宗旨上,"特以自我为中心,以闲适为格调"④,"提倡小品文笔调……而范围却非如古文之所谓小品",目的在于使人"开卷有益,掩卷有味"。⑤

1930年3月2日,左翼作家联盟在上海成立,鲁迅在成立大会上做了题为《对于左翼作家联盟的意见》的讲话,提出文化出版工作要为工农大众服务,并指出要与反动势力抗争到底。林语堂创办《论语》的时候,因为《论语》上也有不少暴露和讽刺社会政治丑恶的文章,鲁迅曾表示"并非全不赞成《论语》"⑥,他早期也在《论语》上发表文章,但《人间世》提倡"以自我为中心,以闲适为格调",主要刊登平和冲淡、抒写性灵的小品文,以鲁迅为代表的左翼作家群对《人间世》是完全不赞成的。《人间世》甫一出版,就遭到了左翼作家的猛烈攻击,陈望道、曹聚仁等人甚至主编《太白》《芒种》等半月刊与之对抗。

《人间世》在1934年4月5日创刊号上刚登出周作人的近照,4月14日的《申报·自由谈》上就出现了批判和讽刺的文章:"揭开封面,就是一幅16寸放大肖像,我还以为是错买了一本摩登讣闻呢!""按发刊词'包括一切,宇宙之大,苍蝇之微,皆可取材'的范围,逐篇读下去,却始终只见'苍蝇',不见'宇宙'。莫非又和近来的《论语》相似,俏皮埋煞了正经,肉麻当作有趣;压根儿语

---

① 林语堂:《发刊〈人间世〉意见书》,《论语》第38期,1934年4月1日。
② 林语堂:《关于本刊》,《人间世》第14期,1934年10月20日。
③ 林太乙:《林语堂传》,《林语堂名著全集》第二十九卷,长春:东北师范大学出版社,1994年,第103页。
④ 林语堂:《发刊〈人间世〉意见书》,《论语》第38期,1934年4月1日。
⑤ 林语堂:《关于本刊》,《人间世》第14期,1934年10月20日。
⑥ 鲁迅:《致陶亢德》,《鲁迅全集》第十二卷,北京:人民文学出版社,2005年,第466页。

堂先生要提倡的是'苍蝇之微',而不是'宇宙之大'么?"①胡风也在上海《文学》月刊新年特大号上发表长文批评林语堂,说"他(林语堂)站在中央,在他的周围站着成群的知书识理的读者,有的面孔苍白,有的肚满肠肥,有的'满身书香',各各从林氏那里分得了'轻松',发泄了由现实生活得来的或浓或淡的不快或苦闷,安慰了不满于现实生活而又要安于现实生活的'良心'"②。1934 年 10 月 17 日,茅盾在《申报·自由谈》上发表《不关宇宙或苍蝇》一文,他说很多人"不满意《人间世》谈苍蝇之微",但事实上"它最近谈过宇宙之大的东西,不胜枚举,不过谈的立场是'自我为中心,闲适为格调'而已"③,将批评焦点集中到林语堂提倡的小品文笔调。

《人间世》创刊号上的周作人肖像照

面对左翼作家的批评和反对之声,林语堂并未改变办刊初衷,认为这些批评"丝毫没有打动了《人间世》","连一篇像样的对《人间世》的内容及编法的批评,足供我虚心采择的也没有"。④ 但针对茅盾发表的《不关宇宙或苍蝇》一文,他在 10 月 20 日的《人间世》第 14 期做了《关于本刊》的声明,表明期刊从此"走上西洋杂志之路"的态度,并表明期刊的立场不仅仅是以"自我为中心,闲适为格调",而是要为中国的杂志发展提供一条出路。⑤ 早期《人间世》常设的栏目有《随感录》《诗》《读书随笔》《译业》《杂俎》《书评》《今人志》《小品文选》等。在内容上,重点介绍中国明清的小品文,"除游记诗歌题跋赠序尺牍日记之外,尤注重清俊议论文及读书随笔,以期开卷有益,掩卷有味"⑥。为了使

---

① 廖沫沙:《人间何世》,《申报·自由谈》,1934 年 4 月 14 日。
② 胡风:《林语堂论》,《文学》第 4 卷第 1 号,1935 年 1 月 1 日。
③ 茅盾:《不关宇宙或苍蝇》,《申报·自由谈》,1934 年 10 月 17 日。见《茅盾全集》第二十卷,北京:人民文学出版社,1990 年,第 257 - 258 页。
④ 林语堂:《方巾气研究》,《披荆集》,见《林语堂名著全集》第十四卷,长春:东北师范大学出版社,1994 年,第 173 页。
⑤ 林语堂:《关于本刊》,《人间世》第 14 期,1934 年 10 月 20 日。
⑥ 林语堂:《发刊〈人间世〉意见书》,《论语》第 38 期,1934 年 4 月 1 日。

《人间世》具有西洋杂志的风采,第15期起撤掉了《随感录》,换成《思想》《山水》《人物》(第27期),还陆续开设《西洋杂志文》《特写》《专篇》《一夕话》《书报介绍》《读书》《文章》《通信》《随笔》等栏目。其中,《西洋杂志文》每期刊登四五千字,目的在于"叫许多不懂洋文的人也可看到西洋杂志文","叫人看西洋杂志文之体裁笔调及材料是怎样个样式","叫人见识见识西洋杂志是怎样有益而且有味与社会人生有关"。① 《特写》是林语堂非常看重的栏目,他主张《人间世》要多一些实地调查后写成的文章,记者要多跑肯跑,"要钻入社会中去访察材料,不容你随便拿起笔来,抄抄书乱放屁"。② 《一夕话》由林语堂自己负责,刊登过《小品文之遗绪》(第22期)、《哀莫大于心死》(第23期)、《谈中西文化》(第26期)、《今文八弊》(第27、28、29期)、《大义觉迷录》(第34期)等文章。

在每期的《〈人间世〉投稿规约》中,林语堂明确了期刊的定位和选稿标准:"本刊地盘公开。文字华而不实者不登。涉及党派政治者不登。"③办至第22期,又再次重申:"本刊以小品文为号召,已经屡次声明,专重在闲散自在的笔调,取舍多半即以此笔调为标准。凡投稿诸君,务请注意此点,至于内容,除不谈政治外,并无限制。所欢迎文章之取材及写法,请以西洋杂志文为参考。"④由此可见,《人间世》基本延续了《论语》"兼蓄并收"的编辑风格,但跟《论语》相比,更强调了期刊与政治保持距离的自由主义立场,以及对西洋杂志文的偏好。

《人间世》创刊后尽管遭到了左翼作家的攻击,但其编辑理念标新立异,尤其是在版式上几乎每一期开篇都是一幅珍贵的老照片或一则手稿⑤,颇受读者的喜爱和欢迎,市场销路一直很好。可惜林语堂创办《人间世》采用的是承包制的形式,良友并没有多少利可图,加上伍联德离开良友后新的负责人不再支持林语堂,《人间世》与良友的合约就此中止,1935年12月30日《人间世》

---

① 林语堂:《关于本刊》,《人间世》第14期,1934年10月20日。
② 林语堂:《关于本刊》,《人间世》第14期,1934年10月20日。
③ 《人间世投稿规约》,《人间世》第17期,1934年12月5日。
④ 编者:《我们的希望》,《人间世》第22期,1935年2月20日。
⑤ 齐白石、王静安、秋瑾、康有为、梁启超、孙伏园、胡适等人的珍贵肖像照,都曾出现在《人间世》上。

终刊,前后共出版 42 期。①

秋瑾肖像照　　　　　　胡适肖像照　　　　　　梁启超肖像照
(《人间世》第 28 期)　　(《人间世》第 31 期)　　(《人间世》第 40 期)

(三)创办并主编《宇宙风》半月刊(1935 年 9 月—1936 年 8 月)

"语堂屡次与人合办刊物,因之受气,但一概不与人计较,等到忍无可忍的时候,他脱离旧刊而另出新刊。《宇宙风》即是为此产生的。"②1935 年 9 月 16 日《宇宙风》半月刊创刊,由林语堂和陶亢德共同出资创办,林语堂占《宇宙风》股份四百元。③林语堂和陶亢德任编辑,由中国科学公司印刷,宇宙风社负责发行。吸取了前两次的办刊经验和教训,《宇宙风》从编辑到发行都由宇宙风社自己负责,因此它是真正意义上由林语堂一手创办的刊物。跟《论语》一样,每逢初一、十六出版,每册零售价一角,预定的话全年 24 册二元,半年一元,国内邮资费包含在内,国外每册加邮寄费八分,香港澳门每册加邮寄费四分。

---

① 关于《人间世》的停刊,还有另一种说法,根据赵家璧的回忆,是因为国民政府官员甘乃光向伍联德表示,他不喜欢良友公司出版《人间世》这样违背时代潮流的刊物,才导致《人间世》的停刊。参见赵家璧:《编辑忆旧》,北京:生活·读书·新知三联书店,1984 年,第 211-212 页。

② 林太乙:《林语堂传》,《林语堂名著全集》第二十九卷,长春:东北师范大学出版社,1994 年,第 129 页。

③ 林太乙:《林语堂传》,《林语堂名著全集》第二十九卷,长春:东北师范大学出版社,1994 年,第 143 页。

关于《宇宙风》的刊行于世，林语堂有另外一番解释，他说"今人抒论立言文章报国者滔滔皆是，独于眼前人生做鞋养猪诸事皆不敢谈，或不屑谈，或有谈之者，必詈之为不革命，为避开现实，结果文调愈高，而文学离人生愈远，理论愈阔，眼前做人道理愈不懂"。他认为当时政论类期刊太多，"开口主义，闭口立场"，"不近人情"，①而真正关注大众生活的刊物却很少，所以想办一份"近人情"、真正为读者考虑的大众刊物。有了前两次办刊经验，林语堂致力于将《宇宙风》打造成一份"金于现代文化贴近人生的刊物"，"以畅谈人生为主旨，以言必近情为戒约；幽默也好，小品也好，不拘定裁；议论则主通俗清新，记述则取夹叙夹议"，

《宇宙风》创刊号封面

"不专谈幽默"，"不专谈救国"，"也别无成见"的刊物。② 打出的广告宣传语是"最丰富精彩的随笔小品刊物"③，比较固定的栏目有《姑妄言之》《小大由之》《可喜语》《杂感与随笔》等。《姑妄言之》《小大由之》主要刊登短评，《可喜语》主要刊登"可启人智慧"，"并可引起对某作者某书之兴趣"的"名人嘉言"。④

关于刊名的来历，据海戈（张海平）的回忆，林语堂退出《论语》和《人间世》后在家里和陶亢德、海戈举行三人小组会议，商量创办新刊物的事宜，其时正值梅派青衣在上海唱《宇宙锋》全本，海戈建议用"宇宙锋"，因为嫌"锋"字太露锋芒，后改为"风"字。⑤《宇宙风》创刊时，《人间世》还没有停刊。在《宇宙风》的第 7 期上曾刊出一则《人间世启事》，内容说："近因本社同人他事忙碌，势难兼顾，决出至本年底止，停刊《人间世》半月刊。计自创刊以来，承各方作者帮

---

① 林语堂：《且说本刊》，《宇宙风》第 1 期，1935 年 9 月 16 日。
② 林语堂：《且说本刊》，《宇宙风》第 1 期，1935 年 9 月 16 日。
③ 此为《〈宇宙风〉第一集精装合订本》发售预约广告词。
④ 林语堂：《编辑后记》，《宇宙风》第 1 期，1935 年 9 月 16 日。
⑤ 刘心皇：《现代中国文学史话》，台北：正中书局，1979 年，第 590 页。

忙,读者扶助,至深感谢。此后幸勿赐稿,如有佳作,投寄《宇宙风》可也。"①从中可看出《宇宙风》与《人间世》之间的传承关系。

相比前两刊,《宇宙风》是较为成熟的一份刊物,它继承和发扬了《论语》和《人间世》的某些优点。虽然"不专谈幽默",但从刊物的整体风格来看,皆有幽默成分穿插其中,继续发挥林氏幽默的魅力。虽然"不专谈救国",但改变了《人间世》不谈政治的倾向,恢复了《论语》谈政治的做法,刊登了大量具有现实意义的文章。例如林语堂主编的前 22 期中,就刊登过不少具有爱国情怀和批评各种社会弊病的文章。尤其值得肯定的是,在抗日战争时期,《宇宙风》刊载了大量跟抗日主题相关的文章、诗歌、剧本和漫画,积极宣传抗日。林语堂在海外发表的几篇跟抗日相关的文章,也都在《宇宙风》上做了刊发。此外,从撰稿人队伍来看,无论是左派人士还是右派人士,抑或有政治立场或无政

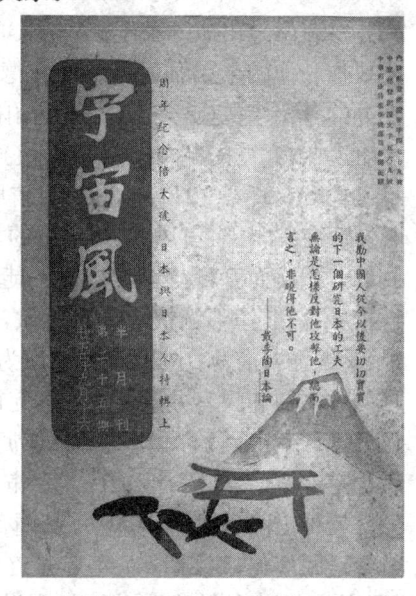

《宇宙风·日本与日本人特辑(上)》封面(《宇宙风》第 25 期)

治立场的人,《宇宙风》都刊登其作品,延续林氏一贯的"兼蓄并收"策略。

《宇宙风》出版后,因内容丰富多彩、贴近读者、通俗有趣而备受欢迎,"一至十二期,虽均各再版数次",但很快尽数售罄,后购者因为凑不成全集,"深引为憾",所以宇宙风社不得不根据读者的要求将各期合订成集出版。② 又据周勉先生的回忆,20 世纪 30 年代的期刊市场上老牌的杂志《生活》销售数是 12 万份,商务印书馆的《东方》为 8 万份,接下来就是林语堂创办的刊物最畅销,《宇宙风》达四万五千份。③

《宇宙风》也是当时出版时间较长的一份刊物,长达 12 年。其间由于战乱的关系反复停刊、复刊,辗转多地,后又因为林语堂的离开拆分成甲乙两刊,刊史比较复杂。1936 年 8 月林语堂出国后把办刊权利交给了弟弟林憾庐,《宇宙风》由林憾庐和陶亢德共同主持。"八一三"上海抗战全面爆发后,1938 年 5 月,编辑

① 《人间世启事》,《宇宙风》第 7 期,1935 年 12 月 16 日。
② 参见《〈宇宙风〉第一集精装合订本》发售预约广告。
③ 施建伟:《林语堂在大陆》,北京:北京十月文艺出版社,1991 年,第 259 页。

部由上海迁到广州,出版了第 66 至 77 期,后又迁到香港,出版了第 78 期至 105 期。1939 年《宇宙风》拆分成《宇宙风》(甲刊)和《宇宙风乙刊》,分别由林憾庐和陶亢德在两地出版。关于《宇宙风》的"拆分",徐訏回忆道:"《宇宙风》办起后,语堂要加聘他的弟弟林憾庐。陶亢德是很有个性的人。他第一觉得《宇宙风》是初办的一个小机构,怎么可以安插闲人,第二觉得语堂也许对他不信任。所以没有多久,亢德的《宇宙风》就拆伙独立出来。"①对于徐訏的回忆我们认为未必准确:其一,直至 1939 年 3 月《宇宙风乙刊》才在上海出版,并非是"不久";其二,林憾庐在编辑《宇宙风》时体现出的才能和付出的努力,并非一个"闲人"所能做到的。相比而言,曾经和陶亢德一起编辑《宇宙风乙刊》的周黎庵说两人是因为性格不合,合作不愉快才导致拆伙,这个说法似乎更为合理。周黎庵在《〈宇宙风〉萃编》的《前言》中提到:林憾庐为人忠厚老实,但很古怪,不大会处理事务,这样的性格便和颇有办事能力的陶亢德格格不入。双方合作一段时间后,只好协议分家,《宇宙风》的牌子给了林憾庐,陶亢德另办《宇宙风乙刊》,不过名义上二者仍是一家。②1939 年 5 月,《宇宙风》(甲刊)在桂林复刊,出刊第 106 至 138 期。桂林沦陷后,1945 年 6 月编辑部迁到重庆,出刊第 139、140 期。1946 年 2 月重迁回广州,直到 1947 年 8 月终刊共出版 152 期。在桂林复刊的《宇宙风》(甲刊)一直由林憾庐一人负责,他病逝后,缪崇群接手编辑工作,不久后由叶广良和林憾庐之子林诒重接续,直至终刊。③

(四)撰写《中国新闻舆论史》(1935 年)

《中国新闻舆论史》(A History of the Press and Public Opinion in China)是一部关于民意与专制斗争史的著作。1935 年,林语堂根据从事新闻活动的经历与体验,并参考借鉴了戈公振的《中国报学史》和白瑞华的英文著作《中国近代报刊史(1800—1912)》,在上海用英文撰写了该书,并于第二年在美国出版。

1935 年正是林语堂忙于创办、编辑《人间世》和《宇宙风》之时,为什么他会选择在这个时候撰写一部新闻舆论史著作?又为什么选择用英文写成并在美国出版?这背后有着复杂的背景和动因。

---

① 徐訏:《追思林语堂先生》,见子通主编:《林语堂评说 70 年》,北京:中国华侨出版社,2003 年,第 147 页。
② 周黎庵:《前言》,《〈宇宙风〉萃编》,上海:上海古籍出版社,1999 年。转引自赵国忠:《周黎庵编"宇宙风社月书"》,《出版史料》2009 年第 2 期。
③ 俞王毛:《〈宇宙风〉:与抗战共辉煌》,《厦门文学》2005 年第 4 期。

从林语堂1923年秋自德国留学归国在北京大学和北京女子师范大学任职,到1936年8月携全家赴美的这13年间,中国社会的政治局势经历了剧烈的动荡和变化。在他回国前的1921年7月,中国共产党成立。1922年9月共产党领导的安源路矿工人大罢工取得胜利。1923年2月爆发京汉铁路工人大罢工。在中共和苏联帮助下,孙中山于1924年1月在广州召开了中国国民党第一次全国代表大会,改组国民党,确定"联俄、联共、扶助农工"三大政策,创办黄埔军校,组织革命军队。1925年,国民革命军进行东征和南征,肃清了广东境内的军阀势力,统一了广东革命根据地。1926年7月1日,广东国民政府发表《北伐宣言》,国民革命军分三路从广东誓师北伐:第一路军击溃吴佩孚军队主力,于7月攻占长沙,10月攻克武昌;第二路军歼灭孙传芳主力,于11月上旬相继攻占南昌、九江;第三路军进军闽浙,当年12月不战而下福州,次年2月攻占浙江杭州,3月相继攻占安庆、南京。至此,长江以南地区完全为北伐军所占领。[①] 1927年3月21日,由周恩来担任起义总指挥的上海工人第三次武装起义正式打响,经过30个小时的战斗,武装起义取得成功。次日,上海各界举行市民代表会议,选举19名市民代表组成上海特别市临时市政府。

1927年3月举行的上海工人第三次武装起义虽然取得了成功,但对国共合作的北伐战争和"大革命运动"来说已是"山雨欲来风满楼",因为此时国共合作已开始走向分裂。1927年4月,上海发生了蒋介石制造的"四一二"反革命政变,同年7月,武汉发生了汪精卫制造的"七一五"反革命政变,在国民党军队以"分共""清党"为名的拘捕和屠杀中,无数共产党员和革命人士惨遭杀害,国共合作的"大革命运动"由此失败。大革命失败后,一部分共产党人组织武装起义后建立独立领导的工农红军,转向农村进行土地革命战争,另一部分共产党员和共产党所影响的文化工作者则出于上海租界实行相对宽松的出版管理政策等原因陆续聚集到上海,在文化战线上与国民党的文化专制展开英勇的斗争,在国民党统治区形成了很有声势和实力的左翼文化运动。[②] 国民党迅即开始对左翼文化运动进行镇压和迫害。1928年3月9日,国民党政府公布施行的《暂行反革命治罪法》规定:"宣传与三民主义不相容之主义及不利

---

① 中共中央党史研究室:《中国共产党历史第一卷(1921—1949)》上册,北京:中共党史出版社,2011年,第174页。

② 中共中央党史研究室:《中国共产党历史第一卷(1921—1949)》上册,北京:中共党史出版社,2011年,第369页。

于国民革命之主张者,处二等至四等有期徒刑"①;次日公布的《中华民国刑法施行条例》规定:"意图破坏国体、变更国宪、颠覆政府者为内乱罪",凡"以文字、图画等形式","煽惑他人犯罪"或"煽惑他人违背法令或抗拒合法命令者"都要受到法律的制裁。② 1929年1月,国民党中央执委会常务会议通过《宣传品审查条例》,规定"报纸、通讯稿等宣传品须呈送国民党中央宣传部审查,凡宣传共产主义,反对国民党纲领、政策的宣传品须予以查禁、查封或究办"③。1929年6月发布查禁反动刊物的"训令",同年6月22日同时公布《取缔销售共产书籍办法令》和《取缔销售共产书籍办法》,同年8月通过《出版条例原则》,9月通过《日报登记办法》。1930年12月公布《出版法》,1931年1月公布《出版法施行细则》,1932年11月24日国民党中央常务会议修正通过《宣传品审查标准》。

1931年是南京国民政府新闻政策发生重大转折的一年。1931年1月19日,国民党第四届中央常务会议通过颁行《重要都市新闻检查办法》,同年9月又修正为把原来只在南京实行的新闻检查扩大到了南京、上海、北平、天津、汉口五个城市;1932年1月19日国民党中央常务会议通过《新闻检查标准》,7月10日公布施行《各报违反新闻检查办法惩罚规则》,10月30日国民政府训令行政院颁布《取缔不良小报暂行办法》,1933年8月国民党中央常务会议公布《检查新闻办法大纲》。为了禁止革命文学报刊和书籍的出版发行,1933年10月南京国民政府行政院下达编号为4841号的"查禁普罗文艺密令",认为"普罗文学全系挑拨阶级感情,企图煽起斗争,以推翻现有一切制度,其为祸之烈,不可言喻"④。1934年6月,国民党中央宣传委员会公布《修正图书杂志审查办法》,同时国民党的地方党部也制定公布不少统制新闻言论自由的法规,如国民党西南执行部就公布过《新闻电讯检查标准》(1933年4月)、《新闻电讯检查规则》(1934年5月)及《审查取缔大小日报标准》(1935年5月27日)等等。⑤ 这一系列政策法规的施行使

---

① 西北政法学院法制史教研室:《暂行反革命治罪法》,载《中国近代法制史资料选辑(1840—1949)》第二辑,西安:西北政法学院法制史教研室,1985年,第298页。

② 西北政法学院法制史教研室:《暂行反革命治罪法》,载《中国近代法制史资料选辑(1840—1949)》第二辑,西安:西北政法学院法制史教研室,1985年,第280-281页。

③ 黄瑚:《中国近代新闻法制史论》,上海:复旦大学出版社,1999年,第158页。

④ 民国二十二年(1933年)教育部训令:《教育部查禁普罗文艺密令》,载刘哲民编:《近现代出版新闻法规汇编》,上海:学林出版社,1992年,第302-304页。

⑤ 倪延年:《中国报刊法制发展史·现代卷》,南京:南京师范大学出版社,2010年,第182页。

1935年前后言论自由几近于无。

在国内政治局势剧烈动荡和变化的13年间,林语堂的思想和言论倾向也发生了剧烈的变化。一方面,从小在家庭中和在求学阶段接受西方资产阶级民主自由思想的熏陶,使他对反对北洋军阀的北伐战争热情欢迎,对站在北洋军阀方面的杨荫榆等镇压进步学生的行为持激烈反对的态度,对大革命失败后共产党员和进步文化人士在国统区进行的反对国民政府文化专制的斗争持同情态度。另一方面,国民党政府拥有军队、警察、监狱等国家机器,拥有制定和颁行法律的行政权力,拥有"新闻检查官"和对"违反新闻检查行为"予以惩处等强权。在反对国民政府文化专制的这场斗争中,处于力量弱势的一方毫无疑问是受到摧残的一方。在1934年一年间,华北就有110家各种类型的报刊被暂时停刊或完全查禁;1933年五六月间,林语堂的侄子林惠元[①]和中国民权保障同盟会总干事杨杏佛[②]先后被国民党杀害;1934年11月到1935年3月的不到半年时间内,北平和天津两地就有230多名政治犯被关押,其中包括许多学生、艺术家、教师和作家;1935年夏,民办《新生》周刊登载了通过上海图书杂志审查委员会审查的《闲话皇帝》一文,但因该文触怒了日本人,屈服于日本的政治压力(而这个压力实际上又是故意找茬),上海图书杂志审查委员会被撤销,《新生》周刊发行人杜重远被判处有期徒刑14个月,这时期,鲁迅、郭沫若、蒋光慈、茅盾、丁玲、巴金、张天翼等许多当代中国作家最优秀的著作被查禁,更有甚者,胡也频、冯铿、李伟森等五位共产主义作家"饱受拷打"后惨遭杀害。[③] 以上这些事件加上林语堂在创办刊物过程中对国民党的文化专制也是深受其害,所以他对国民党实施

[①] 林惠元是林语堂哥哥林孟温的儿子,任漳州民众教育馆长和抗日会常委。他积极参加"抵制日货"的抗日救国运动,于1933年5月查获大量奸商采购的日货,结果被漳州19路军驻军团长李金波以"通匪嫌疑"的莫须有罪名逮捕,未经任何审讯而遭杀害。林惠元被杀后,民权保障同盟会正副主席宋庆龄和蔡元培致电福建省主席蒋光鼐和19路军总指挥蔡廷锴等人,要求为林惠元昭雪。见施建伟:《林语堂在大陆》,北京:北京十月文艺出版社,1991年,第262-263页。

[②] 1933年6月18日,杨杏佛在上海法租界被国民党特务暗杀,这是国民党政府对同盟会的一个警告。事发后,宋庆龄去了天津,蔡元培和林语堂也脱离了民权保障同盟,同盟会的活动就此停止。根据林太乙的回忆,杨杏佛被杀后,林家门口总有两三个身份不明的人站着,令全家提心吊胆,林语堂有两个星期没敢出门。见林太乙:《林语堂传》,《林语堂名著全集》第二十九卷,长春:东北师范大学出版社,1994年,第81页。

[③] Lin Yutang: A History of the Press and Public Opinion in China; Chicago: The University of Chicago Press,1936,P171-173.

以维护"一党利益"为目的的新闻(图书)检查制度深恶痛绝。1926年,他被北洋政府通缉时,大女儿林如斯三岁,二女儿林太乙才三个月大,妻子廖翠凤整天为丈夫提心吊胆,妻女们的安危也使林语堂牵肠挂肚。到1935年,林语堂已是三个女儿的父亲,面对残酷而血腥的国民政府文化专制政策,他一边痛恨着,一边却因为《中国新闻舆论史》的内容不能通过审查,动辄会招致杀身之祸而使妻女失去依靠,而只能用英文写作并在海外出版。

写书和写文章是林语堂维系家庭开支的主要收入来源。在20世纪30年代的上海文坛,林语堂是赫赫有名的教科书大王和版税大王,当大量中国作家在饥饿线上挣扎的时候,林语堂却凭借手中的笔,过着优裕的生活。[①] 他除了编辑和创办刊物、积极向英文刊物投稿外,还编写英文教科书,并开始写书。在主持撰写《中国评论周报》的《小评论》专栏时,林语堂娴熟的英文写作技巧和"幽默与俏皮"[②]的行文风格吸引了美国著名作家赛珍珠的注意。1933年,赛珍珠向林语堂抛来橄榄枝,邀请他延续《小评论》风格写一本介绍中国文化的书,便是后来的《吾国与吾民》(My Country and My People),从此开启了林语堂用英文著书的人生道路。《吾国与吾民》一经出版,在美国大获成功,这使林语堂看到了自己在英文著书方面的发展潜力。《中国新闻舆论史》之所以用英文写作并在美国出版,有一部分原因即在于此。

综上所述,林语堂是在对国民政府的文化专制政策抱有强烈不满和愤懑,但同时又要避免自身因发表不利于政府的言论而受到迫害的复杂的社会环境里,加上出于谋生的考虑而用英文撰写了《中国新闻舆论史》。关于该书的写作目的,他在书的最后写道:

> But it is for this reason that I have undertaken to write the history of the Chinese press and public opinion, and by devoting long reviews to Chinese public opinion in the historical past, with its waves of heroic integrity and abject prostitution, that I hope to enable the readers to view the present situation with a historic perspective and understand its cause of prosperity and decay. The press has always prostituted itself in times of rather "strong"

---

① 施建伟:《林语堂在大陆》,北京:北京十月文艺出版社,1991年,第229-230页。
② 林语堂著,今文译:《赛珍珠序》,《讽颂集》,见《林语堂名著全集》第十五卷,长春:东北师范大学出版社,1994年,第1页。

governments, but if there were servile writers and eunuchs and "sons of eunuchs" on the one hand, there were also courageous voices of the people on the other. But we are today long past the period of leaving politics to the whims of temporary regimes; today we must fight for the constitutional principle of the freedom of the press and of personal civil rights as a principle. Democracy after all simply means that the average man can and will take an intelligent interest in man's group life, and in spite of the temporarily lowered prestige of democracy in western Europe, we are bound to believe that it is one of the rarest gifts of Europe to human culture, that mankind must ultimately evolve on the road of progress upon the basis of intelligent individuals, and not of obedient, unthinking herds.①

从这段话可以看出,林语堂撰写《中国新闻舆论史》的目的主要有两个:一是通过回顾中国的舆论史以及充满英雄气节和卑贱自污的时刻,唤起民众用历史的发展眼光看待当前舆论受到压制的局势,吸取历史教训;二是针对当时的形势,指出任由统治阶级随心所欲施政的时代已经过去,民众应该为新闻自由的宪法原则而战,为个人的公民权利而战。简言之,就是希望以史为鉴,激励民众为争取新闻自由和公民权利而战。

(五) 与人合资创办《西风》(1936年出国前)

1936年,"黄嘉德、嘉音计划办一个译文杂志,定名《西风》,由他们两兄弟

---

① Lin Yutang: A History of the Press and Public Opinion in China; Chicago: The University of Chicago Press,1936,P179. 译文如下:但就是因为这个原因,我才决定撰写《中国新闻舆论史》,通过回顾过去中国漫长的舆论史(伴随着充满英雄气节和卑贱自污的浪潮),我希望能让读者以历史的眼光来看待当前的形势,理解其繁荣与衰败的原因。在政府相当"强大"的时代,新闻媒体总是在堕落。但是,哪里有奴性的作家、宦官和他们的党羽,哪里就会有人民勇敢的声音。今天,我们早已度过了把政治交给临时政权这样随心所欲的时期。今天,我们必须为新闻自由的宪法原则而战,为作为原则的个人公民权利而战。毕竟,民主只是意味着普通人能够并且将会对群体生活产生明智的兴趣。尽管民主在西欧的声望暂时下降,但我们相信,它是欧洲对人类文化最珍贵的礼物之一,人类最终必将朝着进步的道路进化,它的基础是智慧的个体,而不是顺从的、没有思想的兽群。

及语堂亢德合资创办"①,"大概每人出二百五"②。抗战爆发后,《西风》在上海停刊,后来在桂林复刊,抗战胜利后,重新又在上海出版,只剩嘉德、嘉音两兄弟。后来,因为大陆同类期刊太多,黄嘉德发布启事说时代已经不需要这种杂志,《西风》就此停刊。③

《西风》是一份有点类似于《读者文摘》的文摘类杂志,以"译述西洋杂志精华,介绍欧美人生社会"④为发刊宗旨。黄嘉德、黄嘉音与林语堂同是上海圣约翰大学的校友,感情深厚,《西风》的第 1 至 107 期都由林语堂担任顾问编辑。林语堂在 1936 年 8 月赴美前为《西风》致发刊词,阐明创办《西风》的动机:"《西风》与世人相见在《宇宙风》之后,而发端在《宇宙风》之前。我每读西洋杂志文章,而感其取材之丰富,文体之活泼,与范围之广大,皆足为吾国杂志模范。又回读我国杂志,而叹其取材之单调,文体之刻板,及范围之拘束,因愤而有起办《西风》之志。……兹得黄嘉德、黄嘉音昆仲,赞成斯旨,乃从旁怂恿出而主编,此今日《西风》之所以出世也。"⑤《西风》的创刊,寄托了林语堂对中国杂志发展的期许,即以通俗的文字使杂志在读者中普及,而不仅仅是"文人之玩意"⑥。

为了延续创办通俗杂志的志趣,林语堂还在二女儿林太乙的提议下于 1952 年 4 月在纽约创办《天风》月刊。这是一份专门针对海内外中国读者、风格类似于《西风》的文艺性月刊,由林语堂和林语堂的二女儿女婿林太乙夫妇共同出资创办,林语堂任社长,编辑室在家里,发行处借用了《中央日报》在唐人街办公室的一张桌子,特约撰稿人有胡适、简又文、谢冰莹、徐訏、熊式一、黎东方、李金发、沈有干、高克毅、陈香梅等。⑦ 说是合办,但实际的编辑、校对、发行等工作主要由林太乙一人负责。两年后林太乙的儿子出生,《天风》就此停刊。

---

① 徐訏:《追思林语堂先生》,见子通主编:《林语堂评说 70 年》,北京:中国华侨出版社,2003 年,第 137 页。
② 徐訏:《我所知道的〈西风〉》,《徐訏文集》第 9 卷,上海:上海三联书店,2008 年,第 460 页。
③ 徐訏:《我所知道的〈西风〉》,《徐訏文集》第 9 卷,上海:上海三联书店,2008 年,第 461 页。
④ 《西风》第十期广告,《宇宙风》第 4 期,1935 年 11 月 1 日。
⑤ 林语堂:《中国杂志的缺点——〈西风〉发刊词》,《宇宙风》第 24 期,1936 年 9 月 1 日。
⑥ 林语堂:《中国杂志的缺点——〈西风〉发刊词》,《宇宙风》第 24 期,1936 年 9 月 1 日。
⑦ 林太乙:《林语堂传》,《林语堂名著全集》第二十九卷,长春:东北师范大学出版社,1994 年,第 220-221 页。

三、抗日时期(1936—1945年)

1931年"九一八"事变后,日本侵华的野心昭然若揭。1935年8月,中国共产党发布《八一宣言》,提出抗日民族统一战线的主张,全国掀起抗日救亡运动高潮。1936年5月5日,中共发出《停战议和一致抗日通电》,明确放弃反蒋口号,向国民党提出建立抗日联合战线的建议。1936年12月12日"西安事变"发生,共产党和张学良合作和平解决"西安事变",推动了抗日民族统一战线的建立。

1936年,燕京大学新闻学系教授梁士纯的《实用宣传学》一书出版,书中强调了宣传对抗战的积极意义。他说:"因为报章和杂志的编者以及一般演说家对于社会上所有各种的事业或运动,未必都能一一注意,所以提倡这些事业或运动者,不得不从事于宣传,以唤起舆论的赞助。"①在全国抗日运动浪潮的推动下,新闻界和文艺界联合起来,以报纸、杂志等为阵地积极宣传抗日,发挥了重要的舆论引导作用。

1936年8月10日,林语堂一家从上海登上美国"胡佛总统号"客轮去往美国。10月1日,《文学》杂志刊出《文艺界同人为团结御侮与言论自由宣言》,主张"全国文学界同人应不分新旧派别,为抗日救国而联合","抗日的力

1936年赴美前林语堂全家福

---

① 梁士纯:《实用宣传学》,上海:商务印书馆,1936年,第5页。

量即刻统一起来",①有21位知名作家在这份宣言上签了字,其中一位就是林语堂。② 抵美后不久,发生"西安事变",次年"七七"事变爆发,这时的林语堂在美国已经是一位享有一定知名度和号召力的公众人物。1935年他的第一本英文著作 My Country and My People(《吾国与吾民》)在美国一经出版就引起了巨大轰动,短短四个月时间重印了7次,一跃成为当年美国畅销书目排行榜第一名,并被译成多种欧洲文字,在欧洲同样受到欢迎。林语堂刚到美国,10月就受到由《纽约时报》(The New York Times)和美国书籍出版者协会共同举办的第一届全美书展的邀请进行演讲。③ 1937年 The Importance of living(《生活的艺术》)在美出版,被拥有数十万会员的美国"每月读书会"选为1937年12月特别推荐的书,众多书评家在《纽约时报》等刊物上不遗余力地宣传、赞扬林氏著作。④在赛珍珠的引荐下,林语堂与美国文化界有了广泛的交往,与美国新闻界也保持着密切的联系。从著名戏剧家、诗人、小说家、摄影家、演艺明星到戏剧评论家、书评家、记者等,当时在美国文化界颇具影响力的人士都极为欣赏林语堂的个性和才华。"西安事变"发生后,他受到美国几个团体的邀请参加在哥伦比亚大学举行的公开讨论会。抗战爆发后,《纽约时报》请他写文章阐释中日战争的背景,中国驻美大使王正廷请他去华盛

美国《读者文摘》1981年年鉴

---

① 《文艺界同人为团结御侮与言论自由宣言》,《文学》第7卷第9号,1936年10月1日。
② 在离开上海前,林语堂就在《文艺界同人为团结御侮与言论自由宣言》上签了字。
③ 林太乙:《林语堂传》,《林语堂名著全集》第二十九卷,长春:东北师范大学出版社,1994年,第152页。
④ 林太乙:《林语堂传》,《林语堂名著全集》第二十九卷,长春:东北师范大学出版社,1994年,第156-158页。

顿向美国人讲中国人的立场。① 出于知识分子的社会使命感,林语堂充分利用自己在美国公众中的影响力以及与新闻界的密切联系,通过演讲、发表时评、文学创作等方式开始了抗日宣传实践。

(一) 发表演讲传播"西安事变"真相

1936年12月12日,张学良和杨虎城在西安华清池扣留了蒋介石及国民党一批高级将领,提出改组南京国民政府,停止内战,释放政治犯,开放民众爱国运动,保障人民集会、结社自由,实行孙中山遗嘱,召集救国会议等8项主张。事件发生后举国哗然,并引起了国际社会的强烈关注。《纽约时报》的大厦上用霓虹灯打出大字报道"西安事变",广播里也不断播放有关"西安事变"的消息。由于信息来源杂乱,当时美国新闻界对"西安事变"的报道很混乱,甚至出现了失实报道,认为张学良的行为是反动的,"西安事变"是日本人的阴谋等等。②

那时林语堂刚到美国不久,1936年12月19日,他被邀请参加在哥伦比亚大学举行的有关"西安事变"的讨论会,并作为受邀发言的三个中国人之一③首先登台演讲。针对欧美媒体普遍把"西安事变"称为Kidnap(绑架),林语堂否认了"西安事变"是日本人阴谋的说法,肯定张学良的行为是正确的,是为了抗日救国。他还向美国公众做出事件发展的预测:根据中国人的智慧和共同的爱国心,"西安事变"一定会得到圆满的解决。"西安事变"公开讨论会的第二天,《纽约时报》上刊出了林语堂的《中国联合抗日》("China Uniting Against Japan")、《中文名如何发音》("How to Pronounce Chinese Names")④两篇文章。这次公开演讲一方面纠正了欧美媒体对"西安事变"的错误论断,另一方面也向国际社会展现了中国人民团结抗日的决心。

(二) 发表时评宣传抗日

1937年7月7日夜,日军以一个日本士兵"失踪"、"中国方面有计划的武

---

① 林太乙:《林语堂传》,《林语堂名著全集》第二十九卷,长春:东北师范大学出版社,1994年,第154页。
② 施建伟:《林语堂在海外》,天津:百花文艺出版社,1992年,第10-11页。
③ 另两位是陶行知和胡秋原。
④ "西安事变"发生后,美国的新闻标题大多是"Chang Kidnap Chiang"(张学良绑架了蒋介石),对此,林语堂从用国际音标来区别这两个字的读音入手,介绍张学良和蒋介石的不同身份、在"西安事变"中的不同地位和作用,以及张软禁蒋的真实目的。

装抗日"①为由,悍然发动全面侵华战争,并提出"东亚新秩序"论、"睦邻亲善"等美化自己的侵略行径,宣布征战中国的目的在于"建设确保东亚永久和平的新秩序"②,"同满洲国和中国合作,形成东方和平的轴心,并以此为核心对世界和平作出贡献"③来赢得国际社会的认同。1937年8月14日,国民党政府发表《自卫抗战声明书》,表明"中国为日本无止境之侵略所逼迫,兹已不得不实行自卫,抵抗暴力","中国决不放弃领土之任何部分,遇有侵略,惟有实行天赋之自卫权以应之"。④ 1937年11月3日,旨在调解中日冲突的九国公约签字国会议在比利时首都布鲁塞尔举行,中国代表团要求与会国对日本进行经济制裁,停止提供贷款和军需物资并向中国提供军事援助,但与会国家以英美两国为首,出于自身利益考虑,不仅没有采取任何措施制裁日本,反而对中国实行"既援助又背弃"的两面政策。他们一方面担心在华利益受损而给予中国一定的"援助",在中日间充当"缔造和平"的调停者角色,一方面又避免同日本发生正面冲突而拒绝制裁日本⑤,执行"不干涉"政策,甚至不惜牺牲中国的利

---

① 《日本内阁会议关于处理芦沟桥事件的决定》,1937年7月11日。见复旦大学历史系中国近代史教研组编:《中国近代对外关系史资料选辑(1840—1949)》(下卷第二分册),上海:上海人民出版社,1977年,第7页。

② 《日本近卫内阁第二次对华声明》,1938年11月3日。见复旦大学历史系中国近代史教研组编:《中国近代对外关系史资料选辑(1840—1949)》(下卷第二分册),上海:上海人民出版社,1977年,第93页。

③ 《日本御前会议决定:处理中国事变的根本方针》,1938年1月11日。见复旦大学历史系中国近代史教研组编:《中国近代对外关系史资料选辑(1840—1949)》(下卷第二分册),上海:上海人民出版社,1977年,第89页。

④ 《国民党政府自卫抗战声明书》,1937年8月14日。见复旦大学历史系中国近代史教研组编:《中国近代对外关系史资料选辑(1840—1949)》(下卷第二分册),上海:上海人民出版社,1977年,第11、14页。

⑤ 据《美国政府害怕对日"禁运"将"遭受报复"》(1938—1940年)一文记载,"美政府在此时期,曾积极考虑各种办法,俾或能用以引诱日本放弃其利用武力或武力之威胁以完成其征服政策与计划。在各种方法之中,本政府所常考虑者即援用经济压力之问题,若干方面固主张以此为制止日本侵略之方法也。政府之负责官员,包括最高陆、海军当局,均认实施援用禁运之政策,将有遭受报复行动之严重危险,其性质可使本国有被卷入战争之趋势。所有认识现实之当局几均同意,对任何强大国家实施巨大之经济制裁或禁运,除非表示以优势之力量为其实施之后盾外,均有引起战争之严重危险"。见复旦大学历史系中国近代史教研组编:《中国近代对外关系史资料选辑(1840—1949)》(下卷第二分册),上海:上海人民出版社,1977年,第30-31页。

益与日本继续保持合作关系。1937年7月16日,美国国务卿科德尔·赫尔正式发表关于美国政府的原则声明:"我们一贯主张和平。我们主张在本国和国际上的自我克制。我们主张所有国家在推行政策时都不使用武力,不干涉其他国家的内政"①,以"公正"的姿态强调美国的"中立"立场。同年9月14日,美国总统罗斯福发布"中立法"声明:"美国政府之船舶……所载之武器、弹药及战事材料,不得向中、日两国输送"②,但日本在侵华战争头三年内消耗的四千万吨汽油中,有百分之七十来自"中立"的美国;它所进口的废钢铁,更有百分之九十是"中立"的美国所供应。③ 1938年2月,英国背着中国政府同日本谈判中国海关税收问题,5月同日本签订了《战时中国关税抵付外债办法规定》,规定所有在日本占领下的中国海关税收均存入日本横滨正金银行,自1937年9月暂时被中国政府存入汇丰银行缓付的对日庚子赔款应交给日本政府。④ 1939年7月24日,英国首相张伯伦与日本签订"妥协让步"协定⑤,由"援华制日"彻底转变到"援日制华"的道路上。⑥ 1940年7月18日,英政府又与日本签订《英日关于封闭滇缅公路的协定》,"禁绝经由英国领土运往中国之军需资财",香港自1939年1月起已禁止输出武器和弹药,该协议又规定自1940年7月18日起以后三个月内,禁止军械、弹药、汽油、载重汽车及铁路材

---

① Cordell Hull: The Memoirs of Cordell Hull, V1; New York: The MacMillan Company, 1948, P535.
② 参见《美国罗斯福总统关于"中立法"的声明》,1937年9月14日。见复旦大学历史系中国近代史教研组编:《中国近代对外关系史资料选辑(1840—1949)》(下卷第二分册),上海:上海人民出版社,1977年,第26页。
③ 复旦大学历史系中国近代史教研组编:《中国近代对外关系史资料选辑(1840—1949)》(下卷第二分册),上海:上海人民出版社,1977年,第23页。
④ 黄凤志:《论1937—1939年英国的对华政策》,《湘潭师范学院学报》1992年第2期。
⑤ 《有田—克莱琪协定(英日初步协定)》,1939年7月24日。协定内容为:"英国政府完全承认正在大规模战争状态下之中国之实际局势,在此种局势继续存在之时,英国知悉在华日军为保障其自身之安全与维持其侵占区内公安之目的计,应有特殊之要求。同时知悉凡有阻止日军或有利于日军之敌人之行为与因素,日军均不得不予制止或消灭之。凡有妨害日军达到上述目的之行动,英政府均无意加以赞助。英国政府将趁此时机对在华之英当局及英侨说明此点,令其勿采取此项行动与措置,以证实英国在此方面所采取之政策。"见复旦大学历史系中国近代史教研组编:《中国近代对外关系史资料选辑(1840—1949)》(下卷第二分册),上海:上海人民出版社,1977年,第143页。
⑥ 《新中华报》社论:《一致反对张伯伦对日妥协》,《新中华报》1939年8月11日。

料经由缅甸输送入中国。①

对于日本的侵略行径,美国主流媒体的舆论十分谨慎。1937年8月13日"淞沪会战"发生后,美国的主流媒体不仅没有指责之意,反而出现了倾向日本一方的言论。8月29日,心情激愤的林语堂在纽约《时代周刊》(*Time*)上发表《中国能否制止日本的亚洲征程?》("Can China Stop Japan in Her Asiatic March?")一文,强烈谴责日本侵略中国的野心。对于美国政府在布鲁塞尔会议后执行的"不干涉"政策,1938年1月19日他又在《新民国》(*The New Republic*)上发表《美国对日本能做些什么》("What America Could Do to Japan"),指责美国政府的不作为,极受公众关注。1939年9月1日,欧洲战争爆发,11月12日他在《纽约时报周刊》(*The New York Times Magazine*)上发表《真正的威胁不是炸弹,是概念》("The Real Threat: Not Bombs But Ideas"),该文后来被《读者文摘》转载。②

1940年5月,林语堂回到重庆了解中国的抗战实况,8月返回美国后开始全身心投入到抗日救国宣传中。8月23日,他在《纽约时报》上发表《日本被中国的勇气挫败》("Japan Held Foiled by China's Courage")。1941年6月,他接受《纽约时报》的访问,《纽约时报》登出的新闻标题是《林语堂认为日本处于绝境》③("Lin Yutang Deems Japan Desperate")。他给《纽约时报》的《读者来信》(*Letters to Times*)专栏写信,指责美国政府"既援助又背弃"的两面政

---

① 《英日关于封闭滇缅公路的协定》,1940年7月18日。又据《丘吉尔在英国下院的报告》称:"日政府于六月二十四日要求本政府设法禁止军用品及其他某种货物由缅输入中国,对香港方面亦有同样之要求,日方认为此项货物如继续输入中国,对于英、日关系必发生严重之影响。故英、日两国政府,现已成立协定如下。香港:自一九三九年一月起,香港即已禁止军械、弹药出口,故日政府所重视之军用品,事实上并未由香港运出。缅甸:缅甸政府同意停止军械、弹药、汽油、载重汽车及铁路材料经缅甸输入中国。停止时间定为三个月。缅甸禁运之货物,香港亦予禁运。"见复旦大学历史系中国近代史教研组编:《中国近代对外关系史资料选辑(1840—1949)》(下卷第二分册),上海:上海人民出版社,1977年,第145-146页。

② 林太乙:《林语堂传》,《林语堂名著全集》第二十九卷,长春:东北师范大学出版社,1994年,第174页。

③ 林太乙:《林语堂传》,《林语堂名著全集》第二十九卷,长春:东北师范大学出版社,1994年,第177-178页。

策,从 1940 年至 1943 年,《纽约时报》至少刊出过 7 封他的读者来信①。他持续在《纽约时报周刊》、《美国人》(The American Magazine)、《国家》(The Nation)、《亚洲》(Asia)、《新民国》、《大西洋》(The Atlantic)等杂志上发表文章,谈"中国对西方的挑战""中国枪口直对日本""西方对亚洲需有政治策略"等问题。② 他还在 1942 年 2 月 15 日的《泰晤士周刊》发表《中国何以必胜》③,把宣传范围进一步扩大。

除了在国外发表英文时评,林语堂也经常用中文写时评发表在国内的《宇宙风》等刊物上。1938 年 7 月 1 日,《宇宙风》第 70 期上刊载了林语堂的《美国与中日战争》一文,8 月 16 日第 73 期上刊出《日本必败论》,1942 年 6 月 1 日第 115 期上刊出《美国与中国的抗建》,等等。这些文章既从国际视野鼓舞了中国军民的士气,也为中国新闻界了解美国的对华政策提供了素材。

1943 年林语堂再次回到重庆,10 月 24 日在中央大学发表演讲时说:"鄙人这次归国,一则参观国内情形,征求抗战事实,二则报告国人国际政治思想动向,国外对本国流言甚多,传闻失实,或见诸文字,或出之口传,或为有作用的宣传,或只是无意识的闲话。这种惝恍迷离的局面要打破,便须供给确切事实。且一国之大,内在之能力如何,思想之动向如何,决非西人记者所能彻底了解与鉴别,希望此次回来,再到国外,能正国外的视听,并使外邦人士对中国将来发现的动向,有更亲切的认识。中国官方宣传,虽有组织,而文字宣传,实在太少,比起英国在美宣传,真是微乎其微。"④第二年返回美国后,林语堂开始在美国的媒体上积极为中国政府做宣传,并且一改往日创作《生活的艺术》时的恬静"哲人"形象,在《啼笑皆非》等著述中言辞激烈地批判美国政府的"中立"态度,引起美国舆论界哗然。当时他受到了出版商赛珍珠丈夫华士

---

① 这 7 封读者来信分别刊于 1940 年 10 月 20 日、1940 年 12 月 17 日、1941 年 7 月 31 日、1941 年 9 月 21 日、1942 年 5 月 31 日、1942 年 7 月 19 日、1943 年 8 月 10 日的《纽约时报》的《读者来信》专栏。参见陈欣欣:《林语堂:孤行的反抗者》,北京:清华大学出版社,2015 年,第 223-226 页。

② 林太乙:《林语堂传》,《林语堂名著全集》第二十九卷,长春:东北师范大学出版社,1994 年,第 177 页。

③ 子通:《林语堂年表》,见子通主编:《林语堂评说 70 年》,北京:中国华侨出版社,2003 年,第 452 页。

④ 林语堂:《论东西文化与心理建设》,1943 年 10 月 24 日在中央大学的演讲稿。最早发表于《大公报》,后发表于《天下文章》第 2 卷第 4 期,1944 年 11 月。

(Richard J. Walsh)的警告,处于孤军奋战的不利境地。①

(三)创作文学作品引导抗日舆论

郭沫若曾说过:"文艺的本质就是宣传。"②林语堂认为小说是比政论文章更能打动人心的一种宣传方式,他说:"诚以论著入人之深,不如小说。今日西文宣传,外国记者撰述至多,以书而论,不下十余种,而其足使读者惊魂动魄,影响深入者绝鲜。盖欲使读者如历其境,如见其人,超事理,发情感,非借道小说不可。况公开宣传,即失宣传效用,明者所易察。弟客居海外,岂真有闲情谈话才子佳人故事,以消磨岁月耶? 但欲使读者因爱佳人才子,必窥其究竟,始于大战收场不忍卒读耳。"③因此,在抗日战争的特殊语境下,他在文学创作中加入大量"抗日"元素,引导抗战舆论朝着有利于中国的方向发展。

1937年抗战爆发时,林语堂的畅销书《吾国与吾民》正在印制第十三版,原书共九章,最后一章本来是"认真痛论中国问题"④,为了营造有利于中国抗战的舆论氛围,他临时写了长达八十页的文章《中日战争之我见》("A Personal Story of the Sino-Japanese War")作为增补的第十章,随《吾国与吾民》第十三版一同出版。后来新增补的这一章由 John Day 公司发行了单行本,书名为《新中国的诞生》(*The Birth of a New China: A Personal Story of the Sino-Japanese War*)。1938年,林语堂创作了人生第一部长篇小说《京华烟云》(*Moment in Peking*),这是一部如他自己所言为"纪念全国在前线为国牺牲之勇男儿"⑤而作的小说,展现了中国从义和团兴起到"七七"事变四十

---

① 林语堂在《八十自叙》中回忆道:"我在中国漫游一番,回到美国,当时的情形,我自然明白。我一回去,在广播台上我说:'现在在重庆的那批人,正是以前在南京的那批人,他们正在捋胳膊,挽袖子,为现代的中国而奋斗。'第二天,我接到我的出版商 Richard J. Walsh 一个严厉的警告,告诉我不可以,也不应当再说那样的话。我当时不利的环境是可想而知的。"见林语堂著,张振玉译:《八十自叙》,《林语堂名著全集》第十卷,长春:东北师范大学出版社,1994年,第306页。
② 郭沫若:《文艺与宣传》,《抗战与宣传》,重庆:独立出版社,1938年,第22页。
③ 林语堂:《给郁达夫的信——关于〈瞬息京华〉》,《宇宙风》第49期,1937年10月16日。
④ 林语堂著,张振玉译:《八十自叙》,见《林语堂名著全集》第十卷,长春:东北师范大学出版社,1994年,第304页。
⑤ 林语堂:《给郁达夫的信——关于〈瞬息京华〉》,《宇宙风》第49期,1937年10月16日。

年间的社会生活画面,突出了中国人民爱国抗日的民族精神。有学者评价林语堂这部小说"寓抗日救亡宣传于'才子佳人'故事"①,也有学者评价它"不是一本言情小说,而是一部向西方宣传中国,宣传抗日的反战小说"②。1941年他的第二部长篇小说《风声鹤唳》(*A Leaf in the Storm : A Novel of War-Swept China*)由 John Day 公司出版,小说以抗日战争为时代背景,描写中国人如何在抗战洪流中获得新生,向国外读者展现中国军民万众一心、积极抗日的精神面貌。这三部作品在美国的畅销真正实现了"文艺的本质就是宣传"的目的,透过潜移默化的宣传效果,林语堂在美国民众心目中塑造了"中华民族英勇无敌"的形象。

四、"无所不谈"时期(1965—1967年)

1965年春,林语堂应曾经的学生、时任台湾"中央通讯社"社长马星野的邀请在"中央社"开辟《无所不谈》专栏,到1967年三年时间共陆续在《无所不谈》专栏发表180余篇文章。

"无所不谈"这一名字源于马星野写给林语堂的信。信中马星野谈到专栏的内容时说:"专栏内容,无所不谈,没有限制"③,后来林语堂回信就以"无所不谈"作为专栏的名字。在第一篇文章《新春试笔》中,林语堂交代了为专栏写稿的大致情况:"承星野兄之好意,嘱我撰稿。政治既不足谈,惟谈文艺思想山川人物罢了。……星野兄叫我拥重兵、征西域,必谢不敏;叫我挥秃笔,写我心中所得,以与国内学者共之,则当勉强。……大约每月二次至三次奉上一篇,或意到笔不到,或意思平平,无甚可说,请删节或投之字纸篓可也。"④

在马星野的精心策划下,1965年2月10日,《无所不谈》专栏开始发稿,一经推出立刻引起轰动,海内外报刊纷纷向"中央社"订购。我们可以从马星野在林语堂八十大寿时写的《贺林语堂先生八秩》一文中看到该专栏被订购的奇观:"台北有'中央'、新生、中华、联合、征信、青年战士报及台中、嘉义、台南、

---

① 施建伟:《林语堂在海外》,天津:百花文艺出版社,1992年,第10-11页。
② 陈欣欣:《林语堂:孤行的反抗者》,北京:清华大学出版社,2015年,第166页。
③ 马星野:《贺林语堂先生八秩》,台北《中央日报》,1974年9月3日,见《马星野档案》099-01-02-02-017,台北"中研院"近史所档案馆藏。
④ 林语堂:《新春试笔》,《无所不谈合集》,见《林语堂名著全集》第十六卷,长春:东北师范大学出版社,1994年,第2页。

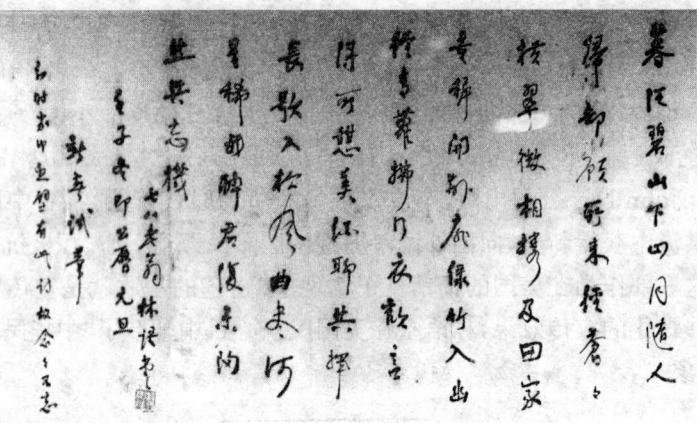

《新春试笔》林语堂手迹(摄于台北林语堂故居)

高雄、花莲、台东等十三家报纸订户";台湾以外的地区"有港、非、泰、美洲(纽约、旧金山、多伦多)等十二家报纸订用,同日刊出。本栏读者,当在五百万人左右"。① 林语堂在《无所不谈》专栏所谈,盖"古今中外,山川人物,类多小品之作,即有意见,以深入浅出文调写来,意主浅显,不重理论,不涉玄虚"②,马星野评价说:"这种文字,庄谐并出,台湾还没有人敢写。"③后因与香港中文大学签约编纂《当代汉英词典》,林语堂势难兼顾,《无所不谈》专栏于1967年停止发稿。

第二节 林语堂新闻实践的主要内容

纵观林语堂的新闻实践历程,社会急剧动荡的20世纪二三十年代是他新闻实践的"黄金时期"。在这近二十年的时间里,他通过发表时评、创办刊物等方式进行社会批评,参与社会生活,以此实现个人的社会使命和价值。

---

① 马星野:《贺林语堂先生八秩》,台北"中央日报",1974年9月3日,见《马星野档案》099-01-02-02-017,台北"中研院"近史所档案馆藏。

② 林语堂:《〈无所不谈合集〉序言》,《林语堂名著全集》第十六卷,长春:东北师范大学出版社,1994年,第1页。

③ 马星野:《贺林语堂先生八秩》,台北"中央日报",1974年9月3日,见《马星野档案》099-01-02-02-017,台北"中研院"近史所档案馆藏。

一、鞭笞北洋军阀专制及其拥护者

在《〈语丝〉发刊词》中,周作人等人这样描述《语丝》的办刊动机:"我们几个人发起这个周刊,并没有什么野心和奢望。我们只觉得现在中国的生活太是枯燥,思想界太是沉闷,感到一种不愉快,想说几句话,所以创刊这张小报,作自由发表的地方。我们并不期望这于中国的生活或思想上会有什么影响,不过姑且发表自己所要说的话,聊以消遣罢了。"①林语堂1923年甫一回国就加入了《语丝》的撰稿人队伍,即中意于在《语丝》这方"发表意见的自由园地"②可以"任意而谈,无所顾忌"③。这时期他深受鲁迅思想的影响,紧密配合鲁迅协同作战,以笔为刀,与以章士钊和杨荫榆为代表的保守派、以陈西滢为代表的"现代评论派"、以段祺瑞为代表的专制政府进行激烈的斗争。他以"土匪"自居,怒斥"闲话家""文妖","痛打落水狗",因此获得"语丝健将""打狗急先锋"等誉称,也被称为"政府的批判者"④。

(一)批判封建守旧思想

林语堂在《论土气与思想界之关系》《论性急为中国人所恶》等文章中批判国民的劣根性,跟钱玄同讨论"欧化的中国"问题,其实质是批判封建守旧思想。他将封建守旧思想比喻成笼罩在北京上空的一股"老大帝国阴森沉晦之气",谓之"土气","无论是何国的博士回来卷在这土气之中决不会再做什么理想……决没有再想做什么革命事业的梦想",⑤接着提出"今日中国政象之混乱,全在我老大帝国国民癖气太重所致,若惰性,若奴气,若敷衍,若安命,若中庸,若识时务,若无理想,若无热狂"⑥,要改变这旧有思想的痼疾,言论界必须

---

① 《发刊词》,《语丝》第一期,1924年11月17日第一版。
② 林语堂著,张振玉译:《八十自叙》,见《林语堂名著全集》第十卷,长春:东北师范大学出版社,1994年,第296页。
③ 鲁迅:《我和〈语丝〉的始终》,载《三闲集》,《鲁迅全集》第四卷,北京:人民文学出版社,1973年,第172页。
④ 蔡元唯:《林语堂研究:从政府的批判者到幽默的独立作家(一九二三到一九三六)》,台湾"中国文化大学"史学研究所硕士学位论文,2005年。
⑤ 林语堂:《论土气与思想界之关系》,《语丝》第3期,1924年12月1日。
⑥ 林语堂:《给玄同的信》,《翦拂集》,见《林语堂名著全集》第十三卷,长春:东北师范大学出版社,1994年,第11页。

来一场"超乎'思想革命'而上的'精神复兴'运动"①,实现"精神之欧化",为此他提出六个根治思想痼疾的主张:"非中庸""非乐天知命""不让主义""不悲观""不怕洋习气""必谈政治"。②

在"女师大学潮"中,林语堂将批判的矛头直指北洋军阀政府教育总长章士钊和北京女子师范大学校长杨荫榆,强烈斥责他们有悖于"五四"新思想的教育政策。章杨二人都是封建守旧派,反对新文化运动,林语堂曾犀利尖锐地指出章士钊之流"根本就没有所谓思想",并批判章士钊发行用来反对新文化运动的《甲寅》周刊是"野蛮文学":"尽管你的笔墨如何高明,尽管你的文存文集如何风行一时,尽管你什么主义唱得高入云际,一察其人的行径,又是其文足道,其人不足观。"③章杨二人宣布"整顿学风",施行独断专横的治校管理,引起接受了"五四"新思想的女师大学生的强烈不满,由此引发了"女师大学潮"。时任女师大教务长的林语堂支持学生的罢课行为,他指出章士钊上台后施行的教育政策是有很大问题的:"今日的大学教育根本以书为主体,非以人为主体……既没有师长的切磋,又没有父兄的训导,只瞎着眼早念书,午念书,晚上又念书……结果是满肚子的什么主义,什么派哲学,而做事的经验阅历等于零。"④他尤其反对学生"两耳不闻窗外事,一心只读圣贤书",对于章士钊等遗老遗少提出的学生只管"闭门读书""勿谈政治",他斥之为"谬论",认为是"中国人古来恶谈政治的恶根性的表现"。⑤当打着"维持公理"名号的"教育界公理维持会"谴责学潮维护章士钊时,林语堂毫不客气地予以还击:"章士钊等的人格据说学者也很厌恶的,然而开目一环顾……章士钊却站在公理法律的门槛内。……我不知道公理维持会要维持的是什么东西……说你们目的是求和平,那么女师大及女大学生感

---

① 林语堂:《论性急为中国人所恶》,《翦拂集》,见《林语堂名著全集》第十三卷,长春:东北师范大学出版社,1994年,第15页。
② 林语堂:《给玄同的信》,《翦拂集》,见《林语堂名著全集》第十三卷,长春:东北师范大学出版社,1994年,第12—13页。
③ 林语堂:《论语丝文体》,《翦拂集》,见《林语堂名著全集》第十三卷,长春:东北师范大学出版社,1994年,第48页。
④ 林语堂:《谈理想教育》,《翦拂集》,见《林语堂名著全集》第十三卷,长春:东北师范大学出版社,1994年,第94页。
⑤ 林语堂:《"读书救国"谬论一束》,《翦拂集》,见《林语堂名著全集》第十三卷,长春:东北师范大学出版社,1994年,第31页。

情本来很融洽的,只被你们讲坏了。"①

(二)抗议北洋军阀专制

"'五卅'运动爆发前不久,林语堂正和钱玄同等人在热烈地讨论'欧化的中国'和根治国民劣根性等问题。'五卅'惨案的血淋淋的现实,使语丝派无法再在书斋茶座里清谈国民性的弱点了。时代的航船把林语堂送上了惊浪险滩,林语堂毫不留情地以自己的笔纵横针砭,他那寓幽默讽刺于悍泼放恣的文风,在这一时期得到了淋漓尽致的发挥。"②"五卅"运动发生后,林语堂经常发表"军阀等于虎""打倒军阀"的言论,表现出对军阀专制的痛恨。

1924年10月发动"北京政变"后,奉系军阀段祺瑞执掌北京政权,推行反动的内外政策,镇压各地的爱国群众运动。1925年10月20日,中共中央和共青团中央发表《对反奉战争宣言》,号召爱国民众行动起来,积极参加反对段祺瑞政府的运动。1925年11月28日下午,由学生、工人组成的5万多群众高呼"打倒卖国段政府""驱逐段祺瑞"等口号,在北京进行大规模的示威游行,示威中群众火烧了《晨报》馆。在这场轰轰烈烈的革命运动中,林语堂不仅使用舆论武器支持学生的爱国运动,还"加入学生的示威运动,用旗竿和砖石与警察相斗"③。"三一八"惨案发生后,他对段祺瑞政府的暴政痛恨到极点,认为惨案"是出于政府之丧心病狂"④,"(惨案发生后)三天以来,每日总是昏头昏脑的,表面上奔走办公,少有静默之暇,思索一下,但是暗地里已觉得是经过我有生以来最哀恸的一种经验……杨刘二女士之死,是在我们最痛恨之敌人手下"⑤,"是死于与亡国官僚瘟国大夫奋斗之下"⑥。对于段祺瑞政府及其拥护者企图掩盖屠杀真相和逃脱罪责的行径,

---

① 林语堂:《〈"公理"的把戏〉后记》,《翦拂集》,见《林语堂名著全集》第十三卷,长春:东北师范大学出版社,1994年,第45-46页。
② 施建伟:《林语堂在大陆》,北京:北京十月文艺出版社,1991年,第129页。
③ 林语堂著,工爻译:《林语堂自传》,见《林语堂名著全集》第十卷,长春:东北师范大学出版社,1994年,第28页。
④ 林语堂:《闲话与谣言》,《翦拂集》,见《林语堂名著全集》第十三卷,长春:东北师范大学出版社,1994年,第60页。
⑤ 林语堂:《悼刘和珍杨德群女士》,《翦拂集》,见《林语堂名著全集》第十三卷,长春:东北师范大学出版社,1994年,第55页。
⑥ 林语堂:《悼刘和珍杨德群女士》,《翦拂集》,见《林语堂名著全集》第十三卷,长春:东北师范大学出版社,1994年,第58页。

他大胆披露事实:"三月十八日中华民国'府院合署'式的临时执政府因为知道有爱国青年外交请愿事项,预定计划,埋伏队伍,荷枪实弹,在府院合署的国务院门前由官长指挥,吹号施令,枪击国民,加之以刀鞭,继之以追击,复终之于抢劫。"①他还辛辣犀利地讽刺道:"我们宁愿看张勋的复辟而不愿看段祺瑞之誓师马厂,宁愿见金梁的阴谋奏折而不愿闻江亢虎的社会主义宣传,宁愿与安福系空拳奋斗而不愿打研究系的嘴巴,于政治如此,于思想界亦如此。……张勋可以一蹶不振,段祺瑞却反而变为民国功人,安福派可一攻则破,而研究系却仍旧可以把握政权。"②

1926年4月段祺瑞政府倒台后,直奉军阀一进驻北京就以"宣传赤化"的罪名封闭《京报》馆,残杀和迫害反抗军阀的新闻工作者。迫于军阀的血腥残暴以及遭到军阀的通缉,林语堂反抗军阀的舆论窗口暂时被封闭,但在1935年编写的《中国新闻舆论史》中他还是对这段历史进行了披露,痛陈军阀张宗昌未经审讯就枪杀了著名记者邵飘萍与林白水。

(三)"痛打"北洋军阀拥护者

从"女师大学潮"到"三一八"惨案,林语堂一面以不怕死的勇气怒斥军阀政府的丧心病狂,一面对站在学生运动对立面,"一方对政府的罪轻轻抹过,一方却用轻抹淡描的笔法将此祸的责任嫁于民众领袖"③的"闲话家""文妖"进行"痛打",甚至喊出"先除文妖再打军阀"④的口号。

对于迎合军阀、反对爱国学生运动的论调,他指责道:"这回爱国运动,大家正忙的手忙足乱,应接不暇,对外宣传,对内演讲,募款救济工人,筹划抵制外货,正苦无名流来实在出力,实在做事,实在帮忙,丁先生却居在旁边说闲话。"⑤并指出:"一切反对群众运动的'高调'是唱不得的。……迎合官

---

① 林语堂:《"发微"与"告密"》,《翦拂集》,见《林语堂名著全集》第十三卷,长春:东北师范大学出版社,1994年,第78页。
② 林语堂:《论语丝文体》,《翦拂集》,见《林语堂名著全集》第十三卷,长春:东北师范大学出版社,1994年,第49页。
③ 林语堂:《闲话与谣言》,《翦拂集》,见《林语堂名著全集》第十三卷,长春:东北师范大学出版社,1994年,第60页。
④ 林语堂:《讨狗檄文》,《翦拂集》,见《林语堂名著全集》第十三卷,长春:东北师范大学出版社,1994年,第65页。
⑤ 林语堂:《丁在君的高调》,《翦拂集》,见《林语堂名著全集》第十三卷,长春:东北师范大学出版社,1994年,第18页。

僚与军阀的'高调',是绝对而又绝对唱不得的。"①对于歪曲和反对"女师大学潮"、攻击支持学潮的"语丝派"成员"形同土匪"的声音,他干脆以"土匪"自居:"言论界,依中国今日此刻此地情形,非有些土匪傻子来说话不可。……惟有土匪,既没有脸孔可讲,所以比较可以少作揖让,少对大人物叩头。"②并讽刺那些所谓的"学者""绅士"和"君子":"不敢说我们要说的话,不敢维持我们良心上要维持的主张,反而像妓女一样"倚门卖笑,双方讨好"。③ 对于"三一八"惨案发生后企图为军阀开罪的"闲话家"们,林语堂将"痛打"的风格发挥到了极致:他在《闲话与谣言》中痛斥"白话老虎的闲话大家"所散布的谣言是"这些走狗献给它们大人的狗屁,以求取得主人之欢心","'畜生'生在人类里面,本来已经够奇了,但是畜生而发见于今日的大学教授中,这真使我料想不到。我要畅快的声明,这并非指猪、狗、猫、鼠,乃指大学教授中'亲亲热热口口声声提到孤桐先生的一位'④,亦即'白话老虎报社⑤三大笑柄'之一"⑥。他在《讨狗檄文》中大声疾呼:"我们打狗运动应自今日起,使北京的叭儿狗,老黄狗,螺蛳狗,笨狗,及一切的狗,及一切大人物所豢养的家禽家畜都能全数歼灭。此后再来讲打倒军阀。"⑦在答复读者来信中再次号召"打狗":"狗之该打,世人类皆同意","狗之危险"在于"往东往西,都听主人号令",因此"要恶他甚于蛇蝎"。⑧ 这时期的林语堂应是"语丝派"成员中将"打狗"口号喊得最响亮的一个人。

---

① 林语堂:《丁在君的高调》,《翦拂集》,见《林语堂名著全集》第十三卷,长春:东北师范大学出版社,1994年,第20页。
② 林语堂:《祝土匪》,《翦拂集》,见《林语堂名著全集》第十三卷,长春:东北师范大学出版社,1994年,第6-7页。
③ 林语堂:《祝土匪》,《翦拂集》,见《林语堂名著全集》第十三卷,长春:东北师范大学出版社,1994年,第7页。
④ 指陈源(西滢)。
⑤ 指《现代评论》社。
⑥ 林语堂:《闲话与谣言》,《翦拂集》,见《林语堂名著全集》第十三卷,长春:东北师范大学出版社,1994年,第59页。
⑦ 林语堂:《讨狗檄文》,《翦拂集》,见《林语堂名著全集》第十三卷,长春:东北师范大学出版社,1994年,第66页。
⑧ 林语堂:《打狗释疑》,《翦拂集》,见《林语堂名著全集》第十三卷,长春:东北师范大学出版社,1994年,第67-69页。

二、抨击国民党右派的高压统治

有人认为20世纪30年代林语堂在上海创办幽默刊物时,一心只是提倡"幽默与闲适",对国家与社会贡献不大,这对他的认识是不全面的。曹聚仁曾评价《论语》说:"林语堂提倡幽默,《论语》中文字,还是讽刺性质为多。即林氏的半月《论语》,也是批评时事,词句非常尖刻,不大为官僚绅士所容,因此,各地禁止《论语》销售,也和禁售《语丝》相同。"①林语堂先后创办风行一时的《论语》《宇宙风》等幽默刊物,其实质是以"幽默"做掩护,曲折地表达对国民党右派施行文化专制政策的批判和抵抗。

这种情况与19世纪德国颁行压制政治异议的有关检查制度的法律法规之后,商业化的大众幽默出版物开始兴起十分相似。幽默本是一种传统的消磨时间的方式,但在19世纪被血腥革命席卷的欧洲大陆,幽默显示出它巨大的力量。"人民的声音被压制着,不得不通过幽默和讽刺来表达自己","幽默变成了一件主要的政治武器,反对压制人和压制人权的社会制度"②,"具有作为革命力量"③的作用。林语堂在创办刊物的过程中借助幽默对抗专制制度,在言论遭受压制的危险情况下"滑口善辩",发挥出林氏幽默的讽刺力量。

《论语》创刊号的《缘起》一文有这样一段:"大概办报的消息传出之第二天,就有友人来访。我们依例各序宾主让坐之余,大家端容正色肃肃穆穆的谈起来。友人便问:'吾兄为什么要办报?敢问宣传什么主义?''没有!没有!'我连忙的拱手回答。友人怕我未曾听懂,又进一步问:'诸位办报,持什么主张?''岂敢!岂敢!'是我固谦的回答。其时朋友有点慌张起来了。'诸位办报应该有个立场呵!敢问你们站在什么立场上?''请坐!请坐!'我仍旧很和气的答他。于是那位朋友,不知怎样,竟悻悻然扬袂而去了。第三天,又有一位

---

① 曹聚仁:《〈人间世〉与〈太白〉〈芒种〉》,《文坛五十年》,北京:生活·读书·新知三联书店,2010年,第266页。
② 玛丽·李·堂森德:《幽默与19世纪德国的公众场合》,[荷]简·布雷默、赫尔曼·茹登伯格编,北塔等译:《搞笑——幽默文化史》,北京:社会科学文献出版社,2001年,第289页。
③ 玛丽·李·堂森德:《幽默与19世纪德国的公众场合》,[荷]简·布雷默、赫尔曼·茹登伯格编,北塔等译:《搞笑——幽默文化史》,北京:社会科学文献出版社,2001年,第292页。

朋友投刺来访。……'你们钱那里来的？是孙是胡？是汪公？是蒋公？''不知道。'我说。……'四者之中，必有其一。'……'都不是。'"①这段问答幽默风趣，"没有！没有！""岂敢！岂敢！"极具讽刺意味，表达出对文化专制政策下言论不自由的抗议。在创刊号的《编辑后记》中，《论语》对国民党政府高压统治的讽刺和批判意味更为明显："在目下这一种时代，似乎《春秋》比《论语》更需要，它或许可以匡正世道人心，挽既倒之狂澜，跻国家于太平。不过我们这班人自知没有这一种的大力量，其实只好出出《论语》，决不敢存非分之想，也不敢有非分的举动的。这我们特别声明。"②除此之外，林语堂自己发表在《论语》上的《半部〈韩非〉治天下》《论政治病》《脸与法治》《谈言论自由》等文章，都表达了对钳制言论自由的强烈不满。

　　在《人间世》和《宇宙风》时期，林语堂提倡的幽默遭到左翼阵营的质疑，曹聚仁称"这（《人间世》和《宇宙风》）才是林氏一家的刊物"③，意指《人间世》和《宇宙风》只剩"幽默"而无"讽刺"。但事实上，林语堂创办《人间世》和《宇宙风》也不乏对国民党政府及其统制思想的批判。在《人间世》的《编辑室语》中曾明确指出："小品文意虽闲适，却时时含有对时代与人生的批评"，对《随感录》专栏的介绍也是专门刊登"短小精悍的批评文字"。④ 第2期至第14期的《随感录》专栏刊登过不少批评时事与政治的文章，例如，第2期老向的《吾人岂为毛人乎》，内容为盐官对百姓的剥削；第8期姚颖的《政治上的推与拖》，内容是讽刺官僚作风；第10期陶亢德的《忘记了九一八事变》，则是批评国民党政府的对日不抵抗态度。从第15期起《随感录》专栏换成《思想》《山水》《人物》专栏，但依然保留了讽刺批评的风格。《宇宙风》在办刊主张中表明"不专谈幽默"，也"不专谈救国"，但林语堂主编的前22期中也有不少讽刺和批评社会弊病的文章，对此，有学者评价《宇宙风》"刊登了大量具有现实意义的文章，因此具有更加积极的思想色彩"⑤。1936年赴美途中，林语堂写作《临别赠言》一文寄回《宇宙风》发表，文中写道："关于思想，更有一端为我所最愁虑者，就是统制思想。……统制思想政策行后，其效果亦必同于旧八股，一国思想由清

---

① 《缘起》，《论语》第1期，1932年9月16日。
② 记者K（章克标）：《编辑后记》，《论语》第1期，1932年9月16日。
③ 曹聚仁：《〈人间世〉与〈太白〉〈芒种〉》，《文坛五十年》，北京：生活·读书·新知三联书店，2010年，第267-268页。
④ 《编辑室语》，《人间世》第2期，1934年4月20日。
⑤ 刘炎生：《林语堂评传》，南昌：百花洲文艺出版社，2014年，第120页。

一色而刻板,由刻板而沉寂,由沉寂而死亡。""在国家最危急之际,不许人讲政治,使人民与政府共同自由讨论国事……这是取亡之兆。"①

与左翼人士站在共产党一边同国民党右派的文化专制展开斗争不同,林语堂对国民党专制政策的批判是保持"不左不右"的中立态度的。从办刊宗旨来看,他在《论语社同人戒条》中提出"不反革命""不拿别人的钱,不说他人的话""不附庸权贵"的办刊准则②,在《人间世投稿规约》中规定"涉及党派政治者不登"③;从编辑策略来看,不管是《论语》还是《人间世》《宇宙风》,他一贯采取"地盘公开""兼蓄并收"的编辑政策,无论是左翼人士还是右派人士,有政治立场或无政治立场,只要文章符合期刊的风格就一律予以刊登。在国民党和军阀统治的环境下,右派文人和叭儿狗们都起劲地鼓噪"清共",而林语堂还敢公开声明"不反革命""不左不右",实际上表现出对共产党的同情。

除创办幽默刊物、发表文章进行讽刺批评之外,林语堂还打出最直接的"一拳重击"。"他对国民党摧残舆论的专制统治的仇恨,越来越强……1935年,矛盾终于在沉默中爆发了,这就是《中国新闻舆论史》一书的编写。"④书中随处可见林语堂对国民党专制政策的抨击和嘲讽。他在引言的一开始就说:从专业角度来讲,中国的报业(国民党政府统制下的报业)从新闻的采集、发布到编排艺术仍然远远落后于西方,同时作为社会舆论工具,就目前的表现来看,它像西方某些独裁国家的报业一样正在走向堕落。⑤ 在讲到报界的舆论现状时他讽刺道:与1915—1926年间的状况相比,也许我们应该对当前的形势感到满意,今天的中国没有大规模的集会,没有示威,没有罢工,没有震撼人心的社论,也没什么抵制运动,抵制运动是不可想象的。……这一切的根源在于国民政府于1936年2月20日颁布了"应急法令"(《维护治安紧急办法》)。⑥他甚至把抨击的矛头直接指向国民党和南京国民政府的最高领导人蒋介石,

---

① 林语堂:《临别赠言》,《宇宙风》第25期,1936年9月16日。该文写作于1936年8月14日赴美的旅途上,后林语堂寄回《宇宙风》发表。
② 《论语社同人戒条》,《论语》第2期,1932年10月1日。
③ 《人间世投稿规约》,《人间世》第17期,1934年12月5日。
④ 宁树藩:《〈中国新闻舆论史〉序》,见林语堂著,刘小磊译:《中国新闻舆论史》,上海:上海人民出版社,2008年,《序》,第10页。
⑤ Lin Yutang: A History of the Press and Public Opinion in China; Chicago: The University of Chicago Press,1936,P1.
⑥ Lin Yutang: A History of the Press and Public Opinion in China; Chicago: The University of Chicago Press,1936,P137-138.

说,孙中山在遗嘱中已经得出这样的结论:要救中国必须"唤起民众觉醒"——而这个嘱托已经被口头上宣布效忠这位已故伟大领袖的人完全遗忘了。① 这在当时是非常大胆的。最后他将批判矛头集中指向"新闻检查制度"(censorship),从四个方面控诉国民党新闻检查制度的荒唐和危害:首先,国民党政府的新闻检查是偶发的、前后不一致的,没有日本的新闻检查那么系统和有效。在上海被查禁的东西到了北京,可能就通过了,反之亦然。什么该禁,什么不该禁,检查官没有明确的想法,也没有准则可依。② 其次,国民党政府的新闻检查官大多缺乏头脑,不能履行好检查职责,是他们造成当今新闻检查最糟糕的特征:不够明智、混乱、过于敏感。③ 新闻的删减全凭各个检查官一时的心血来潮或突发奇想,他们闹出了诸如上海某检查官删减政府总理的官方报告,这名检查官是位中学毕业生;一位高官到访某市的消息被检查官封锁(意在为高官的行踪保密),但在这之前,那位高官却在车站受到军乐队的公开欢迎,让摄影记者拍了照,在警卫队的护送下穿过大街,并下榻于当地最高级的官邸等笑话。④ 再次,中国的新闻检查官居然对那些反对日本侵略中国(诸如揭露华北自治运动、汉奸殷汝耕的冀东防共自治委员会、天津北洋工学院反日学生与南京当局之间的冲突、内蒙古独立运动等)的新闻以"对国家不利"的名义禁止发表,新闻检查制度应为中国新闻界在反对日本渗透华北中的失职负责。⑤ 最后,由于出现在华北地区的新闻封锁事件,人们在报纸上看不到国内民众对日本侵略的反抗和谴责,更看不到人们为保卫国家领土的战斗,由此使得西方国家的人以为今天的中国人与30年前(大概是指八国联军侵略中国时)的中国人一样,对自己国家的利益"漠不关心",这完全是谎言。在事关主权、领土和国家生死存亡的问题上政府禁止民众发出声音,是这个造成了民众

---

① Lin Yutang:A History of the Press and Public Opinion in China;Chicago:The University of Chicago Press,1936,P122-123.

② Lin Yutang:A History of the Press and Public Opinion in China;Chicago:The University of Chicago Press,1936,P164.

③ Lin Yutang:A History of the Press and Public Opinion in China;Chicago:The University of Chicago Press,1936,P175.

④ Lin Yutang:A History of the Press and Public Opinion in China;Chicago:The University of Chicago Press,1936,P177.

⑤ Lin Yutang:A History of the Press and Public Opinion in China;Chicago:The University of Chicago Press,1936,P176-177.

对政治的冷漠。①

三、创建相对自由的公共舆论空间

受哈贝马斯《公共空间》一文的启发,西方学者玛丽认为:"分享笑是个简单的行为,但它往往比某个玩笑或某幅漫画的具体内容或即时影响更加重要。在一起笑意味着参与一种共同的文化,对双方关心的问题进行交流。幽默在这一方面有助于开辟出一个公共空间,在这一领域或场域中,各种观念都能进行讨论和争论,不管它们是政治的、社会的还是道德的。"②同时,"幽默并不仅仅具有政治意义。在一个社会急剧变化的时候,当根植于社会阶层的传统社会转向令人困惑的新世界时,由于新世界的标志是工业化、城市化和动荡不定,大众幽默填补了各种各样的需要。它提供了简单的娱乐,鼓励德国人发泄忧愤,允许他们探索并商讨新世界的转瞬即逝的边界"③。因此,19世纪的德国社会无论是激进派还是保守派,都相信"幽默鼓励市民分散愤怒和挫折感,否则,他们可能会对抗现存秩序"④。

林语堂最羡慕春秋战国时期的言论自由空气,但在言论遭到压制的现实情况下,他正是借助创办幽默刊物建构出一个如玛丽·李·堂森德所言的"公共空间",以曲折的方式争取言论自由。在这个公共空间中,不管是政治界、文化界、学术界的名人还是普通读者,均被"兼蓄并收"地接纳,"宇宙之大,苍蝇之微",各种不同的声音和观点得以自由地碰撞和交流,"有时忽而谈《生活之艺术》,有时忽而谈'女子心理',忽又谈到孙中山主义,忽又谈到胡须与牙齿,

---

① Lin Yutang:A History of the Press and Public Opinion in China;Chicago:The University of Chicago Press,1936,P177-178.
② 玛丽·李·堂森德:《幽默与19世纪德国的公众场合》,见[荷]简·布雷默、赫尔曼·茹登伯格编,北塔等译:《搞笑——幽默文化史》,北京:社会科学文献出版社,2001年,第293-294页。
③ 玛丽·李·堂森德:《幽默与19世纪德国的公众场合》,见[荷]简·布雷默、赫尔曼·茹登伯格编,北塔等译:《搞笑——幽默文化史》,北京:社会科学文献出版社,2001年,第289-290页。
④ 玛丽·李·堂森德:《幽默与19世纪德国的公众场合》,见[荷]简·布雷默、赫尔曼·茹登伯格编,北塔等译:《搞笑——幽默文化史》,北京:社会科学文献出版社,2001年,第292页。

各人要说什么便说什么"①。有学者评价道:"论语人将个性与自我塑作骨架,闲适幽默抟为血肉,将幽默纳入人生超拔态度来倡扬,当作个人心灵在失意世界里的自我修复,并以远离功利而获得温情、幽默、智慧、生命的悲悯等人类与宇宙的意识。受着中外幽默理论对于人性的补缺与救助观的影响,幽默的作用上升到可以调救中国缺失的人心。"②幽默发挥的这个作用正是林语堂在"批评"之外进行新闻实践的又一大内容,也是玛丽·李·堂森德提到的幽默在政治之外的意义,即在压抑的社会里为公众创建一个发泄忧愤、缓解压力,以及探索和商讨令人困惑、动荡不安的"新世界"的空间。公众在林语堂创建的这个空间中可以自由地"谈人生之甘苦,风俗之变迁,家庭之生活,社会之黑幕"③,并参与社会生活的讨论,从而满足各种需要。林语堂尤其推崇丰子恺的漫画,认为其作品"虽无革命意旨,而启人生趣,助人观察生活,怡情养性之力正复不少,不必单画车夫喘汗才有价

丰子恺"人生漫画"系列之一(刊于《宇宙风》创刊号)

值也"④,《宇宙风》从创刊号开始就逐期刊登丰子恺的"人生漫画"系列。林语堂对丰子恺漫画的这一评价其实正体现了他自己一直追求的办刊理念和旨

---

① 林语堂:《论语丝文体》,《翦拂集》,见《林语堂名著全集》第十三卷,长春:东北师范大学出版社,1994年,第47页。
② 吕若涵:《"论语派"论》,上海:上海三联书店,2002年,第126-127页。
③ 林语堂:《中国杂志的缺点——〈西风〉发刊词》,《宇宙风》第24期,1936年9月1日。
④ 《编辑后记》,《宇宙风》第1期,1935年9月16日。

趣,所以《论语》《人间世》和《宇宙风》除谈"抒论立言文章报国"之外,更谈"眼前人生做鞋养猪诸事",①除游记诗歌题跋赠序尺牍日记之外,尤注重清俊议论文及读书随笔,以期开卷有益,掩卷有味,并"使青年读者,注重观察现实"②。

四、宣传中国抗战

从1936年8月赴美直至1945年中国抗战胜利,林语堂在海外的新闻实践主要以为中国抗战争取国际社会的理解与支持为内容。梁士纯认为战争时期"统制"舆论有两个途径,一是"检查——消极的",二是"宣传——积极的"。③ 在林语堂的抗战舆论宣传中,他一方面"检查"国际社会中不利于中国抗战的言论和做法,揭露日本的侵华野心,批判英美政府对中国的"袖手旁观",另一方面重视正面"宣传",不遗余力地向国际社会展现中国军民团结奋斗、抵御外敌的精神风貌,为中国抗战在世界上争取同情并获得国际舆论的支持。

(一)揭露日本侵华野心

针对日本的诡辩以及国外媒体对"七七"事变、日本侵华野心的失实报道,在1937年出版的第十三版《吾国与吾民》新增的章节《中日战争之我见》中,林语堂列举了客观发生的历史事件来揭露日本侵略中国的事实:"日本扩张被占领土具体讲来有下列事件:1931—1932年占领满洲;1933年强占热河;……1936年,西安事变前的几个月,日本作了征服绥远的尝试;最后,日军多次公开宣布了土肥原等策划的阴谋,要将'华北五省'(察哈尔、绥远、河北、山东和山西)变为第二个满洲国,并称这是他们要立即实现的和不可改变的目标。接着便是1937年的芦沟桥事变。尽管日本所撒的谎都过于单纯、过于幼稚而不能蒙骗世界,我们还是应该注意到日本没有一个诡辩家、逻辑学家或者外交官能够否认'中国—日本—满洲国集团'意味着日本想把中国变成第二个满洲

---

① 林语堂:《且说本刊》,《宇宙风》第1期,1935年9月16日。
② 林语堂:《我们的态度》,《论语》第3期,1932年10月16日。
③ 梁士纯:《战时的舆论及其统制》,转引自刘海龙:《宣传:观念、话语及其正当化》,北京:中国大百科全书出版社,2013年,第184页。

国,这是再清楚再确切不过的事实"①,并对日本的侵华劣迹进行了披露:"使单纯无辜的人民蒙受灾难,使得中国所有的城市和乡村的人们在日军到来之前就远走他乡","日本人强奸中国妇女,枪杀市民,把战俘关在封闭的草棚里或者干脆在他们的头上泼洒汽油烧死,挑杀婴儿,围捕年青人,溺杀难民,沉没渔船,大规模轰炸城市,这些令人难以想象、令人发指的暴行,已由中立国的观察家们作了一致的、多方面的报道",并痛斥道:"自从上帝创造人类以来,没有一个民族或者国家曾经像日本对中国那样以如此之大的规模,将一个邻国的人民无例外地置于一个更凶残、更傲慢、更冷酷、更下流、道德更败坏的统治之下。"②在1938年1月30日发表于《纽约时报周刊》的《中国的未来》("A Chinese Views the Future of China")一文中,他又写道:"日本的炸弹到处爆炸着,反日仇恨和炸弹碎片像深入人体一样深入了中国的心。如果有哪个中国人怀疑日本是否侵略中国的话,那么日本的轰炸机是会除去他的怀疑的。"③

(二) 批评英美外交政策

中日开战以后中国虽然得到了多数美国人的同情,但美国政府却态度冷淡,并仍然为发战争财将汽油和烂铁卖给日本。当时作为盟国的英美国家的援华物资大部分通过缅甸公路运入中国境内,日本占领缅甸前,英美两国却一直无视缅甸公路对中国的重要性。对于英美国家这种"强权政治种族偏见"④以及在"对华援助"问题上的"两面手法",林语堂多次向国际社会表达愤慨和不满。他在1943年7月出版于纽约的《啼笑皆非》一书中开篇即痛陈英美政府在对华援助上扇了中国"六记耳光"。第一记耳光:"美国运汽油烂铁供给日本轰炸中国妇孺","罗斯福于一九四一的夏天,洋洋得意,夸赞这为虎谋皮政策的'成功'",对此林语堂讽刺道,假如"在日美作战之时,中国宣告中立,而以烂铁供给日本,同时盛称'中美友谊',并褒扬美国'英勇的抗战',在此情境之

---

① 林语堂:《中日战争之我见》,林语堂著,郝志东、沈益洪译:《中国人》,上海:学林出版社,1994年,第366页。
② 林语堂:《中日战争之我见》,林语堂著,郝志东、沈益洪译:《中国人》,上海:学林出版社,1994年,第386页。
③ 林语堂,今文译:《中国的未来》,《讽颂集》,见《林语堂名著全集》第十五卷,长春:东北师范大学出版社,1994年,第181页。
④ 林语堂著,徐诚斌译:《啼笑皆非》,《中文译本序言》,见《林语堂名著全集》第二十三卷,长春:东北师范大学出版社,1994年,第1页。

下,美国舆论与外交界能否像中国在珍珠港事件以前的宽宏大度,就颇有疑问","(美国)外务部对于日本损害美国在华产业权利""芜湖一座洋栈和三条板凳受损害""镇江一座礼堂和四只猫被摧残"进行"层层抗议","对于轰炸中国妇女却一字不提"。第二记耳光:"伦敦政府第二次下令封锁缅甸公路",他们无意用自己的军队去坚守缅甸,却又"不让中国大军入境共守"。第三记耳光:"运到缅印的中国物品,遭人扣留,而中国政府事先不曾被通知或磋商。"第四记耳光:"缅甸封锁之后,华府吏(美国官员)从中作梗,抵赖搪塞,不肯稍尽微力,以适宜航空运输补救维持。"第五记耳光:"中国军事代表团来华府(华盛顿),供给专家的知识经验,协助友邦拟定共同攻日战略,却遭人冷落不理。"第六记耳光:散布谣言污蔑中国是"法西斯主义"和"帝国主义",污蔑中国政府囤积美国的供应物资,"所以不给援助,甚为合理"。林语堂直呼这些耳光打得他"耳鸣眼昏,不省人事",一个月来"昏迷若在梦中"。①

(三)展现中国抗战精神

"西安事变"公开讨论会的第二天,林语堂发表在《纽约时报》的文章标题是《中国联合抗日》,文中强调张学良软禁蒋介石的目的是联合国共两党共同抗日救国,而非所谓"日本阴谋"。"西安事变"圆满解决后,他称赞毛泽东、朱德以民族利益为重,不计较个人恩怨的情怀:"共产党领袖朱德和毛泽东,他们诚挚爱国,胸襟阔大,度量豁达,蒋氏曾向朱毛血战八年,并高悬厚赏购彼等头颅,及西安事起,蒋命实操朱毛手中,但朱毛豪侠大度,送其出险,深信中国未来抗日战争,万不可无此人。"②他还在《吾国与吾民》的序言中写道:"这样一个四万万人团结一致的国家,具有如此高昂的士气,如此能干的领袖人物,绝不会被一个外来势力所征服。我相信,经过西安事变,中国获得真正团结之后,她就度过了现代历史上最危急的时刻。"③

在《中日战争之我见》中他说:"是日本的武装侵略使得中国成为一个完整的国家,使中国团结得像一个现代化国家应该团结的那样众志成城"④,"人们

---

① 林语堂著,徐诚斌译:《啼笑皆非》,《林语堂名著全集》第二十三卷,长春:东北师范大学出版社,1994年,第2-3页。
② 刘炎生:《林语堂评传》,南昌:百花洲文艺出版社,2015年,第154页。
③ 林语堂:《〈吾国与吾民〉1939年版序》,林语堂著,郝志东、沈益洪译:《中国人》,上海:学林出版社,1994年,第11页。
④ 林语堂:《中日战争之我见》,林语堂著,郝志东、沈益洪译:《中国人》,上海:学林出版社,1994年,第343页。

有了全新的精神面貌,充满希望,不遗余力,国家机关的工作人员都有迫不及待地重建家园的愿望"①,"年轻的女大学生们领着千百个由战争造成的孤儿走上了扬子江上的汽船,为他们提供庇护所,而自己却站在甲板上挨淋雨","中国的乞丐们把讨来的钱投进献金台上的钱箱里作为战争的捐款","为越冬的士兵和难民捐赠九百万件棉背心的号召在几天内就得到全国人民的响应,原定计划超额完成","难童们组织起来的剧团在全国各地巡回演出,以唤起民众进行抵抗"。②

在《中国的未来》一文中他写道:"战争爆发后,我们已看到了中国的新的民族实质。她在战场上失利了,她损失了大块土地;她甚至失去了她从前的首都。可是中国的领袖和内部一致的对外团结至今没有变动。在另一面,改组,政府迁都,拒绝日本的几次求和,采行焦土政策和游击战术,训练无数新兵,和建筑数千里的公路——所有这些事实都说明了抗战到底的坚决。"③

在《京华烟云》《风声鹤唳》等英文作品中,林语堂也大段描写了中国军民的拼搏、奋斗和牺牲精神,向世界展现中华民族的伟大和不屈服。他在《京华烟云》的结尾部分写道:"在新年喜气洋洋的早晨,在美丽的原野上如洪流般向前移动,有军车过时,都大声欢呼。军队的歌声再度传来:山河不重光,誓不回家乡","她(姚木兰)感觉到一个民族,由于一个共同的爱国的热情而结合,由于逃离一个共同的敌人而跋涉万里;她更感觉到一个民族,其耐心,其力量,其深厚的耐心,其雄伟的力量,就如同万里长城一样,也像万里长城之经历千年万载而不朽"。④

除向国际社会展现中国抗战的精神风貌外,林语堂也向国内的民众传达"抵抗到底、中国必胜"的决心。郭沫若曾提出战时宣传工作是"唤起民众,号召民众,组织民众,以及动员民众参加抗战的一个根本手段"⑤,通过宣传积极

---

① 林语堂:《中日战争之我见》,林语堂著,郝志东、沈益洪译:《中国人》,上海:学林出版社,1994年,第348页。

② 林语堂:《中日战争之我见》,林语堂著,郝志东、沈益洪译:《中国人》,上海:学林出版社,1994年,第352-353页。

③ 林语堂著,今文译:《中国的未来》,《讽颂集》,见《林语堂名著全集》第十五卷,长春:东北师范大学出版社,1994年,第178页。

④ 林语堂著,张振玉译:《京华烟云》,《林语堂名著全集》第二卷,长春:东北师范大学出版社,1994年,第502页。

⑤ 郭沫若:《战时宣传工作》(第三版),重庆:青年书店,1940年,第2页。

正向的内容可以凝聚人心,团结整合一切力量和资源抵御外敌。林语堂深谙此理,在给陶亢德的信中说:"兄劝我多作几篇文章,亦不过观察中外大势,时作分析报告,使国人一知败胜之权全操己手,二知抵抗到底必获胜利而已。"①1938年8月16日他在《宇宙风》第73期发表《日本必败论》,文中洋洋洒洒、有理有据地从军事、政治、经济、外交、心理五个方面详细论述了日本必败的理由,他写道:"民国廿七年冬日本经济必然崩溃,由经济崩溃与民心之厌战,内阁改组,变式求和,使第三国出面调停,而英美等国因洞悉日本已经破产,必以经济与外交压力,使日本屈服,最后(约廿八年春夏间)不得不罢兵休战,按期退兵,空无所得,结局与日俄战争之末美总统罗斯福迫成和局使日本放弃满洲相同",并发表结论说:"中日战争,日本优势为军事上,而其弱点为经济与时间上",而"中国之优势为天时地利人和此次全备",所以"中国胜,日本固败;中国不胜,日本亦败"。②

第三节　林语堂新闻实践的主要特点

"我自知自己的短处,而且短处甚多,一般批评我的人大可以不必多说了。在中国有许多很为厉害的,义务监察的批评家,这是虚夸的宋儒之遗裔而穿上现代衣服的。他们之批评人不是以人之所同然为标准,而却以一个完善的圣人为标准。至少至少,我不是懒惰而向以忠诚处身立世的。"③林语堂在自传中的这段自白幽默地表明了其处身立世的原则,即"不懒惰"和"忠诚"。他在《有不为》中说:"我憎恶强力,从不骑墙,也不翻斤斗,无论是身体的,精神的,或政治的。"④在晚年时称自己是一个"超然独立的批评家"⑤,并以此"保持作

---

① 林语堂:《在美编〈论语〉及其他》,《宇宙风》第74期,1938年9月1日。

② 林语堂:《日本必败论》,《林语堂名著全集》第十八卷,长春:东北师范大学出版社,1994年,第302-303页。

③ 林语堂著,工爻译:《林语堂自传》,见《林语堂名著全集》第十卷,长春:东北师范大学出版社,1994年,第35页。

④ 林语堂:《有不为》,《讽颂集》,见《林语堂名著全集》第十五卷,长春:东北师范大学出版社,1994年,第65页。

⑤ 林语堂著,张振玉译:《八十自叙》,见《林语堂名著全集》第十卷,长春:东北师范大学出版社,1994年,第303页。

为一个知识分子的尊严"①。其好友评价:"论思想,语堂先生是一个自由主义者;论文章,语堂是一个个人主义者。"②纵观林语堂的新闻实践生涯,他以追求"自由""民主""个性"为实践目标,在民国时期风云诡谲的时代旋涡中积极履行作为现代知识分子的批判职责,以时事评论配合政治斗争和政治宣传,并在国民党文化专制政策下创出独具风格的幽默刊物。他的新闻实践之路既具有鲜明的时代烙印,又充满典型的林氏风格特征。

一、以"幽默""中立"反抗恶政现实

周质平教授认为:"林语堂一生在幽默闲适之中始终带着一种对正统道学的鄙视,而这种鄙视,正是一种'抗争'。今人论林语堂往往突出他的幽默闲适,而忽略了他'与世相违'的一面;其实,这一面才是他特立独行之所在。"③山地的成长环境把林语堂孕育成一个"头角峥嵘"④,具有"顽童个性"⑤的人。不管是以语言的"匕首""投枪"直接攻击对手,还是以"袖中剑""画中刀"寄忧愤于幽默、讽刺,林语堂的新闻实践表达了他对现实的不满,具有明显的抗争精神。

林语堂1923年回国在北大任教后,跻身于"对我很适宜"⑥的语丝社,《语丝》"任意而谈、无所顾忌"的一面被他"发挥到令人吃惊的地步"⑦,他以笔为刀,在《语丝》上"肆无忌惮"地说话。⑧ 1932年他加入争取言论、出版、结社和集会自由,反对国民党白色恐怖的中国民权保障同盟并担任宣传主任,是宋庆

---

① 钱锁桥:《〈林语堂双语文集〉引言》,见钱锁桥编:《小评论:林语堂双语文集》,北京:九州出版社,2012年,第28页。
② 邢光祖:《记林语堂论东西思想法之不同》,《无所不谈合集》,见《林语堂名著全集》第十六卷,长春:东北师范大学出版社,1994年,第100页。
③ 周质平:《林语堂的抗争精神》,《二十一世纪》双月刊2012年2月号总第129期,第103页。
④ 施建伟:《林语堂在大陆》,北京:北京十月文艺出版社,1991年,第13页。
⑤ 施建伟:《林语堂在大陆》,北京:北京十月文艺出版社,1991年,第107页。
⑥ 林语堂著,张振玉译:《八十自叙》,见《林语堂名著全集》第十卷,长春:东北师范大学出版社,1994年,第296页。
⑦ 施建伟:《林语堂在大陆》,北京:北京十月文艺出版社,1991年,第107页。
⑧ 林语堂著,张振玉译:《八十自叙》,见《林语堂名著全集》第十卷,长春:东北师范大学出版社,1994年,第304页。

龄和蔡元培的得力干将,也是参与营救被拘捕关押的革命者和进步人士的积极分子。他主持的《小评论》英文专栏,赛珍珠称赞"它的无畏精神":"在一个批评执政要人确有危险的时期,小评论却自由地直言着,我想那一定是由于藉此以表达他自己的意见的幽默与俏皮才能免遭所忌。这种俏皮——本着他人所不具备的无畏,在不当宽容时绝不宽容,对于中国的老百姓们,不论是资产阶级或无产阶级都一视同仁。"①20世纪30年代他在上海创办《论语》等幽默刊物,虽然被批消磨斗志,麻痹人心,但其中的许多文章基本延续《小评论》的风格,是"一贯的对于日常生活、政治,或社会上的各种事物的新鲜、锐利与确切的闲话"②,更不乏对社会黑暗面、政府无能展开嘲讽和抨击的"讽刺文字",表面上看似"一团和气""不动干戈",实际上是他针对国民党政府严控言论自由的现状"不断试探监控审查的底线"③,是对"严格的取缔"政策所采取的一种消极抵抗,或者可以称为一种"合法主义的反抗"④。1934年他创办《人间世》而饱受争议,但当时正是国民党围剿红军取得"节节胜利"而势头正旺之际,一些仆从文人追随不及,但林语堂却公开宣布"涉及党派政治者不登",这也是一种对国民党政府的消极抵抗。林语堂曾说道:"且在国之无日之际,武人操政,文人卖身,即欲高谈阔论,何补实际?退而优孟衣冠,打诨笑谑,知我者谓我心忧,不知我者谓我胡求,强颜欢笑,泄我悲酸。"⑤这正是他消极反抗的真实心境的写照。知他者如郁达夫曾评价说:"(林语堂)《翦拂集》⑥时代的真诚勇猛,是书生本色。至于近来的耽溺风雅,提倡性灵,亦是时势使然,或可视为消极的反抗,有意孤行。"⑦

1936年赴美前,林语堂对国民党政府严苛的新闻检查制度的不满达到顶峰,原本压抑着的消极抗争通过撰写《中国新闻舆论史》彻底爆发出来。出国

---

① 赛珍珠:《〈讽颂集〉序》,《林语堂名著全集》第十五卷,长春:东北师范大学出版社,1994年,第1页。
② 赛珍珠:《〈讽颂集〉序》,《林语堂名著全集》第十五卷,长春:东北师范大学出版社,1994年,第1页。
③ 钱锁桥编:《小评论:林语堂双语文集》,北京:九州出版社,2012年,第28页。
④ 吕若涵:《"论语派"论》,上海:上海三联书店,2002年,第218页。
⑤ 林语堂:《编辑滋味》,《披荆集》,见《林语堂名著全集》第十四卷,长春:东北师范大学出版社,1994年,第274页。
⑥ 林语堂在"语丝"时期发表的时政评论作品,大多收入《翦拂集》。
⑦ 郁达夫:《中国新文学大系·散文二集导言》,上海:上海良友图书印刷公司,1935年,第16页。

后,对于国际舆论对中国事务的不公正报道和评价,他做到了如自己所言"在谈论我祖国的政治时,绝不冷漠"①:面对"西安事变"和抗日战争中西方媒体对中国的失实报道,他大声疾呼,进行激烈的抗辩,强烈谴责日本的侵华野心,批评英美政府对中国的"两面手法";面对二战中法西斯的残酷杀戮,他在1939年参加纽约国际笔会第17届大会时发表了题为《希特勒与魏忠贤》的演讲,把希特勒比作中国历史上臭名昭著的魏忠贤,说"自杀乃是独裁暴君最该做的事"②,表达坚信正义必胜、希特勒必败的反法西斯立场,并呼吁各国作家担负起维护人类和平与自由的职责。

二、从精英视角到大众立场

林语堂以文化启蒙者的身份进入新闻界,早期以"言论救国"、参与社会变革为实践目标,因此其新闻实践活动带有明显的精英主义色彩。从批判封建守旧思想到抨击军阀专制、国民党右派的高压统治,林语堂扮演着社会精英的角色,对时事政治发表观点和看法,关注的是国家与民族的前途和命运。这个时期他的新闻实践主要服务于政治,试图通过"文人论政"的方式改变中国的现状,其评论文章的主要阅读和影响对象是文人和官绅阶层。

经历了北洋军阀的通缉和国民党政府的文化围剿之后,林语堂痛苦地意识到仅凭知识分子的参政热情是无法改变中国的现状的,在基本人权缺乏法律保障的现实情况下,知识分子的"言论救国"最终只能沦为"纸上谈兵",他无奈道:"社论家都知道他们的空言无补,不会于武人主持下的外交内政,有丝毫影响,所谓尽言论之责,亦止于言论而已"③,"不是我们不愿救国,只是不愿纸上谈兵"④。因此,从"论语"时期起他从事新闻实践的焦点发生了变化,开始站在大众立场上关注大众需求和民生问题,把服务于大众作为新闻实践的目标。他有感于当时政论类期刊太多,空言太多,报刊几乎沦为政治斗争的工具,"开口主义,闭口立场","不近人情",提出通俗化、大众化、趣味性的办刊主

---

① 林语堂:《有不为》,《讽颂集》,见《林语堂名著全集》第十五卷,长春:东北师范大学出版社,1994年,第66页。
② 林语堂:《希特勒与魏忠贤——世界笔会大会演讲词》,《宇宙风乙刊》第17期,1939年11月16日。
③ 林语堂:《我们的态度》,《论语》第3期,1932年10月16日。
④ 林语堂:《且说本刊》,《宇宙风》第1期,1935年9月16日。

张,力求将中国杂志办成"叫人人看得下去"的"大众读物"。① 他认为"杂志之意义,在能使专门知识用通俗体裁贯入普通读者,使专门知识与人生相衔接,而后人生愈丰富"②,应提供"既有味又有益的作品,增加我们的知识,启迪我们的灵机"③,因此十分重视期刊内容的"知识性",力争实现杂志"使人开卷有益,掩卷有味"的目标,满足普通大众对信息和知识的需求。同时,林语堂也重视读者的阅读兴趣,根据读者的需求选择和编排期刊内容。他曾感慨"我们常能在电车公共汽车上遇见看书报杂志的外国老太婆,而很少遇见手执一卷的中国家庭主妇",主要原因在于中国的家庭主妇"不习惯看"和杂志"看不下去",④所以他在创办杂志的过程中坚持"以有意思而有趣味为选稿标准"⑤,努力提高杂志的可读性。

三、将文学风格引入新闻实践

首先,林语堂将现代散文技巧引入新闻评论,增强了文章的可读性。跟现代意义上的社论或评论相比,林语堂的评论除了具有鲜明的政治见解外,还带有强烈的文艺色彩。他的评论往往先有由头,再予评论,使读者从一开始就了解他的言论为何而发,增加读者对其评论观点的重视和理解。他常常以某个新近发生的热点事件为由头,在开头将事件经过简要描述,再展开分析和评论。或者,在开头即交代写作背景,说明发表评论的原委。他的写作背景看似交代得随意,其实花了一番心思,通过与当时具有一定知名度和影响力的人物(鲁迅、周作人、钱玄同等)建立紧密的联系,他很快就凭借自己出色的文采从一个刚回国的"无名小卒"一跃成为北京舆论圈的"明星"。在篇幅较长的评论文章中,他擅长分层论述,层层深入,直到把道理说透,触及问题的本质。为了便于读者更快把握整个逻辑推理层次,他为每一层次定义子标题。他的评论语言生动活泼、吸引人,并富有知识性和哲理,兼具"犀利"和"风趣"的特点。为进行充分的论证,他还经常大量引用名人名言及心理学、政治学等专业术语,并用形象化的语言具体说理,把观点和道理说得有声有色,增强读者对评

---

① 林语堂:《关于本刊》,《人间世》第 14 期,1934 年 10 月 20 日。
② 林语堂:《且说本刊》,《宇宙风》第 1 期,1935 年 9 月 16 日。
③ 林语堂:《关于本刊》,《人间世》第 14 期,1934 年 10 月 20 日。
④ 《编辑后记》,《宇宙风》第 1 期,1935 年 9 月 16 日。
⑤ 《编辑后记》,《宇宙风》第 2 期,1935 年 10 月 1 日。

论内容的感性认识。

其次,林语堂在办刊过程中大力提倡"小品文"这一散文文体,"使其侵入通常议论文及报端社论之类"①,演变成新闻文体的一种,并推动杂志文体朝着简明化、通俗化方向发展。朱自清曾对林语堂提倡的这种小品文给予肯定评价,认为林氏小品文为文体的发展提供了"第二条路",大体上是代表前进方向的,也认为用小品文写大众生活"是一个很好的意思"。他说:"小品文对大品而言,只是短小之文;但现在却兼包'身边琐事'或'家常体'等意味,所以有'小摆设'之目。近年来这种文体一时风行;我们普通说散文,其实只指的这个。这种散文的趋向,据我看,一是幽默,一是游记、自传、读书记。若只走向幽默去,散文的路确乎更狭更小,未免单调;幸而有第二条路,就比只写身边琐事的时期已展开了一两步。大体上说,倒底是前进的。有人主张用小品文写大众生活,自然也是一个很好的意思,但盼望做出些实例来。"②

四、具有关注当下的新闻意识

林语堂曾对女儿林太乙说过:"要做作家,必须能够整个人对时代起反应。"③纵观他的新闻实践历程,不论是发表时评抨击北洋军阀政府,还是撰写《中国新闻舆论史》抨击国民党右派的高压统制,抑或创办幽默刊物、创作抗日文学作品,林语堂的新闻实践在内容选择上大多是对所处时代的政治、日常生活和各种社会事务的新鲜、锐利、确切的评价,反映的是如他自己所言的"眼前人生"的问题,表达了他对身边发生的各类社会与政治热点问题的关注和思考,这样的选题思路充分体现出林语堂的新闻敏感性,即他骨子里具有较强的新闻意识。

大到国家大事,小到"眼前人生做鞋养猪诸事",林语堂总能以新颖的视角发掘当下发生的写作素材,敏锐捕捉事件背后的新闻价值。他的新闻实践在内容选择上有几个共同特征:取自发生在眼前的人与事,能产生大的社会影响,受众会感兴趣,以及与受众的切身利益相关。新文化运动时期,文化界掀

---

① 林语堂:《论小品文笔调》,《人间世》第6期,1934年6月20日。
② 朱自清:《什么是散文?》,1935年7月。见朱乔森编:《朱自清全集》第四卷,南京:江苏教育出版社,1990年,第364页。
③ 林太乙:《林语堂传》,见《林语堂名著全集》第二十九卷,长春:东北师范大学出版社,1994年,第1页。

起轰轰烈烈的改造国民性运动,林语堂看准时机连续发表《论土气与思想界之关系》《论性急为中国人所恶》《给玄同的信》等文章,在文化界崭露头角。"五卅"惨案、"三一八"惨案等重大历史事件发生后,他积极发表《丁在君的高调》《谬论的谬论》《悼刘和珍杨德群女士》等时评抨击军阀政府的专制及暴行,受到社会的广泛关注。创办《论语》《人间世》和《宇宙风》期间,他撰写的《又来宪法》《谈言论自由》《捐助义勇军》《关于北平学生"一二·九"运动》《〈字林西报〉评走私》《救救孩子》《节育问题常识》等评论文章在内容上涵盖政治、教育、文化、生活等各个方面,无一例外谈的也都是新近发生、具有一定社会影响,且与公众相关的事件。20世纪30年代的上海出版界有一大批饱受言论压制的文化人,唯独林语堂萌发写作《中国新闻舆论史》的想法,原因何在?这与他关注当时中国的政治局势,且想要抓住西方读者崇尚新闻自由的心理有关。抗日战争一爆发,他第一时间注意到了美国民众对中日战争的关注与兴趣,在畅销书《吾国与吾民》第十三版出版之际临时增加"极为读者所需要的"《中日战争之我见》一章,[①]并先后创作《京华烟云》《风声鹤唳》和《啼笑皆非》等以中国抗战为背景的文学作品。林语堂在实践中所体现出的这种关注当下的新闻意识,正是他的时评、所办期刊和文学作品大受欢迎的原因之一。

五、把个人情感升华为民族情感

林语堂一生致力于追求自由、民主和个性,"语丝"时期他积极提倡"骂人",甚至提出"自有史以来,有重要影响于思想界的人都有骂人的本能及感觉其神圣""有艺术的骂比无生气的批评效力大得多"[②]等观点,其时评文章浮躁凌厉、用词激烈,多凭自己的主观好恶发表观点看法、抨击政府或论敌。"论语"时期创办和编辑《论语》《人间世》和《宇宙风》这三份极具林氏特色的刊物,他也是依据自己的主观喜好或一时兴起,或凭"一股傻气"[③],或"因为没人做,

---

① 林语堂在《八十自叙》中回忆道:"在(《吾国与吾民》)后来的版本中,我把认真痛论中国问题取消,改为评论中日战争的爆发,这是极为读者所需要的。"见林语堂著,张振玉译:《八十自叙》,《林语堂名著全集》第十卷,长春:东北师范大学出版社,1994年,第304页。

② 林语堂:《论语丝文体》,《翦拂集》,见《林语堂名著全集》第十三卷,长春:东北师范大学出版社,1994年,第51-52页。

③ 林语堂:《写中西文之别》,《拾遗集》,见《林语堂名著全集》第十八卷,长春:东北师范大学出版社,1994年,第200页。

所以我来做"①,并提出"以自我为中心"②的办刊主张。创办《人间世》期间与左翼阵营围绕小品文展开的激烈论争也大多带有个人情感的宣泄,他把与左翼成员之间的矛盾看成是"文人相轻""个人意气",③赴美前留下《留别"左派"仁兄三首》,其中一句戏谑道:"读易原难闻吠犬,弹琴何必对犁牛。"④这些皆表明林语堂早期的新闻实践以追求"个性"和"自我"为主,带有浓烈的个人情感色彩。

"民国以后,御辱救亡的现实需要促成了自由主义与民族主义的结盟,最终导致'自由至上'的追求淹没在'民族至上'的共识之中。"⑤抗战爆发以后,抗日救国的现实需要使林语堂像大多数民国时期的新闻人一样收敛起"个人情感",转而以国家和民族大义为重。他这时期发表在国外媒体上的系列评论文章[1936 年 12 月 20 日发表在《纽约时报》上的"China Uniting Against Japan"(《中国联合抗日》);1937 年 4 月发表在《外交》上的"China Prepares to Resist"(《中国准备抵抗》),6 月发表在《美亚》上的"A Better Understanding of China"(《更好地了解中国》),8 月 15 日发表在《纽约时报周刊》上的"Captive Peiping Holds the Soul of Ageless China"(《沦陷了的北平》),10 月 30 日发表在《中国读者周刊》上的"Can China Stop Japan"(《日本征服不了中国》);1938 年 1 月 19 日发表在《新民国》上的"What America Could Do to Japan"(《美国对中国能做些什么》);1942 年 5 月 26 日发表在《纽约时报》上的"China Needs Help"(《中国需要帮助》)等],均站在国家和民族的立场上表达中国在抗日问题上的看法以及希望得到国际社会的帮助。应该说,这时期的林语堂完成了从以"个性"和"自我"为中心到"为中国代言"的角色转换,相较"语丝"和"论语"时期的社会批评,体现出更大格局的责任与担当,其新闻实践理念得到了升华。同样,面对 1959 年美国制造的"两个中国"谬论,他亦用实际行动表示强烈的反对,发表《康隆报告的分析:亚洲人所见的谬妄和矛盾》一文公开揭露美国政府企图分裂中国的阴谋。⑥

---

① 林语堂:《方巾气研究》,《披荆集》,见《林语堂名著全集》第十四卷,长春:东北师范大学出版社,1994 年,第 169 页。
② 林语堂:《发刊〈人间世〉意见书》,《论语》第 38 期,1934 年 4 月 1 日。
③ 林语堂:《今文八弊(上)》,《人间世》第 27 期,1935 年 5 月 5 日。
④ 林语堂:《留别"左派"仁兄三首》,《宇宙风》第 135、136 合期,1943 年 12 月。
⑤ 张丽萍、陈培爱:《试论我国近现代报刊的"文人论政"传统》,《内蒙古大学学报(哲学社会科学版)》2011 年第 2 期。
⑥ 刘炎生:《林语堂评传》,南昌:百花洲文艺出版社,2014 年,第 185 页。

小　结

作为处于"五四"这一过渡时期的知识分子代表之一，林语堂的新闻实践历程既展现出"五四"知识分子群体的群像特征，又体现出林氏鲜明的个性特征。一方面，在林语堂身上，我们可以看到这群知识分子"以言论报国"和"代民众讲话"的反抗、斗争精神，以及他们深陷风云诡谲的政治时局经历痛苦挣扎而做出或左或右的不同抉择。另一方面，正如美国著名记者艾格尼丝·史沫特莱在《中国的战歌》一书中曾评价的，林语堂"介于胡适与革命者鲁迅之间"[①]。在时代、环境的影响和追求自由、民主、个性的愿望驱使下，林语堂选择的是一条"不左不右"的"中间派"新闻实践之路。胡适虽然在美国受过比较完整的现代教育，但从小诵读四书五经，"在文化心态、道德模式等方面依然保存着中国传统的不少特点"[②]，与胡适相比，林语堂身上那种传统士大夫的"政治事功"意识要淡一些，因此他不像胡适那样一生过分执着于政治仕途。但林语堂也没有追随鲁迅站到左翼阵营，鲁迅从小生活在封建礼教的压迫环境下，经痛苦压抑后性格里的反抗、斗争意识比较强烈，而林语堂拥有幸福快乐的童年时光，从小深受西方基督教文化的影响，性格里的革命性与斗争性没有鲁迅彻底，所以他成不了革命家，甚至对革命家感到腻烦。他一度受周围环境的影响，以浮躁凌厉、披荆斩棘之势踏上新闻实践之路，但正如李金铨所言，"他们在整个政治舞台是配角，虽发挥道德力量，但实际的政治作用则不能高估"[③]。在军阀的残酷镇压和国民党政府的高压统治下，林语堂很快认识到了知识分子的无力感，利弊权衡之下他放弃了匕首投枪式的正面对抗，改以另一种方式实现政治之外的新闻理想。

在 20 世纪二三十年代恶劣的媒介生态环境下，把新闻事业作为自己的职业发展方向对林语堂这样的知识分子来说是艰难的选择。尽管对从事新闻活

[①] Agnes Smedley: Battle Hymn of China; Victor Gollancz(UK), 1944, P8.
[②] 许纪霖:《20 世纪中国六代知识分子》,《中国知识分子十论》,上海:复旦大学出版社,2003 年,第 83 页。
[③] 李金铨主编:《文人论政:知识分子与报刊》,桂林:广西师范大学出版社,2008 年,第 5 页。

动有极大的兴趣,也具有这方面的能力,但追求自由的天性促使他最终没有走上职业新闻人的道路。林语堂的一生并非专门从事新闻活动,而是把时间和精力不同程度地分配给了文学创作、翻译、新闻实践和研究工作等,因此他的新闻实践历程在时间上并不是连续的,也比较复杂,由于与文化出版活动联系紧密,因而还带有明显的文学色彩。

第三章 林语堂的新闻与舆论思想研究

林语堂的新闻与舆论思想主要见之于其撰写的专著《中国新闻舆论史》,发表的演讲《谈新闻事业与现代社会》,创办的刊物《论语》《人间世》和《宇宙风》,发表的文章《〈申报〉〈新闻报〉之老大》《所望于〈申报〉》《为蚊报辩》《谈言论自由》《编辑滋味》《说小品文半月刊》《论小品文笔调》《中国杂志的缺点——〈西风〉发刊词》《关于本刊》《且说本刊》《与又文先生论〈逸经〉》等著述中。辛亥革命之后,民主自由思想深入人心,加上受西方民主政治和新闻思想的影响与熏陶,林语堂对民主政治制度中的言论与出版自由、报刊的舆论监督功能、第四等级等现代新闻观念产生强烈的认同感,在新闻和舆论的功能、报刊文体、报刊的编辑出版、舆论的生成和演变等方面形成自己的观点和认识,并在投身新闻界之初即以此作为从事新闻活动的基本理念。

通常而言,新闻思想和舆论思想是不可割裂的一个整体,但由于林语堂撰写《中国新闻舆论史》一书只专门对舆论进行了研究,因此为了便于叙述,本书将其新闻思想和舆论思想分为两个部分进行论述:新闻思想部分主要探讨林语堂在办刊实践中对新闻的功能、报刊文体、报刊编辑和经营的思考和总结;舆论思想部分则重点探讨《中国新闻舆论史》中林语堂对舆论的生成和演变、舆论的特征等的认识。

第一节 林语堂新闻思想的主要内容

林语堂的新闻思想主要来源于自身在20世纪二三十年代丰富的新闻实践经历,他一方面积极汲取和借鉴西方的新闻理念,一方面认真思考和总结自己在新闻实践过程中的经验和心得,对新闻的功能、报刊文体、报刊的编辑和经营等问题提出了自己的观点和看法。这些新闻理念和观点不仅对当时的新闻业产生了积极影响,对于今天的我们也具有重要的指导意义。

一、关于新闻功能的思想

林语堂认为理想中的新闻业是能享有新闻自由(a free press),使新闻业成为公众的耳目喉舌(an organ of public information and opinion),影响社会和政治事件的进程,并把享有新闻自由作为衡量新闻业成败的标准。① 他还指出新闻业的正当功能(the legitimate aim of a press)应是两个:一是向公众传播信息(inform the public),二是为国家的进步引导舆论(guide public opinion for the betterment of the state)。② 这是林语堂在借鉴和参考了西方的新闻事业后提出的观点,但在他看来,中国的新闻业在实践这些功能方面显然要远远落后于西方国家,还有很长的一段路要走。同时,林语堂也认为新闻业的力量不容忽视,1966 年他在台湾新闻界大会发表演讲时说:"报界就是舆论的机关,可以代表舆论,左右政治,是文明社会上一种大力量。虽然天天可印发几百万言,明日都塞进字纸篓去,但影响国人的思想甚深。"③

林语堂的新闻功能思想既包含了对新闻事业应肩负的社会责任的要求,又包含了对新闻工作者职业道德与素养的要求,因此它既是林语堂对民国时期中国新闻业的美好期望,又是他从事新闻活动的重要指导思想,与他所处的时代、环境及新闻实践经历紧密相连。在不同的历史时期,因时代环境、个人心境和实践内容等的变化,林语堂对新闻业功能的认识有所不同。

(一)"语丝"时期:报刊应发挥"言论救国"的功能

林语堂刚踏入新闻界时,新文化运动正进行得如火如荼,面对帝国主义的侵略步伐和军阀的黑暗统治,先进知识分子和报人纷纷以报刊为武器进行"民主"和"科学"思想的启蒙,批判封建复古思想,以文人论政的方式寻求救国途径。受此大环境的影响,林语堂对新闻业(主要是报刊)功能的认识主要包括如下几方面内容。

---

① Lin Yutang:A History of the Press and Public Opinion in China;Chicago:The University of Chicago Press,1936,P1.

② Lin Yutang:A History of the Press and Public Opinion in China;Chicago:The University of Chicago Press,1936,P6.

③ 林语堂:《谈新闻事业与现代社会》,《无所不谈合集》,见《林语堂名著全集》第十六卷,长春:东北师范大学出版社,1994 年,第 482 页。

1. 报刊应该被允许自由地讨论国事,承担起"言论救国"的责任

"语丝"时期林语堂一直是反对"勿谈政治"的,他认为"在国家最危急之际,不许人讲政治,使人民与政府共同自由讨论国事……是取亡之兆。因为一国决不是政府所单独救得起来的。救国责任既应使政府与人民共负之,要人民共负救国之责,便须与人民共谋救亡之策"①。而要实现"共谋救亡之策",报刊是重要的渠道和平台,具有不可推卸的责任,因此对政府而言,"言论应该开放些、自由些,民权应当尊重些"②,从而使报刊更好地发挥"救国"的作用。

2. 报刊应该自由地批评政府,实现舆论监督的目的

林语堂认为,"在任何时代,中国的政府里头的血亏、胃滞、精神衰弱、骨节酸软多愁善病者,总比任何其他人类团体多"③,也"比世界任何政府中较多闭结……脑汁糊涂的人物"④,因此要给中国的政府治病,"批评"是最有效的办法。在给"寰球中国学生会"⑤做的演讲中他说,批评对于现代社会发展而言是"唯一的促动力",具有神圣的职务,因为"旧的文化不会自然消灭,新的文化不会自然产生。要使旧的消灭,新的产生,都非靠我们批评的智力不可"。⑥西方的风俗制度之所以有较强的改进能力,是因为"西方文明是批评的文明的缘故"⑦。因此"言论界,依中国今日此刻此地情形,非有些土匪傻子来说话(批评)不可"⑧。在这样的观念指导下,"语丝"时期的林语堂可以说是个尽心尽职的"政府批评者"。

---

① 林语堂:《临别赠言》,《宇宙风》第 25 期,1936 年 9 月 16 日。
② 林语堂:《临别赠言》,《宇宙风》第 25 期,1936 年 9 月 16 日。
③ 林语堂:《论政治病》,《行素集》,见《林语堂名著全集》第十四卷,长春:东北师范大学出版社,1994 年,第 27 页。
④ 林语堂:《论政治病》,《行素集》,见《林语堂名著全集》第十四卷,长春:东北师范大学出版社,1994 年,第 29 页。
⑤ "寰球中国学生会"是复旦大学前校长李登辉在上海发起创办的中国最早的留学生中介机构之一,曾积极参加五四运动,拉开上海五四运动的序幕。为推进反帝爱国运动,开设过一系列讲座,邀请中外名人发表演说,例如孙中山先生也曾被邀请发表过演说。
⑥ 林语堂:《论现代批评的职务》,《大荒集》,见《林语堂名著全集》第十三卷,长春:东北师范大学出版社,1994 年,第 122 - 123 页。
⑦ 林语堂:《论现代批评的职务》,《大荒集》,见《林语堂名著全集》第十三卷,长春:东北师范大学出版社,1994 年,第 124 页。
⑧ 林语堂:《祝土匪》,《翦拂集》,见《林语堂名著全集》第十三卷,长春:东北师范大学出版社,1994 年,第 6 页。

3. 报刊应该报道和传播真理，唤醒国民

林语堂曾说："小报野人之言也。大报失言论之责，故小报应运而生。……读者弃大报而阅小报，原亦无非欲避令人昏昏欲睡之社论，而搔着痒处而已。"① 林语堂所谓的"大报失言论之责"，主要指大报不能客观报道事实真相，所以反映各种"民声"、敢说真话（搔着读者"痒处"）的小报大量出现。在《语丝》创办之初林语堂曾主张"要打破'学者尊严'的脸孔"②，因为"不敢为真理而忘其脸孔者则终必为脸孔而忘记真理"③，"真理"与学者的脸孔经常是冲突的。报刊应少对大人物作揖叩头，放下形势观望、两面讨好，少发折中的意见，大胆把"非说不可的话"有"诚意的表现出来"。④ 只有这样，才能"唤醒民众作独立的有团结的战争"⑤。林语堂认为：由于严苛的新闻检查制度，作者和编辑在对政府的批评上不断退缩，但历史上中国的期刊已经对中国社会和知识界的觉醒产生了深远的影响，这种影响已经深入社会的每个角落和各行各业。伴随着中国觉醒历史的，是几份刊物和几位杰出报人的历史。甚至连中华民国的诞生，也是在东京和其他海外城市出版的几份报刊笔战的结果。这些报刊和报人在辛亥革命、新文化运动和国民革命中通过时效性强、只有短暂生命的文章为时代大方向和当代思潮的形成作出了贡献。⑥

（二）"论语"时期：报刊在批评之外也应提供消遣

"论语"时期的林语堂思想经历了比较大的转折和变化，在国民党政府施行文化高压政策的现实背景下，他既认为报刊应该在"世道日微，人心日危"的情况下"聊抒愚见，以贡献于社会国家"⑦，对于"我们所爱护的，要尽量批评

---

① 林语堂：《为蚊报辩》，《披荆集》，见《林语堂名著全集》第十四卷，长春：东北师范大学出版社，1994年，第212页。

② 林语堂：《论语丝文体》，《翦拂集》，见《林语堂名著全集》第十三卷，长春：东北师范大学出版社，1994年，第50页。

③ 林语堂：《祝土匪》，《翦拂集》，见《林语堂名著全集》第十三卷，长春：东北师范大学出版社，1994年，第7页。

④ 林语堂：《论骂人之难》，《国民新报副刊》，1925年12月19日。

⑤ 林语堂：《丁在君的高调》，《翦拂集》，见《林语堂名著全集》第十三卷，长春：东北师范大学出版社，1994年，第20页。

⑥ Lin Yutang: A History of the Press and Public Opinion in China；Chicago：The University of Chicago Press，1936，P164-165。

⑦ 《缘起》，《论语》第1期，1932年9月16日。

（如我们的祖国）"①，又认为报刊应该服务于大众，传播知识，提供消遣和娱乐，提倡报刊内容的通俗化、大众化和趣味性。

最能体现林语堂这一思想的是他于1935年9月发表在《宇宙风》创刊号上的《无花蔷薇》一文。他说："有花有刺的蔷薇，人皆乐为种植，偶然被刺，皮破血流，总因爱其花之美丽而怜惜之。惟有无花的蔷薇，满枝是刺，虽然也有雄赳赳革命之势，且刺伤人时旁人可以顾而乐之，但因终究不见开花，看刺到底不能过瘾，结果必连根带干拔而除之。因为无花有刺之花，在生物学上实属谬种，且必元气不足也。在一人作品，如鲁迅先生讽刺的好的文章，虽然'无花'也很可看。但办杂志不同。杂志，也可有花，也可有刺，但单叫人看刺是不行的。虽然肆口谩骂，也可助其一时销路，而且人类何以有此坏根性，喜欢看旁人刺伤，使我不可解，但是普通人刺看完之后，也要看看所开之花怎样。到底世上看花人多，看刺人少，所以有刺无花之刊物终必灭亡。我这样讲，虽然我不是赞成有花无刺之蔷薇。"②

把报刊比喻成"蔷薇"，林语堂不是第一人，早在1926年鲁迅就先后在《语丝》上发表《无花的蔷薇》《无花的蔷薇之二》《无花的蔷薇之三》和《新的蔷薇——然而还是无花的》等文章。③ 他在第一篇《无花的蔷薇》中引用叔本华的话提出"无刺的蔷薇是没有的"④，暗指报刊应该肩负批评之责，针砭时弊。"语丝"时期林语堂完全赞同鲁迅的"无花蔷薇"论，但是随着国内政治局势和新闻界环境的变化，他对报刊的功能有了新的认识。他借用鲁迅"刺"与"花"的比喻，提出报刊除了发挥"刺"的功能外也应发挥"花"的功能，因为"花树开花，乃花之性"，"拂其性禁之开花，则花死"，⑤指出"有花有刺的蔷薇"才符合自然发展规律，才能长久地生存下去。

笔者认为林语堂的"花刺合一论"实质上强调了报刊应与受众的实际需求相贴近，具体包含了四层意思。

---

① 《论语社同人戒条》，《论语》第2期，1932年10月1日。
② 林语堂：《无花蔷薇》，《宇宙风》第1期，1935年9月16日。
③ 这些文章均收入《华盖集续编》，《鲁迅全集》第三卷，北京：人民文学出版社，1956年。
④ 鲁迅：《无花的蔷薇》，《语丝》第69期，1926年3月8日。见《华盖集续编》，《鲁迅全集》第三卷，北京：人民文学出版社，1956年，第182页。
⑤ 林语堂：《孤崖一枝花》，《宇宙风》第1期，1935年9月16日。

1. 报刊应为大众行使舆论监督之职

尽管林语堂认为"有刺无花之刊物终必灭亡",但他也不赞成"有花无刺"之蔷薇,认为大众对"刺"也有需求。换句话说,即使在大力提倡"幽默与闲适"的时候,林语堂也没有否认报刊具有批评和舆论监督之责,认为"刺"的存在可以帮助大众了解清楚外部世界正在发生些什么。1935 年 12 月 9 日"一二·九"运动发生后,他将外媒《字林西报》和《大陆报》对北平学生运动的报道翻译发表在《宇宙风》上,揭露北平军警用军刀砍打学生的事实,并斥责政府"若要人不知,除非己莫为"①。1936 年华北走私猖獗,给国家造成巨大损失,而国内大报对此事的报道却寥寥数语没有切中要害,林语堂在《宇宙风》上气愤地指责:"遇到这种国家命脉关头,还是托词保全邦交金口不言的时候么?果真说说,指正邻国的得失,难道报馆就封闭不成?上海外报大吹大擂,登刊照片,而中文报纸,不但没有有力的评论,没有特约通信,就是人家有了通信,也是过两三天,才翻译出来,藏在第几第几张地位,连中央通信海关当局报告这样重要文件也不加编辑,照例转载,列入'本埠新闻',直至事情闹到国外去,才有列入第一版或评前地位的资格。难道民智日开,舆论日益颓丧,是合理的现状么?"②这样的评论,我们仿佛又看到了那个"浮躁凌厉"的北大教授林语堂。

2. 报刊应服务大众,满足大众的需求

林语堂认为偶尔有些负面消极的"刺"给予大众警示是必要的,但如果一直只看这些"刺"大众会受不了,因为"到底世上看花人多,看刺人少"。所以报刊要取得长足发展,服务于政治需求固然重要,但更重要的是为普通大众服务,反映和满足大众的需求。这一观点在今天看来仍是具有现实指导意义的。在《所望于〈申报〉》一文中,林语堂表达了类似的观点,他说像《申报》这样的大报对国家的贡献应"不在政治上,而在普通社会上努力",应反映"国内时下文化之程度及读者之精神上需要",并"应时代之转变及读者之好恶而时时演化"。③ 有了这层认识,林语堂在新闻实践中始终把满足大众的需求作为首要的办刊目标,坚持以读者为中心,尊重读者。正因为如此,他创办的刊物每一本都很畅销,极受市场的欢迎。

---

① 林语堂:《外人之旁观者》,《宇宙风》第 9 期,1936 年 1 月 16 日。
② 林语堂:《〈字林西报〉评走私》,《宇宙风》第 18 期,1936 年 6 月 1 日。
③ 林语堂:《所望于〈申报〉》,《宇宙风》第 3 期,1935 年 10 月 16 日。

3. 报刊应传播知识,指导大众生活

这是林语堂主张的"有花蔷薇"功能之一。"读书的大众,将要为了解决个人与社会的幸福问题,必然在生活紧张的余暇,加紧找寻指示自己与社会前途的简明读物"①,这时通俗的大众读物将成为他们获取知识和信息的主要途径。林语堂在办刊过程中很快意识到这一点,办至《人间世》《宇宙风》便开始大力倡导杂志要提供给大众"开卷有益,掩卷有味"的作品,"使专门知识与人生相衔接"②,指导大众生活。在内容选择上,他兼蓄并收地吸纳不同类型作者的作品,题材涵盖政治、经济、文化、教育、生活的方方面面,以满足大众对获取知识和信息的多样化需求。

4. 报刊应提供娱乐,给予大众消遣

这是"有花蔷薇"的功能之二。林语堂认为"嬉笑是健全的象征",只要人们明白了幽默对于生活的重要性,"言论不会这样的空疏,滑稽不会这样的荒唐,诗词不会这样的悲郁,文章不会这样的呻吟,士气不会这样的懦弱,道德不会这样的虚伪,风俗不会这样的浇漓,生活不会这样的干燥"③。根据林语堂的观点,一个健全发展的社会是需要"嬉笑"发挥作用的,报刊在为大众提供嬉笑与休闲方面具有不可推卸的责任。但当时的杂志在这方面却显然做得不够,他说:"有些人是极想看看刊物以消闲的,但翻开杂志,满纸底的底的,弄得眼花缭乱口难言,只得废然掩卷。"④所以他提出报刊必须少一些打倒拥护之类的高谈阔论,多一些有趣味有意思的议论记述,满足大众在压抑的社会里对消遣和娱乐的消费需求,并在创办《论语》《人间世》和《宇宙风》等刊物的过程中努力实践这一主张。事实证明,林语堂的这一观点是有远见的,这些刊物都因为幽默与闲适的风格受到了大众的喜爱。

(三)海外时期⑤:新闻事业是把"双刃剑"

纵观林语堂的新闻实践历程,从 1936 年出国直至晚年定居台湾,他从事

---

① 傅逸生:《中国出版界到何处去?》,《现代》第 6 卷第 2 期,1935 年 3 月。
② 林语堂:《且说本刊》,《宇宙风》第 1 期,1935 年 9 月 16 日。
③ 林语堂:《〈笨拙〉记者受封》,《披荆集》,见《林语堂名著全集》第十四卷,长春:东北师范大学出版社,1994 年,第 162 页。
④ 林语堂:《编辑后记》,《宇宙风》第 1 期,1935 年 9 月 16 日。
⑤ 此处"海外时期"指林语堂离开大陆到美国定居,再到台湾定居直至去世这段时间。

的新闻活动并不多,主要以文学创作和文化交流为主,但丰富的人生阅历加上传媒业的飞速发展,使他对新闻业有了更为深刻的认识。这时期最能反映林语堂新闻思想的是他抗战时期在海外进行的宣传实践以及1965—1967年在台湾"中央社"开辟的《无所不谈》专栏。总体而言,海外时期的林语堂对新闻社会功能的认识相比"语丝"和"论语"时期,更为理性和全面,他既看到了新闻业在引导舆论、推动社会进步方面的正面作用,也看到了它对人和社会产生的负面影响。

1. 新闻业应发挥宣传功能,引导社会舆论

新闻业通过"宣传"形成和引导社会舆论,从而影响、改变、控制人们的思想和行为,这是我们现在对新闻宣传功能的认识。在《中国新闻舆论史》一书中,林语堂依据华北地区新闻封锁事件造成的后果提出:没有任何一个民族是可以被征服的,除非它的新闻业首先被禁止发出声音。在国家与民族的生死存亡之际,新闻界应该担负起宣传之责,通过引导社会舆论整合各界资源,团结一切力量,为抵御外敌做准备。① 然而现实却令人大失所望,抗战爆发前中国政府"不惜实行最严格的新闻检查并严格禁止示威游行以压制反日情绪"②,抗战爆发后中国在美国的官方宣传也"微乎其微"。③ 他认为当时受到压制的舆论就像一个沸腾的锅炉,里面翻滚着对日本入侵的憎恶和仇恨,只有少量蒸气从紧扣着的锅炉的铁盖下冒出来。可这个压抑的锅炉一旦爆炸,就会迸发出原子能一般的巨大能量。④ 他也坚信中国在美国的抗日宣传将有助于获得国际社会的理解和支持。1936年到美国后,他以民族斗士的姿态实践自己的宣传主张,在美国各大媒体上积极发表文章宣传抗日,用实际行动证明了新闻宣传的威力。

2. 新闻业应发挥教育功能,推动文化进步

在"语丝"和"论语"时期,林语堂提出报刊应肩负开启民智、传播知识之

---

① Lin Yutang: A History of the Press and Public Opinion in China; Chicago: The University of Chicago Press, 1936, P177.

② 林语堂著,郝志东、沈益洪译:《为什么日本必败》,《中国人》,上海:学林出版社,1994年,第360-361页。

③ 林语堂:《论东西文化与心理建设》,1943年10月24日在中央大学的演讲稿。最早发表于《大公报》,后发表于《天下文章》第2卷第4期,1944年11月。

④ Lin Yutang: A History of the Press and Public Opinion in China; Chicago: The University of Chicago Press, 1936, P137.

职,发挥其教育功能。到海外定居后因为长期从事文化交流活动,他深切地认识到新闻业对提升国民的文化素养、推动文化进步的重要性,认为新闻业应该通过弘扬与倡导的"教育方式"为社会文化的传承和发展做出贡献。他在"中央社"开辟《无所不谈》专栏,论情,论趣,论利,谈识字,谈读书,谈做人,用"成熟的思想家的思想"和"洞悉人情世态的智慧","表达他有深厚的有根据的见解与确切与健全的主张",①这些见解与主张大多是在传递一种优良的文化传统,倡导一种文明的社会礼仪和生活方式,从而起到教化作用。例如在《论趣》中,他说:"有一种知其然而不知其所以然的行为动机,叫做趣。……名、利、色、权都可以把人弄得神魂不定。只这趣字,是有益身心的"②,建议人们在生活中应该多多培养自己的"趣"。在《说诚与伪》一文中,他指出诚信的重要性:一个开明的社会,个人之尊严,女子之地位,人生之欲望,父子之关系,男女的关系,要与孔孟之道相融,关键在一"诚"字,诚便是真,即做文做人,皆要"去伪崇真"。③ 除此之外,他也认为新闻业是推动文化进步的重要力量。对于台湾报业协会推行常用字他曾评价说:"整理及推行常用字是一件可行而应当极力推行的事,由报界同人努力推行是最有效的方法。"④为什么? 因为报界有渠道,有资源,有影响力,所以他认为这类运动如果由报界同人提倡和推行,"实在可行,并且是中国文化上一件划时代的工作"⑤。

3. 新闻业也具有负面效应,要警惕对待

林语堂虽然肯定了新闻业在引导社会舆论和推动文化进步方面的作用,但也清醒地意识到事物都有两面性,新闻业也会成为"左右舆论""欺骗宣传""攻击个人"的工具。他说:"一人的毁誉,常靠这些大众传播工具,包括电视广播。看报的人多于看杂志的人,看杂志的人又多于看书的人,政府很重视,而报界同人也深知他们的地位足以影响人心的重要,今日西方国

---

① 徐訏:《追思林语堂先生》,见子通主编:《林语堂评说70年》,北京:中国华侨出版社,2003年,第141页。

② 林语堂:《论趣》,《无所不谈合集》,见《林语堂名著全集》第十六卷,长春:东北师范大学出版社,1994年,第37页。

③ 林语堂:《说诚与伪》,《无所不谈合集》,见《林语堂名著全集》第十六卷,长春:东北师范大学出版社,1994年,第17-18页。

④ 林语堂:《中国报业协会推行常用字运动》,《无所不谈合集》,见《林语堂名著全集》第十六卷,长春:东北师范大学出版社,1994年,第175页。

⑤ 林语堂:《中国报业协会推行常用字运动》,《无所不谈合集》,见《林语堂名著全集》第十六卷,长春:东北师范大学出版社,1994年,第176页。

家,常靠专家,制造某人某女士的印象,叫做 Image 或 Public image。如 Marylin Monroe,是以月份牌一张裸体照起家的。但是专家可以制造大众对于她的印象,或好或坏,专家极力宣传她孤苦零丁的幼年生活,于是引起大众的同情,而更加欣赏她的裸体。"①在这段话中,林语堂认为新闻业可以通过人为地制造"形象"来左右人们对人、事、物的看法,即使一个人在真实世界中是个好人,可是如果大众媒体持续地说他的坏话,把他塑造成一个坏人,公众就会认为这是一个坏人,该人的名誉就此被毁,反之亦然。这说的其实就是现代公共关系中的形象塑造理论。他还举例说:"尼克松与甘乃迪竞选总统时,初次在电视上公开辩论,不知何故,尼克松也许刮脸没刮好,或不肯擦美容的黄膏,也许管镜头的人有意与他恶作剧。在这种极微细的地方,把尼克松的面相仪表变质,观众对尼克松的'印象'就改了。"②为了清楚说明这个道理,他还描述了把一个"完全不会游泳的人"塑造成一个"打破世界纪录的游泳健将"的过程:只需拍他入水和出水时的特写镜头,中间再找一个游泳健将替身完成游泳动作即可。③

对于报刊和电视可以人为制造出虚幻的假象,林语堂表现出了深深的担忧:"报纸可成舆论的权威,也可成欺骗宣传的工具","也可成为攻击个人,植党营私的武器",并指出:"记者以一根笔,可以作为欺人的工具,而读者也可成为'阿木铃',由记者随意摆布",因此"在水准较高的社会,一面要记者负责,一面要读者有鉴赏分辨的能力"。④他建议无论是记者、编辑还是读者都要提高自己的素养,报刊记者和编辑要提高职业素养,对发布的信息负责,"为国家立想,为天地存心"⑤;读者则要具有媒介素养,提高对信息的鉴赏和分辨能力,以防受骗。

---

① 林语堂:《谈新闻事业与现代社会》,《无所不谈合集》,见《林语堂名著全集》第十六卷,长春:东北师范大学出版社,1994年,第482页。
② 林语堂:《谈新闻事业与现代社会》,《无所不谈合集》,见《林语堂名著全集》第十六卷,长春:东北师范大学出版社,1994年,第482-483页。
③ 林语堂:《谈新闻事业与现代社会》,《无所不谈合集》,见《林语堂名著全集》第十六卷,长春:东北师范大学出版社,1994年,第483-485页。
④ 林语堂:《谈新闻事业与现代社会》,《无所不谈合集》,见《林语堂名著全集》第十六卷,长春:东北师范大学出版社,1994年,第483页。
⑤ 林语堂:《谈新闻事业与现代社会》,《无所不谈合集》,见《林语堂名著全集》第十六卷,长春:东北师范大学出版社,1994年,第485页。

二、关于报刊文体的思想

林语堂的报刊文体思想大约形成于创办《人间世》和《宇宙风》这两份刊物期间。围绕报刊文体的笔调、体裁等,他发表《论小品文笔调》《小品文之遗绪》《再谈小品文之遗绪》《且说本刊》《〈宇宙风〉》《中国杂志的缺点——〈西风〉发刊词》《与又文先生论〈逸经〉》等文章阐述了对报刊文体的看法和主张。

(一)林语堂的报刊文体演变观

林语堂曾说:"《新民丛报》出,文体一变。《新青年》出,文体又一变。'语体欧化'的口号出,文体又一变。他她它叫到头痛,的底地滴得搂鼻涕。今日文体还在变,将来还要变,为什么呢?因为时代使然。我们明白这时代的转变,就知道将来的文字非更加普遍化不可。"①这段话传递出林语堂对报刊文体的两个认识。

第一,报刊文体依托报刊的发展演变而变化。近代以来,随着报刊的发展和演变,报刊文体也在发生着变化。林语堂认为要开创一种新的文体,首先就要创办一份报刊,依托报刊推动新文体的形成和发展。这个认知为林语堂找到了开创新文体的方法。他创办《人间世》宗旨明确,就是为了"提倡小品文笔调",提倡"特写";②创办《宇宙风》则是进一步推进这种新文体的形成:"以畅谈人生为主旨","议论则主通俗清新,记述则取夹叙夹议"。③

这里我们不妨分析一下林语堂提到的文体之变。林语堂说的《新民丛报》创刊后出现的文体即"新民体",由梁启超所创。1896年梁启超在上海创办《时务报》,开创了"时务文体",其文"平易畅达,时杂以俚语,韵语,及外国语法,纵笔所至不检束。学者竞效之,号新文体。老辈则痛恨,诋为野狐。然其文条理明晰,笔锋常带情感,对于读者,别有一种魔力焉"。④《新民丛报》时期的"新民体"基本上延续了梁早期的"时务体"风格。因此,林语堂所谓的"文体一变",准确来说应该是指由桐城派古文体过渡到通俗浅显的时务体。这一文

---

① 林语堂:《谈文体之变——为〈自由谈〉二十年纪念而作》,《无所不谈合集》,见《林语堂名著全集》第十六卷,长春:东北师范大学出版社,1994年,第219页。
② 林语堂:《关于本刊》,《人间世》第14期,1934年10月20日。
③ 林语堂:《且说本刊》,《宇宙风》第1期,1935年9月16日。
④ 梁启超:《清代学术概论》,上海:上海古籍出版社,1998年,第85页。

体变化他在《中国新闻舆论史》中也有提及：梁启超使中国的散文从古文法僵化的束缚中解放出来，并通过吸收西方术语使之成为能够表达现代思想的自由灵活的媒介。① 但梁启超也不是最早提出古文体改革的。1874 年王韬在香港创办《循环日报》，开创政论报刊文体时就提出："知文章所贵，在乎纪事述情，直抒胸臆。俾人人知其命意之所在，而一如我怀之所欲吐，斯即佳文。"② 白瑞华评价其文体"文风优雅洗练，没有深奥晦涩、矫揉造作的弊病"③。

　　林语堂所谓的"文体又一变"，指的是由文言文过渡到五四新文化运动时期《新青年》杂志提倡的白话文体。1915 年《新青年》创刊，陈独秀、李大钊、胡适等人大力提倡文学革命和白话文运动。一时间报刊纷纷由文言文转为用白话写作，报刊文体随之变成白话文体。在这场提倡白话文的运动中，傅斯年于 1919 年 2 月首先在《新潮》杂志上提出了"要是想成独到的白话文"，唯有"使国语欧化"，④"理想的白话文"即"欧化的白话文"⑤的"语体欧化"口号，随后陆续得到了胡适、陈独秀、鲁迅等人的支持。林语堂一开始是支持白话文的，但他慢慢发现"白话之噜苏"⑥，"好在谨严，不善用之"⑦，所以对于过分推崇"语体欧化"持反对意见。他在《说孽相》一文中介绍了当时"提倡语体欧化的环境"："那时我办《论语》《人间世》，……陈子展提倡'大众语'，鲁迅提倡'语体欧化'，怪相真多。仿佛必要推翻什么，打倒什么，才够劲儿。那时，左派仁兄霸占了出版界，同流者互相标榜，反对者百犬吠声，青年作家若不是同路人就不能立足。"⑧"那时"正是《人间世》与陈望道、鲁迅等人的《太白》大打擂台的时

---

　　① Lin Yutang：A History of the Press and Public Opinion in China；Chicago：The University of Chicago Press，1936，P127.
　　② 王韬：《弢园文录外编》，上海：上海书店出版社，2002 年，第 1 页。
　　③ ［美］白瑞华著，苏世军译：《中国近代报刊史（1800—1912）》，北京：中央编译出版社，2013 年，第 61 页。
　　④ 傅斯年：《怎样做白话文》，《新潮》第 1 卷第 2 号，1919 年 2 月 1 日。见欧阳哲生主编：《傅斯年全集》第一卷，长沙：湖南教育出版社，2000 年，第 131－132 页。
　　⑤ 傅斯年：《怎样做白话文》，《新潮》第 1 卷第 2 号，1919 年 2 月 1 日。见欧阳哲生主编：《傅斯年全集》第一卷，长沙：湖南教育出版社，2000 年，第 134 页。
　　⑥ 林语堂：《论语录体之用》，《披荆集》，见《林语堂名著全集》第十四卷，长春：东北师范大学出版社，1994 年，第 189 页。
　　⑦ 林语堂：《可憎的白话四六》，《披荆集》，见《林语堂名著全集》第十四卷，长春：东北师范大学出版社，1994 年，第 195 页。
　　⑧ 林语堂：《说孽相》，《无所不谈合集》，见《林语堂名著全集》第十六卷，长春：东北师范大学出版社，1994 年，第 212 页。

候。林语堂对"语体欧化"的批判在于认为语体欧化就是"掉洋腔,学洋人讲洋话","句子极力拉长",①"在词汇上多用新名词,在句法上多用子母句相系而成之长句。此种句法,半系随科学而来,谓之科学化亦无不可,因非如此结构缜密之句法,不足以曲达作者分辨入微之意"②。但他同时认为不是长句就是好的,"无论中西,行文贵用字恰当。用字得当,多寡不拘,用字不当,虽句法冗长,仍不达意,不得以摩登文体为护身符,而误以繁杂为谨严,以噜嗦为欧化也"③。相比"语体欧化",他提出"语录文体"更值得大力提倡。他的理由是:语录体"简练可如文言,质朴可如白话"④,既具有"本性既极具体"的白话优点又"加入文言之淡远字面","运用适中……与任何国文字媲美也"⑤,无论用于"说理,论辩,作书信,开字条",或是"为诗""用于政界""作书札",都比白话文更适宜,⑥在文体的发展过程中可作为"白话文言过渡之津梁"⑦。

历史上自时务文体之后,1904年在上海创刊的《时报》首开《时评》专栏,出现了短小精悍的评论时事的时评文体。五四时期随着报刊发展的更趋完善,新闻通讯与旅行记相结合,催生出杂文(文艺性评论)和报告文学这两种新的报刊文体。⑧ 林语堂认为随着时代和报刊的不断发展和变化,报刊的文体还会一直变化下去。

第二,报刊文体通俗化是时代发展的趋势。林语堂认为报刊文体之所以一直变化乃是时代发展的需求,为了适应时代发展的需要,报刊文体必定朝着文字愈加通俗化方向发展。这一认识是林语堂报刊文体思想的基础。我们可以从报刊文体的演进轨迹验证林语堂的这一观点。晚清以降,救亡图存的时

---

① 林语堂:《国语的将来》,《无所不谈合集》,见《林语堂名著全集》第十六卷,长春:东北师范大学出版社,1994年,第199页。

② 林语堂:《欧化语体》,见任重编:《文言、白话、大众话论战集》,《民国丛书第1编52》,上海:上海书店,1934年,第8页。

③ 林语堂:《谈郑译〈瞬息京华〉》,《宇宙风》(甲刊)第113期,1942年4月。

④ 林语堂:《论语录体之用》,《披荆集》,见《林语堂名著全集》第十四卷,长春:东北师范大学出版社,1994年,第189页。

⑤ 林语堂:《怎样洗炼白话入文》,《拾遗集》(下),见《林语堂名著全集》第十八卷,长春:东北师范大学出版社,1994年,第65页。

⑥ 林语堂:《论语录体之用》,《披荆集》,见《林语堂名著全集》第十四卷,长春:东北师范大学出版社,1994年,第189-191页。

⑦ 林语堂:《论语录体之用》,《披荆集》,见《林语堂名著全集》第十四卷,长春:东北师范大学出版社,1994年,第192页。

⑧ 马永强:《近代报刊文体的演变与新文学》,《晋阳学刊》2000年第2期。

代需求要求报刊"创造一种'明白晓畅,务期达意','适用于今,通行于俗',使'天下之农工商贾,妇女幼稚皆能通文字之用'的新文体"①以唤醒民众,开启民智。于是出现了两种办报倾向:一种是专门针对粗识文字的妇孺及中下层劳动者实施文化普及和启蒙,报刊文体口语化特征较明显,追求通俗化;另一种是以士林、官僚群体为影响对象,结合时事阐发议论,诞生了王韬的政论文体、梁启超的"时务体"和"新民体"等新文体。② 这些新文体虽然仍用文言文写作,但不同于桐城派古文体的晦涩难懂,语言更晓畅通俗。到了五四新文化运动时期,语言被改造成为社会改良的主要工具,为了提高文学革命和白话文运动的实际效果,报刊都采用白话文写作,报刊文字实现了从文言文向白话文的转变,报刊文体的通俗化发展上了一个历史新台阶。20 世纪 30 年代,陈望道、陈子展、胡适等人在上海发起"大众语运动",反对南京国民政府提出的文言复兴主张,③提出要根据大众的实际需求进行文体改革,要求五四以来"半文半白"的白话文写作更接近大众口语,即使用"大众说得出,听得懂,写得来,看得下"④的大众语言进行报刊写作。根据这个演进规律,林语堂认为:随着阅读的公众越来越多,阅读不再仅限于少数学者的特权,杂志文章的风格必须朝着更加通俗易懂的方向发展。我们必须使哲学从天上落到地面,使普通大众都能理解。⑤ 他坚信利用报刊推进社会变革和提升国民素养是时代发展的新需求,因此报刊文体势必朝着文字"更加普遍化"方向发展,由此实现报刊的大众教育功能。

(二) 首创"风格咸淡"的文体——林氏"小品文"

为了推进报刊文体的通俗化发展,林语堂开创和弘扬了一种"咸淡"的报刊文体。他曾道"文章之有五味,亦犹饮食",不同的味道给人不同的感受,亦发挥不同的功能:嘲讽文章,"冷峭尖利,虽觉酸辣,令人兴奋";苦味文章,"大

---

① 黄遵宪:《日本国志·学术志》,1895 年刊行。转引自马永强:《近代报刊文体的演变与新文学》,《晋阳学刊》2000 年第 2 期。
② 马永强:《近代报刊文体的演变与新文学》,《晋阳学刊》2000 年第 2 期。
③ 陈望道:《谈大众语运动》,复旦大学语言研究室:《陈望道文集》第三卷,上海:上海人民出版社,1981 年,第 199 页。
④ 陈望道:《大众语论》,《文学》月刊第 3 卷第 2 期,1934 年 8 月 1 日。见复旦大学语言研究室:《陈望道文集》第三卷,上海:上海人民出版社,1981 年,第 88 页。
⑤ Lin Yutang: A History of the Press and Public Opinion in China; Chicago: The University of Chicago Press, 1936, P158.

刀阔斧,快人快语,虽然苦涩,常是药石之言";清甜文章,"其味隽永,读者只觉甘美,而无酸辣文章读了肚里不快之感";咸淡文章,言论"以浅显明白晓畅为主,可以读之不厌"。① 这五味文章中,酸甜苦辣皆是重味,或令人兴奋,或是药石之言,或只觉甘美,非人人喜好,即使喜欢,偶尔读读可以,但若一直读则令人生厌;而咸淡居"五味之正"②,就像饮食一样,不管男女老少都缺之不可,可以天天读而不厌。因此,林语堂在办刊过程中极力倡导这种"咸淡"的文体,并试图以此文体使期刊在读者中普及。西方有"小品文"和"学理文"之分,林语堂认为咸淡味的文体更接近于西方的小品文风格,因此在著述中统一将其称为"小品文"。

林语堂认为咸淡文体(小品文)的精髓在于笔调要"娓语"和"近情"。他说:"小品文应有四字,曰清、曰真、曰闲、曰实。清者,清新之意,不落窠臼,不拾牙慧。又与凝重,烦细相反而言,与学术论文相反。……真者,所抒由衷之言,所发必真知灼见的话。……闲者,闲情逸致之谓,即房中静娴,切切私语。……实者,充实饱满之谓,故言有尽而意无穷。必也,充实博厚,而能以平易言语出之。"③"清、真、闲、实"这四个字形象地道出了林氏小品文的特色。

1. "真、闲"的娓语笔调

林语堂在《八十自叙》中曾说:"我创出一种风格,这种风格的秘诀就是把读者引为知己,向他说真心话,就犹如对老朋友畅所欲言毫不避讳一样。所有我写的书都有这个特点,自有其魔力。这种风格能使读者跟自己接近。"④"这种风格"指的就是娓语笔调,它的提法源于西洋的"小品文",即西洋之"familiar style"⑤,因此所谓"小品文笔调"即娓语笔调。在林语堂的研究著述中,小品文笔调、个人笔调、言情笔调、闲适笔调、闲谈笔调、娓语笔调,虽然说法各不一样,但说的都是同一个意思。⑥

---

① 林语堂:《文章五味》,《披荆集》,见《林语堂名著全集》第十四卷,长春:东北师范大学出版社,1994年,第244页。

② 林语堂:《文章五味》,《披荆集》,见《林语堂名著全集》第十四卷,长春:东北师范大学出版社,1994年,第244页。

③ 林语堂:《看见碧姬芭杜的头发谈小品文》,《无所不谈合集》,见《林语堂名著全集》第十六卷,长春:东北师范大学出版社,1994年,第290-291页。

④ 林语堂著,张振玉译:《八十自叙》,见《林语堂名著全集》第十卷,长春:东北师范大学出版社,1994年,第303页。

⑤ 林语堂:《关于本刊》,《人间世》第14期,1934年10月20日。

⑥ 林语堂:《小品文之遗绪》,《人间世》第22期,1935年2月20日。

"familiar"有"亲切、熟悉"之意,林语堂认为娓语笔调就是"在谈话之中夹入闲情及个人思感","以抒怀为主,意思常缠绵,笔锋带情感,亦无所谓起合排比,只循思想自然之序,曲折回环,自成佳境","如在风雨之夕围炉谈天,善拉扯,带情感,亦庄亦谐,深入浅出,如与高僧谈禅,如与名士谈心,似连贯而未尝有痕迹,似散漫而未尝无伏线,欲罢不能,欲删不得,读其文如闻其声,听其语如见其人"①。简言之,它是一种亲切的、闲适的,犹如跟老朋友在一起谈天说地般的文字写作风格。

他大力提倡娓语笔调,原因之一在于其适用性强,"可以说理,可以抒情,可以描绘人物,可以评论时事"②。他认为当时的报刊界文体大多过于严肃和沉闷,"时评及时事记载今日都不见得有人用闲谈笔调写出"③,"新闻记载"都是"'陈仓暗渡''珠胎暗结'的老套",没有什么生动的描写,④而根据他对纽约《泰晤周刊》(Time Magazine)的观察,严谨的时事记载完全可以用轻松闲适的娓语笔调写出来,他说:"此刊数年前为大学毕业青年所创办,即以纯粹口语及闲谈笔调叙述国家大事及时闻。一用此笔调便有许多材料严重记载所以不能用者可以列入。同时持负责态度,求不失实,不似一般小报。《泰晤周报》风行一时,销路六十万,便是因为他的记载特别灵活,人家读得下去。"⑤因此,他建议娓语笔调"侵入通常议论文及报端社论之类"⑥,使中国新闻界过于严肃沉闷的现状得到改善。原因之二在于娓语笔调在行文上不受段落限制,可以长段论述,使文章读来更有韵味和气势。他说:"美国人行文好分短段,英国人行文好分长段(尤其是在报纸文字)。看看上海《字林西报》(英)及《大美晚报》社论便知,其实长段味道来得醇厚些,气势也较足些。娓语笔调,尽可拉拉扯扯,不分段纵笔直谈。谈得越有劲,段落越长。"⑦

2."清、实"的近情笔调

林语堂提倡的"近情"是相对"不近人情"而言。他说:"西洋杂志文早已做到(一)通俗,(二)有趣,(三)贴近人生问题(如'云之彩色从何而来','幸而

---

① 林语堂:《小品文之遗绪》,《人间世》第 22 期,1935 年 2 月 20 日。
② 林语堂:《论小品文笔调》,《人间世》第 6 期,1934 年 6 月 20 日。
③ 林语堂:《论小品文笔调》,《人间世》第 6 期,1934 年 6 月 20 日。
④ 林语堂:《与又文先生论〈逸经〉》,《逸经》第 1 期,1936 年 3 月 5 日。
⑤ 林语堂:《与又文先生论〈逸经〉》,《逸经》第 1 期,1936 年 3 月 5 日。
⑥ 林语堂:《论小品文笔调》,《人间世》第 6 期,1934 年 6 月 20 日。
⑦ 林语堂:《烟屑(五)》,《宇宙风》第 7 期,1935 年 12 月 16 日。

我未生男儿'等),即有高深题目,亦能写得雅俗共赏,博而能达,浅不伤雅,人人念得下去。中国一般杂志还是文人抄书的玩意,受了道统之遗毒,什么'动向''检讨''鸟瞰''趋势',一本二百页杂志,无一篇看得下去——我莫能名之,只称它为'不近人情的文字'。"①他所谓的"不近人情"主要指文人作者一副高高在上的道统家面孔,学者气太浓,行文卖弄,文章的架子、腔调太高,内容离读者太远,不考虑读者的接受兴趣。而他提倡近情笔调就是主张文章的腔调放低一点,不"蹈常袭故,摹仿咿唔"②,文章给人清新之感,"深入浅出"③,把高深的道理和哲学内容用通俗易懂、贴近读者情感的语言表达出来,使内容贴近读者的人生和生活。

他举了"轶事"的例子说明近情笔调的用法。受文言文束缚所致,中国的"轶事"仅仅记载十几行两三百字,读者看了往往不明白是什么样的一件事情。他建议:"与其于千百年后评古人某者'自知不明',某者'自信不笃',替古人做训育主任,还不如用心理学的知识与文学的技巧把他写成一段体贴入微的心理素描。以体会代武断,以心理代道学,譬如骂秦桧骂严嵩者多矣,但是谁曾写出秦桧的心理来?"④意思是与其拾人牙慧,不如用生动、具体的语言像讲故事一样把史事记载下来,让所有人都能看得明白。

林语堂提倡的近情笔调和娓语笔调一样,都要求文体风格轻松、亲切,与读者拉近距离。但两者的侧重点有所不同,娓语笔调强调作者的写作情感,要求真情流露,把读者看成老朋友一样娓娓而谈,侧重"真"和"闲";近情笔调则强调作者的遣词造句,要求清新通俗,把高深问题改造得让普通读者喜欢看、看得懂,侧重"清"和"实"。两者结合起来,就是林语堂开创的"咸淡"小品文体的特色。

(三) 力倡"特写、通信"文体

我们看当代新闻报道的体裁,一般有消息、深度报道、通讯和新闻特写四大类。受20世纪30年代西方杂志体裁的影响,林语堂认为报刊文体要实现通俗化发展,有两类体裁应大力提倡:一是特写,一是通信。

---

① 林语堂:《谈画报》,《良友画报》第107期,1935年7月15日。
② 林语堂:《再与陶亢德书》,《论语》第38期,1934年4月1日。
③ 林语堂:《看见碧姬芭杜的头发谈小品文》,《无所不谈合集》,见《林语堂名著全集》第十六卷,长春:东北师范大学出版社,1994年,第290-291页。
④ 林语堂:《与又文先生论〈逸经〉》,《逸经》第1期,1936年3月5日。

现代新闻特写是一种镜头般"再现"新闻事件、人物或场景的新闻体裁,以描写为主要表现手法,截取新闻事件中某个最能反映其特点或本质的片段、画面或细节进行形象化再现。跟现代新闻特写相比,林语堂提倡的"特写"范围要小一些,它更接近于文艺性特写,或称之为"报告文学"①,是介于新闻和散文之间的一种体裁,兼具新闻性和文学性。林语堂的特写概念来源于西洋杂志的"features"(特写),其"特征是材料须直接由现实社会去调查搜寻,然后组织成篇,或加以批评意见"②,强调特写的创作必须以实地调查为基础,以真实的社会与生活为写作素材。

最能体现林氏"特写"特色的是林语堂在《人间世》开设的《特写》专栏。他对该栏目寄予厚望,一度抱怨收到的稿件"大都题目太小,取材太烂",认为特写应该是"上乘记者之文章","受过记者之训练,善于访求材料","以现代生活为题材,加以精细的选择,系统的经营而做成","事实皆由系统的搜集而来,并含精细数目字,勿含糊糊,下笔千言"。③ 为此他列举了不少可做的选题以阐明特写的特点,例如"定县平民教育""商务之复兴""教科书之竞争""上海的大学""日本在关外经济侵略的方法""关外同胞之心理""曾国藩之后人""上海银行界与历来战争""上海的银行所为何事""故宫盗宝案始末记""招商轮船公司""广西之征兵制""几年来之监察院""几年来之考试院"等等。④ 这些选题几乎涵盖社会的方方面面,要做好,则无一例外需要作者深入现场展开调查以获取写作素材,这正是林语堂对"特写"体裁的基本要求。

林语堂提倡的"通信"即现代的通讯体裁,通常是抓住新近发生的典型事物、重要事件,从某一个侧面或角度进行写作。他认为"通信"可以驾驭多种题材且写法自由,因此赴美后发回刊载在《宇宙风》的文章大多以通信的体裁写作而成。⑤ 他说:"来美将近半年,留心事物,也颇不少,如美国文坛,杂志,妇女地位,物质文明,西人对中国态度,美国学堂等。每样题目,能稍得工夫,都

---

① 报告文学兴起于鸦片战争之后,五四运动时期在题材上和思想内容上取得巨大突破,20世纪30年代在文体和写作技巧上渐趋成熟。曹聚仁认为,到了1932年淞沪战役以后,"报告文学"这一体制开始在文人的笔下和口头出现。见曹聚仁:《报告文学》,《文坛五十年》,北京:生活·读书·新知三联书店,2010年,第282页。
② 林语堂:《关于本刊》,《人间世》第14期,1934年10月20日。
③ 编者:《我们的希望》,《人间世》第22期,1935年2月20日。
④ 编者:《我们的希望》,《人间世》第22期,1935年2月20日。
⑤ 林语堂:《课儿小记》,《宇宙风》第31期,1936年12月16日。

可写成专篇,而为环境所限,只好借通信的自由体裁,拉杂谈谈。"①

但虽体裁自由可以拉杂而谈,要写好通信却颇不容易。林语堂说:"通信正如谈话,本可成为艺术,然须具有风格,娓娓谈来,始臻妙景,写为艺术,却也真不容易。在中国文字,我于京话仅见之。"②《京话》是《论语》半月刊的专栏之一,林语堂称之为"南京通信"③,刊载的文章以20世纪30年代南京官场百态和社会世相为题材④,"所谈的多关于南京市政,清洁运动,及要人的举止言行,或偶有可采的惊人语句"⑤。《京话》的作者是王漱芳,时任南京国民政府秘书长及监察院参事等职,可能是为了避人耳目,他在《京话》上一直以太太的名字"姚颖"署名,所以有段时间连林语堂也以为给《京话》写专栏的是姚颖女士。

从《京话》这一"南京通信"来看,林语堂提倡的通信体裁一般为纪实性通信,内容十分丰富,有的以报道南京的市政要人为主,比如《论林主席微服购物及其他》⑥,对林主席的活动和言论进行了报道和评论;有的以报道和揭露南京市政官场内幕为主,比如《立法院议授勋》⑦,揭露和报道了立法院讨论颁给勋章条例的内幕和趣闻;有的以报道某个新闻事件为主,比如《运动的十月》⑧,全面详细地报道了在南京举办的全国运动会的情况;有的以反映地方的风土人情为主,比如《水深火热中的南京》⑨,描述南京的夏天同时遭受酷热和洪水的现象;等等。在文章的笔调上,文风轻松自然,语言生动有趣,继承了《论语》的幽默讽刺风格,或幽默,或调侃,或讽刺,或发表热议,但都使用了非常通俗化的语言,很受读者的欢迎。林语堂曾评价说:"当时《论语》半月刊最出色的专栏就是《京话》,编辑室中的人及一般读者看到她的文章总是眉飞色

---

① 林语堂:《自由并没死》,《宇宙风》第43期,1937年6月16日。
② 林语堂:《自由并没死》,《宇宙风》第43期,1937年6月16日。
③ 林语堂:《姚颖女士说大暑养生》,《无所不谈合集》,见《林语堂名著全集》第十六卷,长春:东北师范大学出版社,1994年,第292页。
④ 上海书店出版社:《出版说明》,见姚颖:《京话》(民国史料笔记丛刊),上海:上海书店出版社,2000年,第2页。
⑤ 林语堂:《姚颖女士说大暑养生》,《无所不谈合集》,见《林语堂名著全集》第十六卷,长春:东北师范大学出版社,1994年,第292页。
⑥ 《论语》第16期《京话》栏,1933年5月1日。
⑦ 《论语》第31期《京话》栏,1933年12月16日。
⑧ 《论语》第28期《京话》栏,1933年11月1日。
⑨ 《论语》第22期《京话》栏,1933年8月1日。

舞。我认为她是《论语》的一个重要台柱,与老舍、老向(王向辰)、何容诸老手差不多,而特别轻松自然。"①

除"南京通信"外,林语堂还特别重视"特约通信",认为"特约通信应由有名记者拿定题目,出发各地,搜访材料,然后写成篇章,可有议论,有记述,有严肃,有幽默,只要作者文字优美,读来有味有益,可以引人入胜"②。并认为特约通信在大报中应该占据十分重要的位置,其品质将是衡量一份报刊是否具有分量的重要标准。他曾指责《申报》的"特约通信太不注意,即使偶而有之,也不精彩",并说:"(这种情况)在小规模的日报,我们不便责备,而以资本雄厚之《申报》,不在这方着想,未免有对不住国民、对不住读者的地方。"③

林语堂之所以大力提倡特写和通信,缘于"今日杂志文一大毛病就是:文人笔力太好而脚腿太坏"④。他说:"吾国文人与书本太接近,与人生太疏远,几乎书本之外,不知有所谓学问。敷陈事理多,而观察现实少,发挥空谈多,而叙述经验少……故中国杂志长于理论而拙于写实,其弊在于空浮,而杂志反映人生这功遂失。"⑤而据他的观察,西洋的记者都受过一种训练,就是钻入社会去访查新闻材料。他举了美国记者 Agnes Smedley 的例子,说:"这位美国姑娘才厉害哩!她不会说中国话,但是不到几个月,已写成上海工厂生活之大文,竟有许多我们都还不知道的事实。她就是跑,她不轻视外勤工作,所以她的材料是活的。"⑥林语堂呼吁中国的杂志多一些特写和通信,一方面是为了促使中国的记者重视深入现场调查的新闻采写方式,养成"跑新闻"的习惯,另一方面主要是为了提高杂志内容的可读性,少一些理论空谈,多一些社会写实,从而改掉中国杂志文的弊病。

关于记者要深入现场调查,林语堂与戈公振之间还发生过一段有趣的误解。《人间世》第 28 期上发表了阿苏的"特写"——《记者生涯》,林语堂为此写了一段附语:

---

① 林语堂:《姚颖女士说大暑养生》,《无所不谈合集》,见《林语堂名著全集》第十六卷,长春:东北师范大学出版社,1994 年,第 292 页。
② 林语堂:《所望于〈申报〉》,《宇宙风》第 3 期,1935 年 10 月 16 日。
③ 林语堂:《所望于〈申报〉》,《宇宙风》第 3 期,1935 年 10 月 16 日。
④ 林语堂:《关于本刊》,《人间世》第 14 期,1934 年 10 月 20 日。
⑤ 林语堂:《中国杂志的缺点——〈西风〉发刊词》,《宇宙风》第 24 期,1936 年 9 月 1 日。
⑥ 林语堂:《关于本刊》,《人间世》第 14 期,1934 年 10 月 20 日。

阿苏君所叙记者生活，颇与国外日报记者相仿佛。然在繁华的社会，记者事业却居极重要地位，该职业之学问、道德、身份，自亦随之提高。中国在杂志上撰文之人，颇多书蠹，除了钻纸堆抄书籍发空论文以外，未能对社会各方面求活材料，加以有系统的研究与叙述，而下笔行文，又不能贴近人生，引人入胜。西洋大报，因资本充足，每派通信员（correspondents）常川居住外国，报告其政治经济之变迁，一旦事发，如"满洲国"成立，热河开战等，且必亲临其地，详细勘察，设云国民之巡按使亦无不可。此种工作，必有相当学问经验及观察论断能力以应付之。倘使其报告失实，或观察错误，或无中生有，必受本社之处罚，或召回或辞退。所代表之报信用愈大，则记者之选择愈严。加以物质的待遇酬报甚丰，费用充足，如吾曾见一位美国记者，因欲撰《汇丰银行》一文，特地由平来沪，调查事实。在此种情形之下，自然有上乘记者出现。至于学问成熟论断老练文字优美之记者，所写更必负责署名，以为号召。如 Walter Duranty 一游俄，即能将俄国政治经济文学人生抉微导窍报告于美国国民，此岂是文明社会所可缺少之事业？戈公振驻俄多年，未见有同类文章发登报纸，吾不能不怪戈公矣。本刊提倡"特写"，即具此意，如《故宫盗宝案始末》《五年来之监察院》题目，未见有能访求整理材料之独立记者赐以鸿文。文人脚腿太坏，信矣哉！但退思一步，亦是物质环境所限制。中国报馆何时可每月二百元聘请记者专作此类文章，自仍有大学毕业生舍拉黄包车而就之。①

从这段附语我们可以看出林语堂对记者深入现场调查、搜集写作素材的重视。他甚至对前辈戈公振有了责怪之意，认为他在俄国多年没有好好勘察俄国的情况，未发回国任何有关俄国政治、经济、文化等的特写或通信作品。对此，戈公振在维也纳旅途中写了一封公开信对此事进行了辩护。信中写道："先生在出版界久，当知今日之中国报纸，尚无有如 New York Times 之具有世界眼光，肯斥巨资选高才常驻国外，寻求最新闻见者。先生在著作界久，又当知今日之中国杂志，有取材极审慎、不敢登载关于苏联文字者，弟曾尝试失

---

① 林语堂：《〈记者生涯〉附语》，《人间世》第 28 期，1935 年 5 月 20 日。见戈宝权：《关于戈公振致林语堂的公开信》，戈公振：《从东北到庶联》，长沙：湖南人民出版社，1984 年，第 237-238 页。

败,非故甚其词。"①戈公振的"委屈"反映出当时的记者若要写作上佳的特写或通信,除了腿脚肯跑之外还受到两方面的制约:一如戈林二人所言,物质环境的限制,中国报馆没有充足的实地调查的资本支持;一如戈公所言,来自严苛的新闻检查制度的限制,很多题材中国的报纸杂志是不敢登载的。这段趣闻让我们对当时的新闻界现状有了更深入的了解。

三、关于报刊编辑的思想

林语堂在《行素集》的序言中坦言,在最初编辑《论语》的时候,自己既没有系统学习过新闻学,也没有学习过文学概论,以这样一个非科班出身的人来当编辑,审阅文稿,"只胡乱做将去"。② 但随着编辑经验的增多,加上他天生的悟性和后天的观察,他在实践中慢慢摸索出一套编辑刊物的思路和方法,并提出报刊应遵循"公正、真实、引发讨论兴趣、即时、精心编排"(impartial, truthful, provocative, quick and well-edited)的出版原则。③

(一)"有益又有味"的选稿思想

林语堂在编辑刊物的过程中十分重视对稿件的筛选,认为报刊要赢得读者的信任、提高销量,必须在内容上"选稿精细"。他说:"报纸消息是极复杂的,记者负取舍的责任。这就在记者的观点与技巧。'知无不言,言无不尽'是不行的,不然记者的饭碗必定敲碎。……负言责的编辑及记者,就得先取得读者的信用,不然人家不买你的报。"④他还比较了中国和西方的杂志内容,发现"中国的杂志文字,轻者过轻,重者过重,内容有益便无味,有味便无益",而"西洋杂志却常见既有味又有益的作品……非但可读,并且不可不读"。⑤ 他认为主要原因在于西洋杂志在内容选择上,"意见比中国自由","文字比中国通

---

① 戈宝权:《关于戈公振致林语堂的公开信》,见戈公振:《从东北到庶联》,长沙:湖南人民出版社,1984年,第239页。
② 林语堂:《〈行素集〉序》,《林语堂名著全集》第十四卷,长春:东北师范大学出版社,1994年,第3页。
③ Lin Yutang: A History of the Press and Public Opinion in China; Chicago: The University of Chicago Press, 1936, P136.
④ 林语堂:《谈新闻事业与现代社会》,《无所不谈合集》,见《林语堂名著全集》第十六卷,长春:东北师范大学出版社,1994年,第483页。
⑤ 林语堂:《关于本刊》,《人间世》第14期,1934年10月20日。

俗"，"作者比中国普遍"。① 这三点为林语堂在编辑刊物时如何选稿提供了重要思想依据，尽管在当时的言论环境下，"意见自由"这一点实行起来比较困难。与此同时，他又仔细观察了国内大报和小报的发展状况，总结和分析它们各自成败的原因，在此基础上综合形成了自己的选稿标准。

1. 内容要公正、真实

林语堂研究小报后发现："小报小矣，蚊音微矣。然若成群结队，其音亦可观，亦可使大人先生睡不成寐也，小报幸毋自弃。吾为此言，盖知小报亦有自弃者，而最大毛病即在记载不翔实，选稿不精细，以致或有以此而坠其信用者。小报亦有好有坏，好造谣言者人不看，有色彩者人不看，将来自会天然淘汰。其未受淘汰而已取得相当信用或销路者，应因此而益自勉，勿造谣，勿拿钱，则其身分自高，明眼人自会辨别也。"②根据他的分析，小报成功的关键在于两点：一要真实、客观地记载事实，"勿造谣，勿拿钱"；二要不低俗，勿刊登"有颜色者"。据此他在编辑《论语》的时候在选稿标准方面明确规定："不拿别人的钱，不说他人的话"，"不做痰迷诗；不登香艳词"。③

2. 观点要务实，避免空谈

"美国杂志，近已一律变成高等报章。论文以叙事为主，谁有特别材料，谁登出去。若今夫也者，理论空谈，绝难获选。"④林语堂认为中国杂志要办好，也当如此。他在编辑《论语》时说："中国做社论的人太多，随便那一种刊物拿来，都有很正当高深的理论。……此类的社论愈多，愈足养成文人重浮言不务实际的风尚。……稍有庸见的记者，都应自杀。"⑤最后一句当然是戏言，但足以看出林语堂对"故作高深、理论空谈"的厌恶。所以他曾写作《作文六诀》一文，建议中国的报刊作者在文章中少说"支吾话，八面玲珑话，令人提摸不定的话"，"须有勇气，不怕有自己的主张"；"不要说陈言，不要说烂话，不要说天经地义童叟皆知的话，人人说过的话，读者早已知道你要说的话，及一概不必你

---

① 林语堂：《关于本刊》，《人间世》第 14 期，1934 年 10 月 20 日。
② 林语堂：《为蚊报辩》，《披荆集》，见《林语堂名著全集》第十四卷，长春：东北师范大学出版社，1994 年，第 213 页。
③ 《论语社同人戒条》，《论语》第 2 期，1932 年 10 月 1 日。
④ 林语堂：《在美编〈论语〉及其他》，《宇宙风》第 74 期，1938 年 9 月 1 日。
⑤ 林语堂：《我们的态度》，《论语》第 3 期，1932 年 10 月 16 日。

说的话"。① 并且嘱托接替自己任《论语》主编一职的陶亢德,编辑稿件时一定要以"有见解"作为录用标准。②

3. 要迎合普通读者的兴趣

林语堂在《〈申报〉〈新闻报〉之老大》一文中分析大报之所以流行的原因,写道:"凡物至老大程度,必具有独特气概,巍然独存天地间,不求好于俗。中国大报也是如此。有人不懂此理③,说《申报》《新闻报》之不同,在于《申报》编的太坏,《新闻报》不编。实则大报何以为大?销路大也。销路何以大?受读者欢迎也。若果如某君所言,或编坏,或不编,而销路仍然好,岂不是尤足证明其伟大,而不编者比编坏者为尤大?西施无所用乎粉黛,而照镜生辉,就是此理。其实二大报,自有他的立场,何必编新闻以讨好读者?若《时事新报》,资格未老,则不免忸怩态,先后安排,以顾到读者的便利了。"④在这段话中,尽管林语堂幽默批评《申报》和《新闻报》是编辑得比较差的报纸,但肯定其在内容选择上注意迎合普通读者的兴趣,是造成销量大的主要原因。相比而言,他认为无论从排版、印刷到一般的新闻技巧都无可挑剔的《大公报》,却因多半是为迎合一部分受过良好教育的读者的趣味而设计,销量远不及编辑较差的流行报纸。他戏谑道:也许这些编辑得不错的报纸自身也有错。⑤ 这个"错"便是没有照顾到普通读者的兴趣。

《申报》和《新闻报》是外商在中国创办、采用西方日报经营理念的商业化报刊,运营以广告收入为主,内容上关照普罗大众的兴趣。《申报》1872年创刊时在《本馆告白》中写明:"凡国家之政治、风俗之变迁、中外交涉之要务、商贾贸易之利弊,与夫一切可惊可愕可喜之事,足以新人听闻者,靡不毕载。"⑥所以《申报》的内容"上而学士大夫,下及农工商贾"⑦,人人都喜欢阅读。而

---

① 林语堂:《作文六诀》,《行素集》,见《林语堂名著全集》第十四卷,长春:东北师范大学出版社,1994年,第64—68页。

② 林语堂在给陶亢德的信中写道:"大概有性灵,有骨气,有见解,有闲适气味者必录之;萎靡,疲弱,寒酸,血亏者必弃之。"见林语堂:《与陶亢德书》,《论语》第28期,1933年11月1日。

③ 此处"有人"指的是林语堂自己,是林氏幽默的写法。

④ 林语堂:《〈申报〉〈新闻报〉之老大》,《论语》第3期,1932年10月16日。

⑤ Lin Yutang: A History of the Press and Public Opinion in China, Chicago: The University of Chicago Press, 1936, P131.

⑥ 《本馆告白》,《申报》第1号,1872年4月30日。

⑦ 《本馆告白》,《申报》第1号,1872年4月30日。

《大公报》的创办人英敛之,之后的吴鼎昌、胡政之和张季鸾都是政治意识较强的知识分子,虽然声称采取"不党、不卖、不私、不盲"的"四不主义"办报方针,但始终跳不出"文人论政"思想的桎梏,所以跟《申报》《新闻报》相比在内容选择上还是以关照知识分子群体为主。

林语堂在编辑《论语》《人间世》和《宇宙风》的时候吸收了《申报》《新闻报》等流行大报的长处,在内容选择上相较于"救国",更关注"眼前人生做鞋养猪诸事";在作者群体的选择上,不拘泥于文人、学者,广泛采用上班族、家庭主妇等喜欢写作的普通读者的文稿,注重贴近普通读者的兴趣和需求。

4. 文体要通俗,人人看得懂

林语堂特别反对报刊文字故作高深、艰涩难懂。他说:"西洋杂志撰文者,并不把文字看成宝贝,就是用笔说话而已。而且因为西洋杂志是要给家家户户妇人小子看的,他们已经演成极通俗的杂志文体。叫人人看得下去。"[①]因此,他首创了咸淡风格的小品文体,大力提倡特写和通讯体裁。在其编辑审稿过程中,一看文章的笔调或风格是否诚实、亲切、轻松,像与人娓娓交谈一般,在"行文中化板重为轻松,变铺张为亲切",使文章"从此较近情,较诚实";[②]二看体裁是否通俗、写实,是否贴近大众人生和生活。林语堂曾说:"只须旁观者对自己肯忠实,就会见出其矛盾,说来肯坦白,自会成其幽默。所以幽默文字必是写实主义的。"[③]可见,林语堂对幽默的提倡也与其坚持文体要通俗有关。

(二)"公正""超然"的精编思想

尽管林语堂赞赏《申报》《新闻报》内容雅俗共赏、迎合普通读者需求的选稿标准,但不认同"不编新闻"的做法,他认为报刊应精心编辑,他对编辑人员的素养提出以下一些要求。

1. 要有较好的道德素质

徐宝璜认为:"新闻纸既为社会之公共机关,故其记者以为社会之公人,责任匪轻,处之宜甚,遇事当求其真,发言应本乎正,本独立之精神,做神圣之事业,信仰取得,权威自立,威严力见。"[④]邵飘萍认为,"记者精神上之要素以品

---

① 林语堂:《关于本刊》,《人间世》第14期,1934年10月20日。
② 林语堂:《临别赠言》,《宇宙风》第25期,1936年9月16日。
③ 林语堂:《我们的态度》,《论语》第3期,1932年10月16日。
④ 徐宝璜:《新闻学》,北京:中国人民大学出版社,1994年,第39页。

性为第一",应具有"人格、操守、侠义、勇敢、诚实、勤勉、忍耐及种种新闻记者应守之道德,贫贱不能移,富贵不能淫,威武不能屈,泰山崩于前,糜鹿兴于左而志不乱"。① 黄远生则主张记者要成为"超然不党之人,主持清议,予以忠告,无所偏倚"②。从中可以发现,民国时期的著名新闻教育家、记者和报人对新闻从业者道德素养的要求,更倾向于主持社会公论以及超然于党派之外的"铁肩担道义"式的公正立场。

  林语堂的人生信条是"两脚踏东西文化,一心评宇宙文章"③,虽既不支持任何一个党派也非职业化记者或报人,但他对新闻从业者道德素养的要求跟邵飘萍、黄远生等人是一样的。他认为新闻界让人不安的是新闻从业者缺乏道德上的自我检查(the absence of moral self-censorship),其危害远甚于新闻检查制度。在复杂的政治环境下,新闻从业者不应接受任何党派或集团的利益而发表有违真理正义、不负责任的言论。他举了一个具有西学背景的编辑的例子,说这位编辑在反对蒋介石的时候不断批评政府的腐败和横征暴敛,但当他成为一家官方出版物的编辑并享受高薪待遇时,却立即转向维护政府利益,称蒋介石政府是中国历史上最进步、最开明的政府。林语堂指出:正是这群拿了政府高薪的"御用宣传员"(paid propagandist)的道德过失,降低了民众对新闻业的尊重,并使人更多地考虑蒋介石集团的利益,离反蒋集团越来越远。④ 他晚年在面向台湾新闻界的演讲中也提出,编辑人员和记者应为公众的利益服务,不能为了一己私欲搬弄是非、攻击他人,并对新闻编辑和记者提出了道德层面的忠告:政治本是极复杂的,是非难辨,最关键的是要把握好言论的为公而不是为私。⑤

---

 ① 邵飘萍:《实际应用新闻学》,北京京报馆,民国十二年(1923)铅印本,见方汉奇、王润泽主编:《中国人民大学新闻学院藏稀见民国新闻史料汇编》第五册,北京:国家图书馆出版社,2012年,第85页。
 ② 黄远生:《不党之言》,《东方杂志》1915年11月10日。
 ③ 林语堂著,工爻译:《林语堂自传》,《林语堂名著全集》第十卷,长春:东北师范大学出版社,1994年,第31页。
 ④ Lin Yutang: A History of the Press and Public Opinion in China, Chicago: The University of Chicago Press, 1936, P178-179.
 ⑤ 林语堂:《谈新闻事业与现代社会》,《无所不谈合集》,见《林语堂名著全集》第十六卷,长春:东北师范大学出版社,1994年,第485页。

2. 要认真履行编辑职责

林语堂认为编辑工作既有"四苦"①也有"四乐"②,要精心编好一份刊物,需要编辑在"苦乐参半"的编辑实践中认真履行编辑职责。首先,及时审稿和选稿,及时给予作者答复,并经常与作者互通函札联系沟通情况,这样"投稿者来函相责,限期索还"的"苦"可有所缓解。其次,认真对待读者的来信,加强与读者之间的互动交流,并尽可能提供帮助。虽然来稿中总有一些类似失学青年的信件,对于他们欲求上达的请求,爱莫能助,对于他们的质问,敷衍答复,未免欺人,老实奉告,于心不忍,但从他创办的《论语》《人间世》等刊物的读者互动栏目的活跃程度来看,林语堂十分重视答复读者的来信。再次,对来稿统一调整和编排,"笔则笔,削则削",使刊物整体风格统一,特色鲜明,"从容大刀阔斧加以修正,实为一快事"③。最后,发掘和培养无名作家。林语堂是个爱才惜才之人,《论语》曾办过《我所认识的怪人》征文悬赏活动,并连续数期刊登获奖作品,目的在于发现和培养优秀的新人作家。④ 在他所创办的刊物中,发掘和培养了一批本来默默无闻后名扬天下的作家,例如海戈、徐訏、姚颖、大华烈士、何容等人,都是从《论语》等林氏刊物开始成名的。

3. 要有严谨认真的编辑态度

在主编《论语》《人间世》和《宇宙风》期间,陶亢德一直是林语堂的得力助手。当林语堂辞去《论语》主编一职让陶亢德接任时,他虽深知陶亢德了解他

---

① 林语堂所谓的编辑"四苦",第一苦:来稿太多,汗牛充栋,整理不暇,投稿者来函相责,限期索还,不稍宽贷,稍有怠忽,即加詈骂,万一遗失,无法报销,升天落地,求之不得,如丧考妣。第二苦:来稿中总有一些类似失学青年的信件,对于他们欲求上达的请求,爱莫能助,对于他们的质问,敷衍答复,未免欺人,老实奉告,于心不忍。第三苦:所收稿件中,革命之稿,皆味同嚼蜡,反革命之稿,则动辄触犯为政长者,留一弃十,心殊不甘。第四苦:在国亡无日之际,武人操政,文人卖身,即欲高谈阔论,何补实际?退而优孟衣冠,打诨笑谑,知我者谓我心忧,不知我者谓我胡求,强颜欢笑,泄我悲酸。见林语堂:《编辑滋味》,《披荆集》,《林语堂名著全集》第十四卷,长春:东北师范大学出版社,1994年,第274页。

② 林语堂所谓的编辑"四乐",第一乐:借文字姻缘,与诸益友函札通往。第二乐:无名作家,被我发现。第三乐:独坐编辑之椅,笔则笔,削则削。第四乐:邮使敲门,每见尺二信封,多出部院公署……供以反革命稿件。见林语堂:《编辑滋味》,《披荆集》,《林语堂名著全集》第十四卷,长春:东北师范大学出版社,1994年,第274-275页。

③ 林语堂:《编辑罪言》,《披荆集》,见《林语堂名著全集》第十四卷,长春:东北师范大学出版社,1994年,第286页。

④ 参见刊登于《论语》的征文比赛结果,《论语》第25期,1933年9月16日。

的编辑思路和要求,但出于一贯对待编辑工作的严谨态度,他在离开之际"卒不免叮咛":"今来稿既多,选择不妨比以前严格,即有熟人,文章欠精彩,不妨退还,日后彼且将谢汝。……阅稿似难而不甚难,然不可不慎。最怕是埋没好稿。亦有好文佳句埋没于游词废句之中,宁可改作,不可放弃。"①从中我们可以看出林语堂对编辑态度有两个要求:一要严格把关,以文章质量为选择标准,不徇人情。这是林语堂一贯坚持的态度,由此才保证"论语派"刊物每期都有较高质量的文章。二要慎重审稿,不埋没好稿。他在《编辑罪言》中说:"我们顾到读者的利益、作者的热心,不敢不细阅一番,以免埋没天才,甚或有从纸篓中重复救济出来的。看到好稿时,拿起剪刀,挖起浆糊,作接生工作,固然快乐;一无足取之稿,阅后断然送入纸篓,也不怨悔。"②并主张即使对于整体质量不高,但内容中不乏精彩之处的文章也不要轻易放弃,不要嫌烦,要行使编辑的删改之权,把精彩部分裁剪出来以飨读者。正是这种严谨认真的编辑态度使《论语》等刊物获得了巨大成功,所以作为论敌的曹聚仁也客观评价道:"林语堂以《论语》而传,《论语》呢,也以林语堂而传。"③

(三)"新闻本位"的精排思想

在《中国新闻舆论史》中,林语堂引用戈公振《中国报学史》中的评价说明中国报纸编排的糟糕:"我国报纸所载之新闻,苟以充篇幅而已。叙一事也,常首尾不具,前后矛盾,同一事也,而一日散见二三处,重见二三处,无系统,无组织,浮词满纸,不得要领。其故前者由于访员不研究纪事之法,以抄录为范围,后者由于编辑不为读者着想,以省事为要诀。累累数十页之报纸,而精彩黯然,此极可惜之事也。"④他以《申报》为反面案例,极力主张报刊要精心排版。

---

① 林语堂:《与陶亢德书》,《论语》第28期,1933年11月1日。
② 林语堂:《编辑罪言》,《披荆集》,见《林语堂名著全集》第十四卷,长春:东北师范大学出版社,1994年,第286页。
③ 曹聚仁:《〈论语〉与幽默》,《我与我的世界》,北京:人民文学出版社,1983年,第461页。
④ Lin Yutang: A History of the Press and Public Opinion in China; Chicago: The University of Chicago Press,1936,P134. 引用原文见戈公振:《中国报学史》,长沙:岳麓书社,2011年,第176-177页。

1. 新闻和广告在版面上所占空间和位置要确定，不能为了刊登广告而牺牲新闻版面

他认为《申报》革新后用头版刊登重要新闻，只用两边的竖栏刊登广告是可行的①，因为"在编辑上有系统，以广告与新闻地位截然划开，或居上，或居下，只要不自乱其例，对广告家是有法对付的，而广告收入也不会受影响"②。但随着头版这两栏广告的价格越来越高，广告不断蚕食新闻的地盘，头版新闻的地位和版面不保，其他版面也到处是大幅广告，对此他批评道："《申报》编法对于广告地位似乎无一不可退让，而对于新闻地位，则悉可通融。"③他对《申报》这种"以广告为本位，以新闻为补白"④的编排嗤之以鼻，并在自己的编辑实践中极力避免。

2. 栏目版面位置要相对固定，便于读者寻找

从阅读体验角度，林语堂认为《申报》没有按照中国人的阅读习惯来编排版面次序，加上每个栏目的版面位置不固定，读者在每一期要找到自己喜欢的栏目非常费力费时。他举了《自由谈》的例子，说这个文学副刊"今天见第四张，明天见于第五张，或前或后，或上或下，且第五张自身之叠法，就没一定"⑤，导致他每天早晨要花约一分钟时间去找这半个版。而如果每个栏目每天都出现在固定的版面上，读者经过几个月时间的翻阅，就可以知道该到哪里去找教育新闻，哪里去找商业新闻。⑥

3. 同一期相同类别的题材不宜重复过多，内容保持丰富性和多样性

他举了某一期《申报》的例子，说那一期共有 5 篇关于华北走私情况的报道，分别以不同标题出现在 3 个版面上；4 篇关于中华海员工会活动的报道，每篇都有独立的标题，3 篇在第 12 版上，1 篇在第 13 版上，第 13 版的那一篇

---

① Lin Yutang：A History of the Press and Public Opinion in China；Chicago：The University of Chicago Press，1936，P133.
② 林语堂：《所望于〈申报〉》，《宇宙风》第 3 期，1935 年 10 月 16 日。
③ 林语堂：《所望于〈申报〉》，《宇宙风》第 3 期，1935 年 10 月 16 日。
④ 林语堂：《所望于〈申报〉》，《宇宙风》第 3 期，1935 年 10 月 16 日。
⑤ 林语堂：《所望于〈申报〉》，《宇宙风》第 3 期，1935 年 10 月 16 日。
⑥ Lin Yutang：A History of the Press and Public Opinion in China；Chicago：The University of Chicago Press，1936，P132.

内容重复了前3篇的报道。① 他还举了《申报》"小品副刊"的例子,说:"小品副刊二三种,自相重复,虽然各有不同,而在一报编制上,似太说不过去,使人疑心《申报》有缺乏材料、以小品文字作广告陪嫁丫头之嫌。"②

四、关于报刊经营的思想

林语堂创办的《论语》《人间世》和《宇宙风》出版后都深受读者市场的欢迎,在20世纪30年代的上海期刊市场具有较高的市场占有率,销量直逼《生活》《东方》等老牌杂志。这些成功与林语堂独特的办刊主张以及以读者为中心、重视包装与宣传等现代出版经营理念密切相关。

(一)"独立开放、个性办刊"的经营思想

林语堂在上海创办的刊物之所以独树一帜,引领20世纪30年代期刊创办的潮流,得益于他一贯坚持的独特的办刊理念和主张。这些理念和主张既是他长期办刊经验的总结,又是其个性使然。

1. 在办刊目标和经济上持独立的立场

从《论语》到《人间世》《宇宙风》,林语堂创办的每一份刊物都不依附于任何政党或利益集团,坚持自由、中立的言论立场,并在经济上保持独立,"不宣传主义"③"不反革命""不拿别人的钱""不附庸权贵"。不管来稿是什么政治立场,不管作者的政治倾向是左还是右,只要文章质量好,与期刊的定位和性质相符,就予以刊登。在期刊的经营方面,林语堂在实践中吸取经验和教训,从早期与人合办慢慢发展到独立经营,坚持在经济上完全独立以施行自己的办刊主张。他创办的第一份半月刊《论语》是在机缘巧合下与论语社同人共同创办的,后来因与发行人邵洵美意见不合,他退出《论语》,以自负盈亏的承包方式跟良友图书公司合办《人间世》半月刊。约一年后因为良友公司换老板,与良友的合约中止,他遂自立门户创宇宙风社,从编辑到出版发行完全独立地创办了《宇宙风》半月刊。

---

① Lin Yutang: A History of the Press and Public Opinion in China; Chicago: The University of Chicago Press, 1936, P134.
② 林语堂:《所望于〈申报〉》,《宇宙风》第3期,1935年10月16日。
③ 《缘起》,《论语》第1期,1932年9月16日。

2. 对作者群体持开放的态度

林语堂认为期刊稿源不应局限于文人群体,应面向社会各个阶层广泛征集文稿。他说,"杂志文在西洋,不定是文人撰著,很多是各界人士本其人生经验或职业经验说话,救火队长叙述救火方法,航空署长叙述航空危险性,书店编辑叙述书店黑幕"①,这样的文字,写出来是活的,反映真实的社会,"读了必然增加知识,增加生趣"②。而在中国,"文字成为一种阶级的专利,报上投稿者,都是靠笔吃饭的人。这些人三成是书呆子,七成是未曾好好读书的"③,这些人写出来的文字不过是"文人在亭子间制造出来的玩意,是读书人互相慰藉无聊的消遣品而已"④。因此,他建议中国的期刊稿件来源更开放一些,例如可以请书局老板来写中国教科书的黑幕,银行经理或交易所伙计来写中国银行界怎样靠公债维持,小瘪三鸦片鬼中的能文之人来写上海爱多亚路宝成里的夜生活,等等。⑤尽管这在林语堂看来是有难度的,因为中国人已经形成一种共识,"一说撰文,便是秘书文牍之事","若非操笔墨生涯者,必不敢过问,也不肯过问","如有杂志编辑请航空署长赐文,则其文必交由能文的秘书代作无疑,而秘书所作又必是八股无疑",⑥但他坚持文字不能成为读书阶级的专技,在创办并主编《论语》等刊物期间,采取"兼蓄并收"的编辑策略,主张地盘"完全公开"⑦,积极采纳本社之外的外来稿件。《论语》创刊之初为了打响知名度,曾在第 2 期上刊出一份 24 人"长期撰稿员"名单⑧,但其稿源并不限于同人小圈子,曾明确规定"本刊接收外来投稿"⑨且"极欢迎外稿"⑩,在《人间世投

---

① 林语堂:《说本色之美》,《文饭小品》第 6 期,1935 年 7 月 3 日。
② 林语堂:《关于本刊》,《人间世》第 14 期,1934 年 10 月 20 日。
③ 林语堂:《关于本刊》,《人间世》第 14 期,1934 年 10 月 20 日。
④ 林语堂:《关于本刊》,《人间世》第 14 期,1934 年 10 月 20 日。
⑤ 林语堂:《关于本刊》,《人间世》第 14 期,1934 年 10 月 20 日。
⑥ 林语堂:《说本色之美》,《文饭小品》第 6 期,1935 年 7 月 3 日。
⑦ 林语堂:《与陶亢德书》,《论语》第 28 期,1933 年 11 月 1 日。
⑧ 包括:章克标、刘英士、全增嘏、沈有乾、潘光旦、李青崖、孙斯鸣、邵洵美、郁达夫、章衣萍、林幽、邵庆元、孙福熙、孙伏园、俞平伯、刘半农、章川岛、谢冰莹、岂凡、陆晶清、赵元任、韩慕孙、季露、宰予。这些人大多是语丝社成员,其中宰予是林语堂的笔名,岂凡是章克标的笔名,林幽是林语堂的弟弟。见《论语》第 2 期,1932 年 10 月 1 日。
⑨ 《本刊投稿规约》,《论语》第 1 期,1932 年 9 月 16 日。
⑩ 林语堂:《〈论语〉第二期编辑后记》,《论语》第 2 期,1932 年 10 月 1 日。

稿规约》中也明确标出"本刊地盘公开"①，后来的《宇宙风》在稿源上基本延续了前两刊的做法。这种开放的办刊理念使刊物能够长久地保持新鲜、活跃的思想和内容，并满足不同读者群体的需求。

3. 对期刊定位持张扬个性的观点

林语堂个性中的特立独行和张扬使他不好追随大流，如他自己所言："因为没人做，所以我来做。我不好落人窠臼。如已有人做了，我便万不肯做。"②从《论语》到《人间世》再到《宇宙风》，每一份刊物的定位都是独一无二的。《论语》的定位是"中国唯一的幽默杂志"，以提倡幽默文字为主要目标；《人间世》的定位是"中国第一本纯粹是散文小品的刊物"，大力提倡西方的杂志文；《宇宙风》则是"盒于现代文化贴近人生的刊物"，以畅谈人生为主旨。用现代市场营销理论来看，林语堂的做法具有差异化市场竞争意识，即通过不同于其他期刊的定位，使自己的期刊具有独特的价值和个性魅力，从而吸引更多读者的注意和喜爱。差异化市场定位策略必须以市场需求为前提，林语堂以西方杂志的发展作为参考，认定在中国提倡幽默闲适的小品文是有市场的。事实证明他的判断是正确的，他为期刊制定的个性化定位的策略在市场上获得了成功。

（二）"为读者考虑、诚实守信"的经营思想

林语堂认为"理想的刊物"要做到三点：一是"内容文字能使读者读得下去"；二是"印刷能好点，出版不脱期"；三是当销量增加到合乎期刊的预算时，期刊的售价"本取诸于人用诸于人之旨逐渐减低"，使一般看杂志的读者减轻支出。③ 这三点，无一不是站在读者的立场提出的。换句话说，林语堂认为创办"理想的刊物"应从读者角度出发考虑问题。

1. 根据读者的阅读心理确定期刊出版周期

从《论语》《人间世》《宇宙风》到《西风》，林语堂创办的刊物都是半月刊。之所以定成每半月出版，林语堂有自己的一番考量。他认为周刊太重眼前，其文字多半过旬就不堪入目，缺乏深度；季刊太重万世，其文字经年可诵，缺乏新意；月刊繁重艰涩，譬如一师一旅，随军行役粮草马匹甚多，出发不便；而半月

---

① 《人间世投稿规约》，《人间世》第 17 期，1934 年 12 月 5 日。

② 林语堂：《方巾气研究》，《披荆集》，见《林语堂名著全集》第十四卷，长春：东北师范大学出版社，1994 年，第 169 页。

③ 《编辑后记》，《宇宙风》第 1 期，1935 年 9 月 16 日。

刊,朝暮行止,出入轻捷许多,较之月刊更犀利自然,轻爽如意。而且半月刊每期四十余页,文约四万,"正好得一夕顽闲阅看两小时。阅后卷被而卧,明日起来,仍旧办公抄账,做校长出通告,自觉精神百倍,犹如赴酒楼小酌者,昨晚新笋炒扁豆滋味犹在齿颊间"①。因此,对于通俗类刊物而言,他认为最适宜读者阅读的就是半月刊。

2. 以读者需求为主导,加强与读者的互动

林语堂一向重视在报刊上开辟读者互动栏目。例如《论语》的《群言堂》除刊登对热点问题、现象的讨论外还经常刊登《读者来信》,深受读者的欢迎。对于来信中的问题和请求,林语堂几乎每期都给予回函和帮助,甚至有些应接不暇。他也建议大报开设《读者论坛》,"注重本市市政之改良,或临时发生问题,以供大家公开讨论。这是关于市民生活重要的一项……这栏做的好,可以使本市生活时时改良,有时也可以得到十分活泼的争辩。这一栏是文明社会文明国民应有的'言路',在此栏中也可看出一般市民的知识程度"②。他认为这是大报应该担负的社会责任之一,即给予市民发表意见的地方。除此之外,林语堂认为文章的作者也应该加强与读者的互动交流,根据读者的需求进行创作。他说:"作家和读者之间的关系,不应像师生的关系,而应像厮熟朋友的关系。只有如此,方能渐渐生出热情"③,"文字有作者与读者双方关系,读者固然要敬重作者,作者亦应当敬重读者,谁也不可看不起谁,不然使双方感觉无聊,读者掩卷而去了"④。在创办《宇宙风》的时候,他经常让作者与读者见面了解需求,从而创作出更符合市场需求的文章;他自己也主要依据读者的需求进行文章、小说等的创作,为此有左翼人士挖苦他"靠揣摩读者的心理吃饭",更有甚者把他向美国读者介绍中国文化的 My Country and My People(《吾国与吾民》)说成是"卖 Country and 卖 People"。⑤

3. 以读者利益为重,诚实守信经营

林语堂认为读者购买和订阅期刊都有一个共同的心理,就是希望期刊内

---

① 林语堂:《说小品文半月刊》,《人间世》第 4 期,1934 年 5 月 20 日。
② 林语堂:《所望于〈申报〉》,《宇宙风》第 3 期,1935 年 10 月 16 日。
③ 林语堂著,越裔译:《生活的艺术》,见《林语堂名著全集》第二十一卷,长春:东北师范大学出版社,1994 年,第 365 页。
④ 林语堂:《作文六诀》,《行素集》,见《林语堂名著全集》第十四卷,长春:东北师范大学出版社,1994 年,第 67 页。
⑤ 施建伟:《林语堂在大陆》,北京:北京十月文艺出版社,1991 年,第 361 页。

容多一点，出版时间早一点，因此他在期刊的排版和出版方面尤为重视这两点。在排版方面他尽可能增加篇幅，但面对纸张涨价不能增加篇幅的现实情况，他也坦诚地向读者解释并积极解决："篇幅一层，照我们发刊时的计划，原想比一般一角杂志多一点，谁知出到第五期时，不知怎样一来，纸价突然高涨，致我们无法增加篇幅，只得把每页的字数多排二百左右，使读者不因纸价飞涨而受少看几篇文章的损失。"[①]在出版方面他不断改进发行方式，不但不脱期，还总能比预期时间提前出版。每次编辑完《论语》和《人间世》，他便直接与印刷厂联系，由于省去了中间的烦琐环节，每一期都能按时上市；独立编辑和发行《宇宙风》的时候，他坚持期刊清样一出便向作者支付稿酬，决不拖欠，这大大提高了作者投稿的积极性，因此《宇宙风》虽然号称每月的1号和16号出版，但一般情况下总能提前5天上市。这种诚实守信的经营方式不但为刊物吸引了大批忠实读者，而且还形成了一支忠实的作者队伍，使期刊从编辑到发行进入良性循环。

（三）"重视包装与宣传"的经营思想

林氏刊物的"风行一时"除了内容独具特色、抓住读者的心理外，还跟林语堂重视刊物的包装设计和广告宣传有很大关系。

1. 重视封面设计

"《论语》半月刊印得非常精美，正文都用进口双面道林纸印刷。封面尤其厚实。从外表看，设计气度不凡，与众不同。"[②]在版式上，《论语》主要采取上下两栏排版，竖排，跟同类期刊相比最让人眼前一亮的是独特的封面设计。其创刊号封面由于时间太仓促，就暂时用了老宋体的"论语"二字，从第2期起，不仅"论语"二字改成了郑孝胥的书法字体，封面上还出现了经典诗词、名人语录、漫画等，使封面一下子变得生动活泼，吸引眼球。封面上的经典诗词、语录主要是邵洵美、林语堂或林达祖的书法，上面的漫画则由林语堂邀请张光宇兄弟、曹涵美、丰子恺等画家专门设计而成。[③] 这样的书刊设计意识在当时是走在时代前列的。之后的《人间世》和《宇宙风》延续了《论语》古朴的封面设计风格，并在版式上不断创新，例如《人间世》除封面使用插图外，每一期开篇几乎都是一幅珍贵的老照片或一则手稿，用图片引发读者的阅读兴趣。

---

① 林语堂：《编辑后记》，《宇宙风》第8期，1936年1月1日。
② 沙望孙：《也谈林语堂和〈论语〉上的一首打油诗》，《纵横》2000年第3期。
③ 邵绡红：《我的爸爸邵洵美》，上海：上海书店出版社，2005年，第94页。

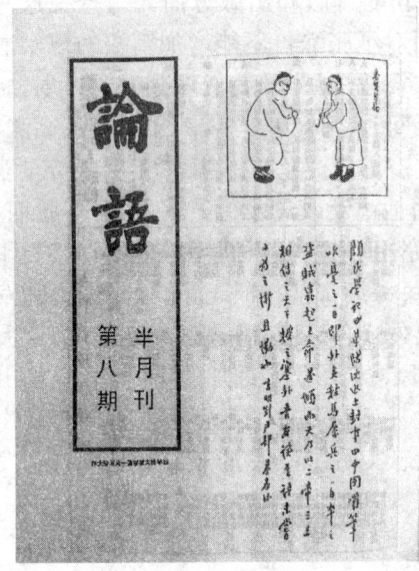

《论语》第 8 期封面　　　　《论语》第 12 期封面

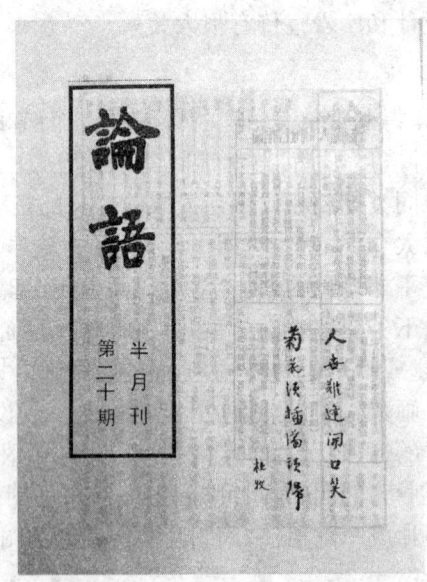

《论语》第 20 期封面

2. 重视广告宣传

林语堂常用的广告宣传方式主要有四种：一是在《申报》等销量好的大报上刊登期刊广告，内容一般为期刊出版信息，包括由谁主编，内容有什么，什么时候出版，在哪里可以购买和订阅，等等。以《论语》为例，除去创刊号出版仓促没来得及登广告外，从第2期开始，《论语》每出版一期都会在《申报》上登广告，并打出"林语堂主编"和"中国唯一的幽默杂志"的广告宣传口号。① 二是在已经具有一定读者基础的刊物上登广告，利用已有的知名度和影响力为其他刊物宣传造势，拉拢读者。例如在编辑《中国评论周报》期间，林语堂在其负责的《小评论》专栏经常刊登《论语》的广告，这样原本因为《小评论》专栏而喜爱林语堂的读者，自会把目光投向同是林氏出品的《论语》半月刊。三是在同人圈子的刊物中互相刊登广告。例如在《宇宙风》上刊登《论语》《人间世》《西风》的广告，在《西风》上刊登《人间世》《宇宙风》的广告，相熟的期刊之间互相帮忙宣传。我们无法知道这种相互帮忙性质的广告宣传是否需要支付广告费用，但它对培养读者的忠诚度非常有效。这有点类似于今天的"强强联手"广告宣传策略，犹如"肯德基"联手"百事"，"麦当劳"联手"可口可乐"，借助彼此的影响力达到双赢的目的。四是在本刊上刊登广告。例如《论语》曾在自家期刊上打出"价格优惠政策"的广告以增加订阅量："中国两大便宜刊物：时代图书半月刊，论语半月刊，为酬谢爱护本刊者之热忱起见，再订千载一时之联订优待办法，规定介绍十户，赠阅一份。联订时代与论语各一年者概定价照九折计算；联订时代与论语各半年者概定价照九五折计算；已定时代或论语一年者再定时代或论语一年亦照定价九折计算惟以未满期者为限；已定时代或论语半年者再定时代或论语半年亦照定价九五折计算惟以未满期者为限……"② 《宇宙风》也在每期上刊登《本刊次期要目预告》，为下一期内容做宣传，并在每一期的不同位置打出"君如爱读本刊请即直接订阅"，有时还在"直接"两字上加着重号，或在《编辑后记》中预告下几期有哪些名家之作以吸引现有读者的持续关注。综合来看，林语堂对期刊的广告宣传十分讲究方法，全方位、多层

---

① 例如，《论语》第2期广告，载《申报》1932年10月4日第4版；第3期广告，载《申报》1932年10月17日第4版；第4期广告，载《申报》1932年11月1日第4版；第5期广告，载《申报》1932年11月16日第4版；第6期广告，载《申报》1932年12月1日第5版；第7期广告，载《申报》1933年12月16日第4版；第8期新年特大号广告，载《申报》1933年1月7日第3版；第9期广告，载《申报》1933年1月17日第4版。第10期及之后略。

② 《论语》第12期，1933年3月1日，封三广告。

次、有针对性,丝毫不逊色于今天的整合营销传播策略。

3. 注重广告的品位

文人创办刊物的目的不是牟利,"重文"而"轻广告"是其价值判断,生怕被别人说"为钱失德",因此他们对刊登在期刊上的广告要求比较严格,讲求"品味"。鲁迅曾言:"《语丝》初办的时候,对于广告的选择是极严的,虽是新书,倘社员以为不是好书,也不给登载。因为是同人杂志,所以撰稿者也可行使这样的职权。听说北新书局之办《北新半月刊》,就因为在《语丝》上不能自由登载广告的缘故。"①对书刊广告的选择就如此严苛,更何况是商业广告。从林语堂对《申报》"重广告、轻新闻""对于广告地位似乎无一不可退让"②的谴责态度来看,他对待广告的态度也是比较严格的。《论语》《人间世》和《宇宙风》虽然都明确标出了广告价码表,但刊物上的广告数量总体比较少。在《论语》上我们几乎看不到商业广告的影子,创办《宇宙风》时因为经济上完全独立,林语堂开始重视广告经营,除帮特约作者(如老舍、周作人、何容等)刊登书目广告之外,商业广告数量总体有所增加,商务印书馆、中华书局、开明书店等的广告经常出现在该刊前后"封里"位置,其他如上海五洲大药房的固本香皂、沙利文西餐茶点、五洲蚊香、上海电话公司、柯达胶卷等商品的广告也零星出现在前几期中。从这些广告刊登的位置来看,林语堂严格执行了"新闻和广告在版面上所占空间和位置要确定"的编排原则,《宇宙风》每期扉页的《广告价目》中规定刊登广告的位置是正文前

上海五洲大药房的固本香皂广告
(刊于《宇宙风》第 2 期扉页)

---

① 鲁迅:《我和〈语丝〉的始终》,《三闲集》,《鲁迅全集》第四卷,北京:人民文学出版社,1973 年,第 171 页。

② 林语堂:《所望于〈申报〉》,《宇宙风》第 3 期,1935 年 10 月 16 日。

后,这些广告始终只出现在正文前后的位置上。

第二节 林语堂舆论思想的主要内涵

《中国新闻舆论史》是一本集中阐述林语堂舆论思想的学术著作。在这本著作中,林语堂对漫长的中国舆论史做了一次回顾,对古代的公共批评形式(歌谣、大规模的舆论运动)、舆论与政府及报刊之间的关系等内容做了研究与分析,并围绕舆论的生成与演变规律、舆论的特征等提出了自己的看法和认识。考察该书,林语堂的舆论思想主要包含以下几方面的内容。

一、"民间的而非政府的"

从舆论的生成与表达来看,林语堂认为舆论产生于民间而非政府。他认为古代邸报的价值,在于报道的卿相奏章中包含了当时士大夫对重大社会和政治改革问题的深思熟虑之见,使我们既从中看到当时的新闻事件,也看到他们在重大问题上的观点和批评意见。但邸报也有局限,局限之一是它在早期只是派驻京师的地方官员代表为各自的地方机构传递的新闻信,直到19世纪仍以手抄的形式流传;局限之二是它的读者群仅限于贵族和官绅阶层,主要为官僚而非普通民众的利益服务。因此,林语堂指出:以官方性质存在的邸报或许证明古代有新闻事业,然而在反映社会舆论方面却谈不上有多重要。① 主要刊登官员的任免和升迁信息、一般只在官员阶层流通的邸报还远未能成为公众的耳目喉舌,相比而言,公共批评比中国古代的官报要重要得多,因此只用古代的官报来研究中国古代的舆论是极不公正的。②

那么古代的舆论究竟如何生成并被表达的呢? 林语堂认为:以讽刺诗、民谣形式出现的歌谣是古代重要的舆论表达形式,是公共批评的有效武器,比新闻更能反映社会舆论。他甚至提出,如果"口头新闻"(spoken press)也算新闻

---

① Lin Yutang:A History of the Press and Public Opinion in China;Chicago:The University of Chicago Press,1936,P11 - 12.

② Lin Yutang:A History of the Press and Public Opinion in China;Chicago:The University of Chicago Press,1936,P4.

的话,中国的新闻事业产生于歌谣。① 歌谣的形成时间很早,例如在孔子编撰的《诗经》第一部分《国风》中就有大量的讽刺诗,《左传》《汉书》《古乐苑》《东周列国志》等也记载了大量脍炙人口的民谣。这些讽刺诗和民谣记录了当时的社会现实以及时人对社会现实的看法,在民间通过口耳相传的方式传播,尖锐地讽刺和抨击统治阶级,大胆地谴责和批判宦官、外戚、奸臣把持朝政、祸国殃民的现象以及其他的社会现象。

歌谣一般以精辟的诗句表达民众对社会事件的看法,具有语言生动形象、言简意赅、朗朗上口、情感强烈、脍炙人口等特征。林语堂认为它在表达和反映舆论方面具有三个优点:其一,从歌谣的传播方式来看,歌谣的内容爱憎分明,强烈的讽刺和憎恨之语虽然没人敢付印出版,却能在民间(田间地头、酒肆茶馆等)口耳相传下去,发挥良好的传播效果,这是被"审查"过的报刊社论无法做到的,所以歌谣比报刊更富于战斗性。其二,歌谣的生命力持久,能对当世、后世的统治者同时形成威慑力。歌谣一般是对现实的讽刺,对当世统治者造成的舆论压力自不必说,但如果遇到残暴的统治者对舆论进行摧残,歌谣对当时的朝政可能没有直接影响,但只要有佳言警句,或者恰如其分的评论,大家定会争相传播,使其传诵一时。如果这些佳言警句或评论令人茅塞顿开,或语涉双关,或有令人难忘的韵律,那么还能在统治者死后流传很长时间,因而歌谣的生命力注定比当代的书刊长久,能世代传诵,历数千年不衰,对后世爱好名誉的统治者也能形成威慑力。② 其三,歌谣作为舆论的有力武器能为舆论运动宣传造势,扩大运动的影响力。东汉时期歌谣兴盛,在太学生中流传的"太学谣"有三万首之多。这些歌谣一方面批评东汉的朝政,一方面为太学生中的杰出领袖树立威望,为"三君"(Three Masters)、"八俊"(Eight Talents)的品行歌功颂德,以扩大太学生的号召力和影响力。在中国历史上第一次有组织的公共批评运动③中,林语堂认为虽然没有机械化的印刷业相助,但歌谣作为公共舆论的有力武器被广泛地使用,代替印刷品发挥了宣传造势作用。④ 除此之外,林语堂认为每当政府腐败或异族入侵的民族危亡之际,历史上的

---

① Lin Yutang:A History of the Press and Public Opinion in China;Chicago:The University of Chicago Press,1936,P12.

② Lin Yutang:A History of the Press and Public Opinion in China;Chicago:The University of Chicago Press,1936,P20-21.

③ 即汉代太学生的"党锢"运动。

④ Lin Yutang:A History of the Press and Public Opinion in China;Chicago:The University of Chicago Press,1936,P26.

读书人、士人阶层就会勇敢地站出来，以大无畏的精神参议时政，对统治阶级进行公共批评，舆论就此产生。他们介入当时的政治，对朝政施加影响，产生非常强大的舆论力量，代替新闻界成为真正意义上的"第四等级"(Fourth Estate)。① 他认为中国历史上共发生过三次大规模的舆论与皇权之间有组织的对抗运动，第一次是汉代的太学生运动，第二次是宋朝的学生请愿运动，第三次是明朝的东林党运动，并把这三个朝代的舆论运动看成是具有内在联系、前后相承的统一体，认为第二次、第三次以及1935年正在发生的舆论运动都不过是一次次的历史重演。② 相比于政府官报(邸报)，林语堂认为历史上这些真正代表了老百姓呼声的公共批评运动才是公共舆论的反映和表达，因此舆论产生于民间而非政府。

19世纪近代报刊业诞生以后，知识分子出于救亡图存的目的创办的报刊是反映和表达舆论的重要载体。林语堂认为，中国古代的议政精神在适当的社会和政治环境下会再度开花结果，作为当代新闻事业中真正的民主力量而出现。③ 根据古代舆论的产生与演变规律，这里"适当的社会和政治环境"主要包含三层含义：一是社会动荡，国家处于危难之际，二是有无所畏惧、具有儒家社会责任感的报刊从业者，三是言论可以不受限制地自由表达。满足这三点，报刊就能在真正意义上成为社会舆论的记录者。在近代报刊史上，林语堂认为有两个时期最接近这三个要求，一个是被他称为"中国新闻史上的黄金时代"④的1895—1911年，这时期的报刊不考虑经济效益，完全出于救亡图存的社会使命感，冒着极大的风险积极鼓动和宣传社会变革，并一定程度上得到了政府官员的支持，真正起到了反映和指导舆论的作用；另一个就是五四新文化运动时期，它与历史上的三次舆论运动最为相似，也是以青年学生为主，只不过他们参政议政、表达舆论的方式和途径变成了报刊。从这两个时期的报刊属性来看，其言论代表的也大多是知识分子而非政府的观点和立场。

---

① Lin Yutang: A History of the Press and Public Opinion in China; Chicago: The University of Chicago Press, 1936, P5 - 8.

② Lin Yutang: A History of the Press and Public Opinion in China; Chicago: The University of Chicago Press, 1936, P28.

③ Lin Yutang: A History of the Press and Public Opinion in China; Chicago: The University of Chicago Press, 1936, P77.

④ Lin Yutang: A History of the Press and Public Opinion in China; Chicago: The University of Chicago Press, 1936, P94.

二、"政府可一时压制而非能一直压制"

从舆论与政府之间的关系来看,林语堂认为舆论虽可一时被压制,但并非可以一直被压制。他认为不管是民主制、君主立宪制还是君主独裁制的国家,在统治者和被统治者之间总是存在潜在的敌意,人民与政府之间是一种"拔河"的敌对状态(a tug-of-war between the ruler and the people),如果政府赢了,那人民肯定要输,反之亦然。因此,在双方的"拔河游戏"中,总是存在着公共批评,无论在哪个国家或历史时期,舆论与当权者之间总是存在不可避免的冲突和对立。[1] 同时他也认为,政府面对批评之声不会置之不理,哪怕是再弱小的当权者,也会想方设法地采取各种方式钳制舆论,因此历史上舆论总是受到压制。但是这种压制是暂时的,从历史发展规律来看,国民总比实施专政的独裁者活得长久,不受欢迎的统治者或暴君在生前有多少虚假的光环和魅力,死后就有多少难堪和不得人心。在他们死后,揭露他们暴行和私生活中的不道德行为的歌谣和小说被国民争相传诵。例如大卖国贼秦桧在世时尽管成功地钳制了公众对他的批评,但在人们心目中、在小说和戏剧中他的形象永远是可耻的。[2] 从这个意义上来说,林语堂认为舆论并非可以一直被压制。

在舆论与当权者的冲突对立中,在专制统治下,由于公民的权利缺乏法律的保障,历史上的公共批评运动最终都受到当权者的血腥镇压而以惨败告终。林语堂列举了历史上太学生和士人在运动中付出的惨痛代价:在汉朝的太学生运动中,数百位士人遇害,数千名太学生遭监禁,数千名被牵连的亲属、官员或被处决,或遭监禁,或遭流放;[3]宋朝的学生请愿运动,皇帝虽然迫于舆论压力采纳了请愿者的意见,但请愿者往往也遭遇被鞭笞、羞辱、流放甚至处死的恐怖对待;[4]明朝的东林党运动,在宦官魏忠贤的残酷杀戮下,东林党人都难逃丧命和遭受迫害的厄运,他们在严刑拷打之下被迫认罪,被判处死刑,凡是

---

[1] Lin Yutang: A History of the Press and Public Opinion in China; Chicago: The University of Chicago Press, 1936, P2.

[2] Lin Yutang: A History of the Press and Public Opinion in China; Chicago: The University of Chicago Press, 1936, P24.

[3] Lin Yutang: A History of the Press and Public Opinion in China; Chicago: The University of Chicago Press, 1936, P28.

[4] Lin Yutang: A History of the Press and Public Opinion in China; Chicago: The University of Chicago Press, 1936, P53.

有议论魏忠贤奸恶者,在阉党爪牙的四处访查下也一律被处死。① 林语堂认为东汉时期对太学生的屠杀、监禁和流放直接导致了魏晋时期舆论的凋零,公共批评进入最低潮。他认为这与东汉衰亡,儒家学说在思想上失去统治地位,道家学说兴起有关。儒家士大夫的社会责任感在汉代"党锢之祸"后分崩离析,士人纷纷选择道家无为而治、退隐山林的处世哲学,从"清议"走入"清谈",过起隐士般的生活。② 对于史学家认为的是清谈导致了中华民族的衰弱和西晋末年北方的蛮夷入侵,林语堂指出,在缺乏法律保护的情况下,士人是无法对政治采取积极态度的。只有有了自由和法律的保护,人的生命具有更多的尊严和价值,人们才会以积极的心态去关注政治。③ 他反复强调一个观点:除非宪法给予知识分子和士人法律保护,否则不可能有常规化的、稳定的舆论力量。④

除压制舆论运动外,舆论与当权者的冲突还表现为当权者对文字作品的查禁。林语堂认为从秦朝的焚书坑儒到清朝的文字狱,中国古代就时常有查禁文学作品之举。⑤ 近代报刊诞生以后,新闻检查制度成为压制舆论的罪魁祸首。清朝末年政府先后颁行了《大清印刷物专律》《报章应守规则》《报馆暂行条规》《大清报律》《钦定报律》等一系列法律法令⑥来加强对舆论的控制和对新闻自由的钳制。孙中山领导创建中华民国南京临时政府后实行政治民主和新闻自由政策,"武昌起义后半年的时间内,全国的报纸由 100 家增至 500 家,总销量达到 4 200 万份"⑦。袁世凯取得政权后,中国报业逐渐走向衰落。1913 年 3 月 11 日,京师警察厅向各报转发了北京政府陆军部、内务部的命

---

① Lin Yutang:A History of the Press and Public Opinion in China;Chicago:The University of Chicago Press,1936,P71-72.

② Lin Yutang:A History of the Press and Public Opinion in China;Chicago:The University of Chicago Press,1936,P40-41.

③ Lin Yutang:A History of the Press and Public Opinion in China;Chicago:The University of Chicago Press,1936,P45.

④ Lin Yutang:A History of the Press and Public Opinion in China;Chicago:The University of Chicago Press,1936,P28-29.

⑤ Lin Yutang:A History of the Press and Public Opinion in China;Chicago:The University of Chicago Press,1936,P167-168.

⑥ 倪延年:《中国新闻法制史》,南京:南京师范大学出版社,2013 年,第 106 页。

⑦ 丁淦林主编:《中国新闻事业史》,北京:高等教育出版社,2002 年,第 158 页。

令,宣布从即日起由陆军部派员对各报拟刊载的新闻稿实行预检,违者军法从事。① 3月20日,时任国民党代理理事长的宋教仁在上海火车站遭暗杀,为防止事件的真相被新闻界揭破,袁世凯由陆军部出面下令各地报纸"定(民国)二年三月二十一日起,由(陆军)部派员实行检阅签字办法"。凡登载军事外交事件不服检阅者,"立即派员究办","严重者"科以军法"。② 南京国民政府成立之后,提出了"以党治报"的方针,要求国统区所有新闻事业都必须接受国民党的思想指导和行政管理,并制定和颁行了一大批实行新闻统制的法律、法令,建立起以统制为核心的新闻法律制度。这些制度既把新闻出版统制手段用法典的形式确立下来,又通过制定与颁行非常法,对有害其政治统治的新闻宣传活动给予惩罚处置,同时还建立起新闻出版检查制度。③ 1933年1月19日,国民党第四届中央常务会议通过颁行《重要都市新闻检查办法》,规定了全国新闻检查体制的建立程序,"首都新闻检查所"的人员组成、运行机制,新闻检查的范围和责任单位,新闻检查的依据和手续等内容。当时只规定在"首都南京"进行"新闻检查",8个月后修订的《重要都市新闻检查办法》中规定各"重要都市"如"南京、上海、北平、天津、汉口"都要实行新闻检查。④ 在严苛的新闻检查制度下,林语堂认为新闻界的影响力逐渐萎缩,舆论几至于无。⑤

但同时,林语堂也认为舆论并非可以一直被压制。原因有三:其一,统治阶级压制舆论的结果往往伴随着那个朝代统治的结束,无法做到将舆论永久压制下去。汉代第二次逮捕士人的命令很有成效,彻底打垮了清议运动,但是也终结了汉朝的统治;⑥宋朝的大奸臣贾似道铲除了所有的异己力量之后,再也听不到批评的声音,但这时皇帝也落入了蒙古入侵者手中;⑦明朝的东林党运动最终以东林党人的屈服而告终,但明朝也走到了尽头;袁世凯以逮捕编辑、关闭报馆结束民国建立后成长起来的500余家报纸,很快也结束了他的统

---

① 黄瑚:《中国近代新闻法制史论》,上海:复旦大学出版社,1999年,第122页。
② 《申报》1913年3月28日。
③ 黄瑚:《中国新闻事业发展史》,上海:复旦大学出版社,2001年,第170-175页。
④ 黄瑚:《中国近代新闻法制史论》,上海:复旦大学出版社,1999年,第161页。
⑤ Lin Yutang: A History of the Press and Public Opinion in China; Chicago: The University of Chicago Press,1936,P172.
⑥ Lin Yutang: A History of the Press and Public Opinion in China; Chicago: The University of Chicago Press,1936,P38.
⑦ Lin Yutang: A History of the Press and Public Opinion in China; Chicago: The University of Chicago Press,1936,P57.

治……其二，舆论通常代表道德和正义的一方，在与统治阶级的斗争中，知识分子或士人总能获得民众的支持，从而削弱统治阶级对舆论的压制。汉代第一次党锢发生后，面对朝廷对士人的迫害，有的地方官因同情而拒绝执行逮捕命令，有的宁可丢官也要给犯人自由，有的冒着个人风险给逃亡者提供避难所，有的因为不愿意泄露朋友或子弟的藏身之处而遭鞭笞至死，这时士人的斗争非但没有因为遭迫害而停息，反而增强了。① 历史上的"《苏报》案"中，清政府虽然一开始下令查封报馆、严处编辑，但对于民众的舆论反抗，既害怕又无力抵抗，只能一再减轻对犯了"大逆不道之罪"的章太炎和邹容等人的判决。②加上来自日本的留学生报刊影响力越来越大，虽然有官方的禁令，但徒具形式，地方政府已无力或根本就不愿干涉报纸的批评，这时期的舆论发挥出比武力更惊人(fearful)的力量。③ 其三，知识分子和士人阶层每当朝政腐败时，总会挺身而出，前赴后继地冒死进谏。在历史上的三次舆论运动中，"太学生"都是舆论的主力军，他们面对迫害、监禁甚至死亡，始终充满了殉道精神。林语堂认为这与汉代以来儒家学说的复兴和战国时代遗留下来的侠义精神有关，儒生受个人英雄主义与侠义精神的鼓舞，政治热情高涨，④形成一个智力活动的中心和自觉的批评议政的团体(a centre of intellectual activity and a self-conscious body of critical opinion)，受到各方敬重，⑤"文人论政"的传统由此产生。近代以来，以"言论救国"为目标的知识分子运用报刊这一舆论工具参与政治批评和社会变革，也始终充满无所畏惧的拼搏精神。虽然新闻业经常向强硬的政府出卖自己，但假如一端是仆从文人和太监党徒，另一端必定是民

---

① Lin Yutang：A History of the Press and Public Opinion in China；Chicago：The University of Chicago Press，1936，P38.

② 清政府一再减轻对章、邹等人的判决，并非如林语堂所认为的主要是迫于民众的舆论反抗，舆论反抗只是原因之一，但不是根本原因。事实上，是外国租界当局与清政府之间的"治外法权"使清政府不能按照其如意算盘严惩苏报人。

③ Lin Yutang：A History of the Press and Public Opinion in China；Chicago：The University of Chicago Press，1936，P102－103.

④ Lin Yutang：A History of the Press and Public Opinion in China；Chicago：The University of Chicago Press，1936，P29.

⑤ Lin Yutang：A History of the Press and Public Opinion in China；Chicago：The University of Chicago Press，1936，P32.

众无畏的声音,①民众的舆论是压制不住的。

为此,林语堂认为,明智政府的做法不是压制舆论,而是让民意得到充分的表达。他说:随着人民的民主意识越来越强,政府的耻辱(指政府向民意让步)会越来越多。政府真正的威望来自于承担领导国民的责任,使民意得到切实的表达,而不是与民意作对,总想钳制公共批评或被迫顺应民意。②

三、"民众的而非精英的"

从舆论的制造主体来看,林语堂认为民众是制造和推动舆论发展的主体,精英阶层和官方势力只是作为参与者加入其中。他的这一观点具有鲜明的民权和民本主义色彩,与同时代梁启超和李普曼更多着眼于社会精英的舆论观相比具有明显的进步性。

作为清末民初的著名报人、政治家和思想家,梁启超素有"近代舆论骄子"之称。1898年维新运动失败后他开始了长达十多年的办报历程,并发表了《舆论之母与舆论之仆》《国风报叙例》《敬告我同业诸君》《敬告当道者》等一系列反映其舆论思想的文章。林语堂曾不止一次表达他对梁启超的敬佩,称赞他是中国新闻史上最伟大的人物,辛亥革命之所以能够发生,他的文章功不可没。他还说道:梁启超在日本创办的《清议报》,其名字让人想到东汉的清议运动,《清议报》刊登大量抨击清政府的文章,清廷曾明令禁止刊行和梁启超有关的出版物,足见他对中国民众的影响之大,也给清廷造成了巨大的困扰。③梁、林二人对舆论的内涵和功能有着相似的看法和观点。梁启超提出:"夫舆论者何,多数人意见之公表于外者也。是故少数人所表意见,不成为舆论;虽多数人怀抱此意见而不公表之,仍不成为舆论。"④意即舆论是公开发表的公众意见的集合,代表的是"公意",这与林语堂反复强调舆论代表的是老百姓的呼声是一致的。同时,二人都认为舆论的力量十分强大。梁启超谓之"天地间

---

① Lin Yutang:A History of the Press and Public Opinion in China;Chicago:The University of Chicago Press,1936,P179.

② Lin Yutang:A History of the Press and Public Opinion in China;Chicago:The University of Chicago Press,1936,P53.

③ Lin Yutang:A History of the Press and Public Opinion in China;Chicago:The University of Chicago Press,1936,P97.

④ 梁启超:《读十月初三日上谕感言》,《饮冰室合集·文集之二十五》,北京:中华书局,1989年,第145页。

最大的势力,未有能御之者","凡政治必籍舆论之拥护而始能存立",①林语堂从古代的三次大规模舆论运动,到近代报刊舆论在辛亥革命、五四运动、五卅运动等历史事件中发挥的作用,用事例证明了舆论力量的强大。此外,二人都提到了"第四等级"。林语堂认为古代的公共批评(对政府的舆论监督)介入当时的政治,对朝政施加影响,代替新闻界成为真正意义上的第四等级。梁启超在《清议报一百册祝辞并论报馆之责任及本馆之经历》一文中提到:"英国前大臣波尔克,尝在下议院指报馆记事之席而叹曰:'此殆于贵族、教会、平民三大种族之外,而更为一绝大势力之第四种族也。'"②认为报馆即是"第四种族"③。"第四等级"理论主要强调报刊对政府具有舆论监督权,梁启超认为"凡报馆皆有代表国民监督其公仆之责任"④,"于我之百事未举,准恃报馆为独一无二之政监者乎! 故今日吾国政治之或进化、或坠落,其功罪不可不专属诸报馆"⑤。林语堂认为每当国家和民族处于危难之际,公共批评就会应时而起,迫使政府抗击外敌。⑥ 由此可见,二人都认为舆论应发挥监督政府、批评政府的功能,并认为舆论监督是救国的重要手段。

但由于林语堂与梁启超所持的立场不同,因而他们对舆论与民众之间关系的认识也有所不同。林语堂始终以民众立场研究和看待舆论,而梁启超作为戊戌变法运动的政治领袖,对舆论的看法难免带有精英主义的色彩。戊戌变法后,梁启超提出了"舆论之母"和"舆论之仆"的观点,提出报刊要为国民的利益考虑而造舆论。他说:"谓格公为舆论之母也可,谓格公为舆论之仆也可。彼其造舆论也,非有所私利也,为国民而已。苟非以此心为鹄,则舆论必不能造成。彼母之所以能母其子者,以其有母之真爱存也。母之真爱其子也,恒愿

---

① 梁启超:《读十月初三日上谕感言》,《饮冰室合集·文集之二十五》,北京:中华书局,1989年,第146页。

② 梁启超:《清议报一百册祝辞并论报馆之责任及本馆之经历》,《饮冰室合集·文集之六》,北京:中华书局,1989年,第50页。

③ 即"第四等级"。此概念在20世纪初传入中国,最初"Fourth Estate"被译为"第四种族"。参见陈玉申:《晚清报业史》,济南:山东画报出版社,2003年,第136页。

④ 梁启超:《敬告当道者》,《饮冰室合集·文集之十一》,北京:中华书局,1989年,第35页。

⑤ 梁启超:《敬告我同业诸君》,《饮冰室合集·文集之十一》,北京:中华书局,1989年,第37页。

⑥ Lin Yutang: A History of the Press and Public Opinion in China, Chicago: The University of Chicago Press, 1936, P46.

以身为子之仆,惟其尽为仆之义务,故能享为母之利权。"①同时也提出"舆论之所在,未必为公益之所在"②的观点,认为舆论并不都是以"公益"(公共利益)目的而存在,也有为了私利的舆论。1910年戊戌变法失败后,他逃亡日本创办《国风报》,在创刊号上发表《国风报叙例》一文,提出"健全"舆论的主张:"夫舆论之足以重天下,固若是矣。然又非以其名为舆论而遂足贵也。盖以瞽相瞽,无补于颠仆;以狂监狂,只益其号呶。俗论妄论之误人国,中外古今,数见不鲜矣。故非舆论之可贵,而其健全之为可贵。"③他认为舆论如果过于盲目或狂热,反而会"误人国",强调舆论贵在"健全",必须"为国民"而"非有所私利",并提出了造健全舆论的"五本"④"八德"⑤说。梁启超虽然承认舆论的主体是普通民众,代表的是公意,但却把"造健全舆论"的希望寄托于像"格公"⑥一样的豪杰或政府精英分子,强调豪杰等精英分子在健全舆论形成过程中的作用,认为"世界贵有豪杰,贵其能见寻常人所不及见,行寻常人所不敢行也","世界愈文明,则豪杰与舆论愈不能相离",然而"豪杰与舆论常不相容",因此

---

① 梁启超:《舆论之母与舆论之仆》,《饮冰室合集·专集之二》,北京:中华书局,1989年,第84页。

② 梁启超:《舆论之母与舆论之仆》,《饮冰室合集·专集之二》,北京:中华书局,1989年,第83页。

③ 梁启超:《国风报叙例》,《饮冰室合集·文集之二十五》,北京:中华书局,1989年,第19页。

④ 梁启超在《国风报叙例》中写道:"然则健全之舆论,果以何因缘而始能发生乎?窃尝论之,盖有五本:一曰常识。……二曰真诚。……三曰直道。……四曰公心。……五曰节制。……以上五者,实为健全舆论所不可缺之要素,故命之曰本。"见梁启超:《国风报叙例》,《饮冰室合集·文集之二十五》,北京:中华书局,1989年,第19-20页。

⑤ 梁启超在《国风报叙例》中写道:"夫舆论之所自出,虽不一途,而报馆则其造之机关之最有力者也。吾于是谓欲尽报馆之天职者,当具八德:一曰忠告。……二曰向导。……三曰浸润。……四曰强聒。……五曰见大。……六曰主一。……七曰旁通。……八曰下逮。"见梁启超:《国风报叙例》,《饮冰室合集·文集之二十五》,北京:中华书局,1989年,第20-21页。

⑥ 指英国首相格兰斯顿。在《舆论之母与舆论之仆》中,梁启超写道:"赫胥黎尝论格兰斯顿曰:'格公诚欧洲最大智力之人,虽然,公不过从国民多数之意见,利用舆论以展其智力而已。'约翰·摩礼(英国自由党名士,格公生平第一亲交也)驳之曰:'不然。格公者,非舆论之仆,而舆论之母也。格公常言:大政治家不可不洞察时势之真相,唤起应时之舆论而指导之,以实行我政策。此实格公一生立功成业之不二法门也,盖格公每欲建一策行一事,必先造舆论,其事事假借舆论之力,固不诬也。但其所假之舆论,即其所创造者而已。'"

他进一步提出"豪杰"如何与舆论"相容"的建议："其始也,当为舆论之敌;其继也,当为舆论之母;其终也,当为舆论之仆。敌舆论者,破坏时代之事业也;母舆论者,过渡时代之事业也;仆舆论者,成立时代之事业也。非大勇不能为敌,非大智不能为母,非大仁不能为仆,具此三德,斯为完人。"①梁启超的这一观点具有理想主义色彩,与他政治思想中认为精英阶层才是拯救中国的中坚力量有关。他为"造健全舆论"而提出的"五本""八德"说,针对的对象也主要是社会精英阶层。而林语堂从20世纪30年代的社会现实出发,又结合历史上三次大规模舆论运动,始终坚持学生和普通民众才是制造和推动舆论发展的主要力量。

除此之外,梁启超站在政府的立场,认为政府与报刊之间是平等的关系,与国民之间是被雇者与雇者的关系,并把政府与报馆、国民之间界定成亲如父兄子弟般的关系。他说："报馆者,非政府之臣属,而与政府立于平等之地位者也。不宁惟是,政府受国民之委托,是国民之雇佣也,而报馆代表国民发公意以为公言者也。故报馆之视政府,当如父兄之视子弟。其不解事也,则教导之,其有过失也,则扑责之。"②林语堂与他的观点几乎相反。首先,在政府与报刊的关系方面,林语堂不仅不认为两者之间是平等的,反而认为政府对报刊处于一种敌视的压制状态,对于梁启超认为的"父兄"(报刊)对"子弟"(政府)因后者"不解事""有过失"而行使"教导""扑责"之职,林语堂却认为"子弟"对"父兄"实行了无情而残酷的镇压。其次,在政府与国民的关系方面,梁启超把国民放到了很高的位置上,认为国民是雇者,可以通过报刊影响和决定"被雇者"政府的行为,并且两者之间是亲密友好的关系,而林语堂认为政府与国民之间是敌对的"拔河"关系(如上文所述),并用"马儿"与"骑师"来比喻这种关系,马儿是政府,骑师是国民。他认为,马儿是导师,而骑师是孩子,马儿教训它背上的孩子应该如何使用缰绳,并且这马儿还间歇性地发脾气,十分可怕,对骑手也极为轻蔑。③而按照梁启超的观点,应该是"骑师"(国民)来决定"马儿"(政府)的走向才对。两种截然相反的观点,与梁启超代表的是政府立场,

---

① 梁启超:《舆论之母与舆论之仆》,《饮冰室合集·专集之二》,北京:中华书局,1989年,第83-84页。
② 梁启超:《敬告我同业诸君》,《饮冰室合集·文集之十一》,北京:中华书局,1989年,第37-38页。
③ Lin Yutang: A History of the Press and Public Opinion in China; Chicago: The University of Chicago Press, 1936, P114-115.

林语堂代表的是国民立场有关,也因为清末民初的言论环境较之国民政府时期要宽松许多。报刊是舆论的重要记录者,从二人对政府与报刊、国民之间关系的认定来看,林语堂是从现实出发,以民众的利益为评判标准,而梁启超虽也提出"为国民"而造舆论,但更多是出于政治目的,因此林语堂关注的舆论才是真正意义上的"社会舆论"。

20世纪二三十年代世界范围内还有另一位研究舆论的专家,他就是美国新闻史上的传奇人物之一、普利策新闻奖获得者沃尔特·李普曼(Walter Lippman)。1922年他写作的《公众舆论》(*Public Opinion*)一书由美国麦克米兰公司出版,在美国政治学界引起了巨大轰动。李普曼跟梁启超一样对政治有强烈的追求,虽然身在新闻界,但在政治界十分活跃,是世界上著名的政治专栏作家之一,其出版的第一本著作《政治序论》即是关于政治的。在他将近40年的政论生涯中,他的政论文章通过报业辛迪加的转发,刊登在美国和世界其他各地主要报纸上,拥有读者近5 000万人,"整整三代人都靠沃尔特·李普曼指点政治事务的迷津"[1],"他并不指挥千军万马,然而他确实具有左右舆论的巨大力量。这一点反过来又赋予他权力去左右总统、政治家和决策人物"[2]。他的政治角色使他跟梁启超一样,认为精英阶层在舆论的形成过程中起关键作用。在"拟态环境"的假设下,他认为公众是有局限性的,这种局限性体现在两个方面,一是由于"新闻不是社会状况的一面镜子"[3],"不抱偏见的信息机构又几乎不存在"[4],客观上公众无法获知真实、客观的信息;二是由于"人们是根据自己头脑中未受到挑战的画面来构想外部世界画面的",而"这些画面是由父母、老师精心铭刻进去的","极少被他们自己的经验所校正",[5]主观上公众总是受到"刻板成见"的影响。在这种客观和主观的重重障碍下,公众想要真实、客观地认识外部世界几乎是不可能的,由此造成"公众舆

---

[1] [美]罗纳德·斯蒂尔著,于滨、陈小平、谈锋译:《李普曼传》,北京:新华出版社,1982年,第3页。

[2] [美]罗纳德·斯蒂尔著,于滨、陈小平、谈锋译:《李普曼传》,北京:新华出版社,1982年,第4页。

[3] [美]沃尔特·李普曼著,阎克文、江红译:《公众舆论》,上海:上海人民出版社,2006年,第245页。

[4] [美]沃尔特·李普曼著,阎克文、江红译:《公众舆论》,上海:上海人民出版社,2006年,第247页。

[5] [美]沃尔特·李普曼著,阎克文、江红译:《公众舆论》,上海:上海人民出版社,2006年,第198页。

论中的客观成分极少,更多的是根据临时的想象"①,除非有制度设计可以保障信息传播的精确性和公正性,并且公众普遍接受教育,提高思辨和判断能力。但是,"如果没有这样的制度与教育——它们能够成功报道环境,从而使公共生活的现实能够坚决抵消自我中心的舆论,那么共同利益在公众舆论中就根本得不到反映,只能通过一个其自身利益超越了地方局限的专业阶层加以管理"②。这个"专业阶层"指的是"少数聪明人",是掌握专业知识的精英阶层,李普曼主张由他们在统治者、新闻媒介和公众之间搭起桥梁,关键时刻在社会中充当促进者和协调者的角色,③对公众舆论进行管理以维持其公意。④由此可以看出,李普曼认为精英阶层是维持公众舆论的客观性和公正性的关键力量。而林语堂始终认为新闻自由是民主的真正基石⑤,破坏民主的最大元凶是"新闻检查制度"。只有民众的言论能获得自由而不受限制的表达,社会舆论才能实现其客观公正性,即民众是维持客观、公正舆论的关键所在。

此外,林语堂和李普曼对于舆论的关注重点也有所不同。李普曼关注的是舆论的社会调控功能,重在给予政府决策建议,而林语堂关注的是舆论的公共批评功能,重在通过舆论批评实现救亡图存的目的。这种差异性与林语堂、李普曼所处的社会环境不同有关。20世纪20年代前后的美国,随着第二次工业革命的深入发展和资本的高度垄断集中,城市人口流动加剧,不同种族、职业、阶层的群体在利益和观念方面产生了激烈的冲突,社会矛盾加剧。这时,政府迫切需要相关理论来重新审视复杂的社会问题,调和各种利益群体之间的矛盾冲突,因此李普曼更关注舆论的社会调控功能。而1935年前后的中国正处于内忧外患的形势下,对于日本侵略者的虎视眈眈,国民党政府采取"攘外必先安内"的不抵抗政策,并强力压制国内的抗战舆论,国家处于危难存亡之际。林语堂更关注舆论的公共批评功能是希望以此唤醒民众与专制统治做斗争。

---

① [美]沃尔特·李普曼著,阎克文、江红译:《公众舆论》,上海:上海人民出版社,2006年,第199页。

② [美]沃尔特·李普曼著,阎克文、江红译:《公众舆论》,上海:上海人民出版社,2006年,第223页。

③ 胡百精:《公共关系学》,北京:中国人民大学出版社,2008年,第36-37页。

④ 这个观点曾为公共关系专家存在的合理性提供了理论基础,这些职业化的公共关系专家后来都成为美国社会中对公共舆论实行管理的舆论精英。

⑤ Lin Yutang: A History of the Press and Public Opinion in China, Chicago: The University of Chicago Press, 1936, P1.

四、"民意推动社会发展与进步"

从民主政治的施行角度来看,林语堂认为中国历史上争取舆论表达自由的传统为现代民主提供了思想上的基础,引导和推动社会朝前发展。首先,如前所述,林语堂认为每逢国家处于危亡之际,中国的士人阶层必定会置个人安危于不顾,站出来伸张正义,公共批评应时而起。汉朝的太学生运动发生时,宦官和外戚专权,官员腐败,暴政肆虐,人民普遍受到压迫;宋朝的学生请愿运动发生时,赵氏王朝正处于金人、蒙古人的连番入侵下,退居临安勉力维持其统治;明朝的东林党运动发生时,宦官与内戚专权,朝政腐败,国无宁日,民不聊生。也就是说,社会动荡不稳定、外族入侵等重大事态是刺激舆论运动生成的直接原因。其次,舆论运动中士人阶层在有人带头或适当的组织下能够形成强大的舆论力量和政治势力,威慑统治阶级的统治,进而推动社会朝前发展。汉朝的太学生运动在有组织的党派集团的参与下,延续了几十年,影响长达百年之久,它有效地抑制了宦官权力的坐大,引发了两次政变,第二次政变致使宫中大火,两千名宦官被处决,事实上导致了汉朝的灭亡。[①] 宋朝的太学生请愿运动,在少数太学生的带领下形成连平民也参与其中的巨大请愿示威阵势,虽然没有东汉时那么激烈,但在历时一个半世纪的过程中,经常性地联名上书或集体到宫门前抗议已经形成一种传统,他们的请愿和抗议常常能弹劾宰相和大臣,引起朝廷官员的变动,导致某一党派的升与降。[②] 明朝的公共批评已形成制度,由监察御史强有力地表达士人及官员对朝政的意见。这种"御史制度"的舆论表达方式使御史和朝臣之间形成派系对立,士人清除宦官、内戚不成,便退居乡野,以东林书院为基地大力抨击时政,形成强大的民意舆论,东林党运动由此发端。在这场运动中,监察御史发挥了重要的弹劾官员的作用,之后的东林党人也在澄清吏治方面发挥了重要作用,罢黜了一批宦官和大臣的门生、姻亲。[③]

[①] Lin Yutang:A History of the Press and Public Opinion in China;Chicago:The University of Chicago Press,1936,P28.

[②] Lin Yutang:A History of the Press and Public Opinion in China;Chicago:The University of Chicago Press,1936,P47-57.

[③] Lin Yutang:A History of the Press and Public Opinion in China;Chicago:The University of Chicago Press,1936,P58-67.

到了近代，代表民众发声的报刊在辛亥革命、五四运动等历史进程中发挥出了巨大威力。林语堂认为辛亥革命最终推翻清王朝的统治主要依靠经常遭到政府查禁和迫害的报刊来煽动。报刊引导的舆论唤起了中国知识阶层的民族、政治意识和爱国热情，最终推翻了清王朝。① 巴黎和会期间，民意发挥了杰出的作用，直接召回了巴黎和会上的中国代表团。② 五卅运动中，民意得到了前所未有的组织和呈现，各地纷纷掀起罢工运动和抵制日货、英货运动，为1926—1927年国民革命的成功埋下了伏笔。③

由此林语堂认为，代表民意的舆论运动或报刊在推动社会发展与进步方面具有巨大的力量，政府应该"善待民意"（handle satisfactorily in the opinion of the people）。他对1935年前后政府在外有强权入侵、内有党派纷争的国难时刻仍压制民意表现出了深深的痛恨和担忧，认为这与历史上宋朝学生请愿运动发生时的社会状况何其相似：太学生大声疾呼抗击外敌侵略，政府却摇摆不定并企图回避太学生的呼声，轮番使用镇压和利用两种手段来对付舆论。他提出：我们要以史为鉴，无论是当时的政治形势、太学生运动还是舆论反应，都对现代社会具有借鉴意义。④ 这一思想促使林语堂对国民党的文化专制政策进行了猛烈抨击，并对他在海外期间积极宣传抗日产生了直接影响。

第三节　林语堂新闻与舆论思想的渊源初探

林语堂踏足新闻界之时，即20世纪二三十年代，中国社会经历了剧烈的社会动荡和多元文化的思想冲击，辛亥革命后西方民主自由思想在中国的传播、西方传媒理论的漫染、中国传统文人的性格因素等都对林语堂新闻与舆论思想的产生和发展产生了重要影响。

---

① Lin Yutang：A History of the Press and Public Opinion in China；Chicago：The University of Chicago Press，1936，P94.

② Lin Yutang：A History of the Press and Public Opinion in China；Chicago：The University of Chicago Press，1936，P121.

③ Lin Yutang：A History of the Press and Public Opinion in China；Chicago：The University of Chicago Press，1936，P122.

④ Lin Yutang：A History of the Press and Public Opinion in China；Chicago：The University of Chicago Press，1936，P46.

一、辛亥革命后民主自由思想的熏陶

"广义的新闻自由,包括言论自由和出版自由。其中尤以言论自由为最重要。言论自由又以思想自由为基础,没有思想自由,不会有言论自由,也就不会有出版自由或新闻自由。"[①]余英时认为林语堂写作《中国新闻舆论史》,"和他当时在中国争取言论自由有密切的关系","他所关心的是中国史上清议与权威之间的斗争;而这一斗争则是民主在中国的发展的一大关键之所在"。[②]林语堂的新闻与舆论思想中对言论自由的争取,与他当时深受西方民主自由思想的熏陶有很大关系。

在现代化的启蒙过程中,近代中国思想是在吸收了西方因素的基础上发展起来的。鸦片战争后中国的民族危机日益加重,先进知识分子出于"救亡""自强"的目的发出了"向西方学习"的呼声,并积极创办报刊介绍西学,西方的民主自由思想传入中国。林语堂认为,受高涨的爱国主义热潮的激发,自1895年到1911年辛亥革命这段时期,报刊几乎不考虑赢利,一部分先进的知识分子通过办报以唤起中国知识阶层的民族和政治意识,有的揭露政治腐败,介绍西方"自由""民主"和"宪政改革"等新思想,呼吁立即推行政治改革;有的基于极端的民族情绪,视驱逐"满人"为中国的唯一希望,号召对异族统治实施致命的攻击;有的鼓吹开阔视野,引进西学和西方的自由主义思想;还有的号召保存和弘扬中国的国粹。[③] 在这期间,辛亥革命的领袖人物孙中山在吸收了西方的民主自由思想后结合中国的实际国情,提出了"民族、民权、民生"的"三民主义"主张。1905年他创办了《民报》,在《民报》的发刊词中提出:"余维欧美之进化,凡以三大主义:曰民族,曰民权,曰民生。"[④]并指出:"惟夫一群之中,有少数最良之心理能策其群而进之,使最宜之治法适应于吾群,吾群之进

[①] 朱传誉:《中国民意与新闻自由发展史》,台北:正中书局,1974年,第19页。

[②] 余英时:《试论林语堂的海外著述》,《中国知识分子论》,郑州:河南人民出版社,1997年,第210页。

[③] Lin Yutang: A History of the Press and Public Opinion in China; Chicago: The University of Chicago Press, 1936, P94.

[④] 孙中山:《〈民报〉发刊词》,《孙中山全集》第一卷,北京:中华书局,1981年,第288页。

步适应于世界,此先知先觉之天职,而吾《民报》所为作也。"①其中"最宜之治法"指的就是"三民主义",而《民报》的创办目的即在于"抑非常革新之学说",使"其理想输灌于人心而化为常识,则其去实行也近"。② 辛亥革命胜利后,依据民族、民权、民生的主张,中华民国临时政府颁布《中华民国临时约法》,其中的第六条第四款明确规定:"人民有言论、著作、刊行及集会结社之自由。"这是第一次以国家大法的形式向社会昭示人民享有言论自由和出版自由的权利,随着其他法令、法律的颁行,以言论和出版自由为主体的新闻自由体制开始确立,极大地推动了报刊业的发展。林语堂踏足新闻界之时,民主共和、言论自由思想已在报人群体中深入人心,加上他本身对民主与自由的向往,使得他在新闻与舆论思想的形成过程中对"民权主义"、言论与出版自由等思想产生强烈的认同,并将之作为其思想的重要理论来源。

林语堂把新闻自由看作民主的真正基石,认为新闻要维护和保障公众的知情权,要运用明智、公正的方法来选择、编辑和发布新闻,向公众提供准确的消息,也认为政府应该保障公民的言论自由和出版自由权,使社会舆论能够自由而不受限制地表达。③ 同时他也认为民权是实现言论自由的根本保障。他提出民权有两种,一种是积极的,如选举、复决、罢免等,乃使民众做官之权;一种是消极的,即人民生命、财产、言论结社出版自由之保障,为真正的民权。④ 然而在中国,他认为真正的民权与当权者是正面冲突的,人民不能享有民权,言论自由难以实现,从古至今一直存在着人民为争取自由而与当权者进行的激烈斗争。"中国史上争自由的传统为现代民主提供了思想上的基础"⑤,在丧失自由与民权的情况下,林语堂认为争自由的斗争传统应该继续下去。他在《中国新闻舆论史》中全面梳理了中国民意与专制做斗争的历史,寄希望于《中国新闻舆论史》的出版可以启发民众用历史的眼光审视当前的局势,吸取

---

① 孙中山:《〈民报〉发刊词》,《孙中山全集》第一卷,北京:中华书局,1981年,第289页。

② 孙中山:《〈民报〉发刊词》,《孙中山全集》第一卷,北京:中华书局,1981年,第289页。

③ Lin Yutang: A History of the Press and Public Opinion in China; Chicago: The University of Chicago Press,1936,P94.

④ 林语堂:《又来宪法》,《披荆集》,见《林语堂名著全集》第十四卷,长春:东北师范大学出版社,1994年,第232页。

⑤ 余英时:《试论林语堂的海外著述》,《中国知识分子论》,郑州:河南人民出版社,1997年,第210页。

历史经验教训,唤起民众为新闻自由的宪法原则而战,为个人的公民权利而战——林语堂将之视为实现民主的基础——的意识。此外,林语堂的新闻舆论思想始终把公众的需求和利益摆在首要的位置,充分尊重公民的各项权利,这些都体现了他对民权观念的重视。

1932年12月,林语堂与宋庆龄、蔡元培和杨杏佛等人在上海共同发起成立"中国民权保障同盟",宋庆龄任同盟执行委员会主席,林语堂任宣传主任。同盟在成立宣言中宣布了三项任务:"一、争取释放国内政治犯,反对目前到处盛行的监禁、酷刑和处决的制度。本同盟首要的工作对象是大量的无名囚犯。二、予政治犯以法律的辩护及其他援助,调查监狱的状况和公布国内剥夺民权的事实,以唤起舆论的注意。三、协助关于争取公民权利,如出版、言论、集会和结社自由的斗争。"①这应该是林语堂实践"民权主义"思想最集中的体现。

二、西方传媒理论的浸染

林语堂新闻与舆论思想的渊源与他本人的成长背景及教育经历是分不开的。他从小生活在基督教家庭环境中,最早接触的是传教士报刊和西方杂志,接受的是教会学校的西式教育,又有出国留学经历,因此虽从未接受过任何西方的新闻学教育,但长期的耳濡目染使他的新闻与舆论思想或多或少地受到西方传媒理论的影响。

(一) 对自由主义报刊理论的借鉴

自由主义报刊理论源于16、17世纪的欧洲,后盛行于美国。1644年,弥尔顿出版《论出版自由》抨击英国的新闻检查制度,他主张"每个人都有将自己的思想诉诸社会的自由权利",并提出"言论出版自由是一切自由中最重要的自由"。18世纪,英国、法国、美国等资本主义国家先后爆发把自由主义报刊理论制度化的斗争,1789年美国国会终于在《人权法案》的第一条中规定,国会不得制定下列法律:确立宗教或禁止宗教信仰自由;剥夺人们言论或出版自由;剥夺人民和平集会及向政府请愿申冤之权利。到18世纪末19世纪初,西方各主要资本主义国家基本上都以法律的形式把自由主义报刊理论变成政治

---

① 施建伟:《林语堂在大陆》,北京:北京十月文艺出版社,1991年,第260-261页。

制度的一个组成部分。①

在西方国家争取新闻自由的过程中,最具有影响力的是在《独立宣言》中赋予美国人民平等、自由、民主精神内涵的托马斯·杰弗逊总统,他对新闻自由和民意的重视对林语堂产生了深刻的影响。在《美国的精神》一书中,林语堂称赞杰弗逊为美国最伟大的哲学家,肯定了杰弗逊关于新闻自由的主张:"既然真相和理智坚持自己的立场,反对由虚假事实造成的错误观点,只注重真相的新闻舆论就不需要其他的限制。"②

自由主义报刊理论认为,政府不得采取任何措施干涉、收买或控制报刊;报刊有权监督政府,行使行政、立法、司法以外的第四种权力;每一个人都可以充分利用报刊自由地表达意见,在报刊上形成一个"意见自由市场",不管是正确的还是错误的意见,都可以在这个"意见自由市场"中完成真理的自我修正;报刊要客观地反映现实。③ 林语堂的新闻与舆论思想与这些理论有不少契合之处:《论语社同人戒条》的第四条"不拿别人的钱,不说他人的话",说的就是报刊不受干涉或收买;认为报刊应该自由地批评政府,实现舆论监督的目的,并提出"第四等级"的概念,这与报刊有权行使第四种权力的概念一致;认为批评是促进真理传播的一种手段,"反对者与拥护者都可以据批评的理论,去供社会的公评"④,这与"意见自由市场"和"自我修正"理论不谋而合,即认为应该让真理和错误展开公开较量从而凸显真理。可见,林语堂的新闻与舆论思想有他对自由主义报刊理论的继承与吸收。

(二) 对社会责任论的借鉴

自由主义报刊理论提出之后,绝对的自由使西方新闻界陷入混乱,黄色新闻大行其道,很多企业大亨用资本控制媒体,进行不负责任的自吹自擂甚至虚假宣传。20世纪40年代,一批学者组成新闻自由委员会,对新闻自由的现状和前景进行了调查与分析,并做了题为《一个自由而负责的新闻界》("A Free and Responsible Press")的报告,"社会责任论"被正式提出。新闻自由委员会

---

① 李良荣:《西方新闻事业概论》(第三版),上海:复旦大学出版社,2006年,第107页。

② 林语堂著,刘启升译:《美国的精神》,北京:群言出版社,2011年,第99页。

③ 李良荣:《西方新闻事业概论》(第三版),上海:复旦大学出版社,2006年,第110-112页。

④ 林语堂:《论现代批评的职务》,《大荒集》,见《林语堂名著全集》第十三卷,长春:东北师范大学出版社,1994年,第124页。

明确提出"新闻自由是危险的",主要原因有三个:第一,随着作为大众传播手段的新闻出版业的发展,新闻出版对于公众的重要性正在迅速增长,但同时,公众能够通过新闻出版表达意见和思想的比例却在大大减少。第二,少数掌握大众传播媒介资源的人未能提供满足社会需要的服务。第三,掌控大众传播媒介的人经常性地参与社会批评,这种状况持续下去的话,将不可避免地形成对社会的操纵和控制。①

社会责任论的提出是对自由主义报刊理论的一种修正②,西方各国媒体随后都依据该理论制定了新闻职业道德相关法律条例,并将之作为新闻从业人员培训和新闻教育的主要内容,报纸、广播、杂志和电影等大众媒体也纷纷制定行业自律规范。林语堂在美国生活的时候,正好经历了社会责任论从提出到被西方各国接受,到成为西方新闻界主流理论的过程。他在抗日宣传时期主张新闻业应发挥宣传功能,引导社会舆论,媒体要对社会负责;在台湾主持《无所不谈》专栏时主张新闻业应发挥教育功能,推动文化进步,也体现了社

---

① The Commission on Freedom of Press: A Free and Responsible Press; Chicago: The University of Chicago Press,1947,P1.

② 新闻自由委员会在《一个自由而负责的新闻界》的报告中提到,当前的新闻自由危机只是在追寻新闻自由之路上的一个必经阶段,所以社会责任论并不是要"清除"(sweep away)自由主义报刊理论的观点,而是在新闻自由的基础上,提出大众传播媒介要对社会负责。具体怎么负责,报告中提出了五项要求(requirements):(1)新闻媒介要"就当日事件在赋予其意义的情境中真实、全面、聪明地进行报道"(A truthful, comprehensive, and intelligent account of the day's events in a context which gives them meaning)。强调媒体不要孤立地报道新闻,而要多进行事件的背景调查,以求真实和全面。(2)新闻媒介应成为"交换不同意见的评论和批评的论坛"(A forum for the exchange of comment and criticism)。要求媒体担负起交流沟通的责任,社会中的所有重要思想和观点都应该存在于媒体中,尤其是那些与媒体相悖的意见。(3)新闻媒介要"反映社会各个群体的典型画面"(The projection of a representative picture of the constituent groups in the society)。要求媒体在报道事件的时候,平等对待社会各种群体、种族、阶层、区域等的观念和利益,对他们做准确的描述,避免因误解而引起各个群体之间的冲突。(4)新闻媒介要"阐明和澄清社会的目标与价值观"(The presentation and clarification of the goals and values of the society)。要求媒体应承担教育的功能,传播社会赖以生存的目标和价值观,使人具有为之奋斗的理想。(5)新闻媒介要"完全接近当天的消息"(Full access to the day's intelligence)。要求媒体注意新闻的时效性,要尽量向民众广泛地、尽可能多地报道消息和意见。见 The Commission on Freedom of Press: A Free and Responsible Press; The University of Chicago Press,1947,P2,P20-28.

会责任论的内涵。在林语堂的新闻实践历程中,他勇于揭露和报道事实真相,倡导记者采写新闻时要深入现场调查,真实、全面地报道新闻,主张记者和编辑要坚持言论的为公而不是为私,表现出新闻从业者该有的职业道德和专业素养,这其中不乏社会责任论对他潜移默化的影响。

(三)受美国公共关系实践的影响

公共关系实践发端于19世纪中叶美国的"报刊宣传运动"。当时的组织和企业发现利用报刊宣传自己的主张、美化自己的形象具有意想不到的效果,就雇佣报刊记者和与新闻界有关系的人员为自己做宣传,制造新闻。19世纪下半叶,资本主义从自由竞争走向垄断集中,企业大亨掌控住美国的经济命脉,根本无视公众的利益,引起社会舆论的强烈不满。一批有良知的新闻记者纷纷报道和揭露企业大亨的丑恶嘴脸,掀起了美国新闻史上著名的"扒粪运动"。在企业与公众之间冲突和对抗不断加剧的情况下,1906年曾是美国著名记者的艾维·李向新闻界发表了《原则宣言》,提出要建立企业与公众之间良好的关系就要对公众"说真话",赢得了公众的信任。1922年李普曼提出"拟态环境"假设,认为公众无法全面认知和把握真实的环境,唯有依靠虚幻的"拟态环境"和头脑中的"图像"做出决定和行动,这一假设为公共关系的宣传与说服以及通过塑造形象"制造认同"提供了理论支持。但同时,正因为公共关系通过虚幻的拟态环境制造认同,它存在的合法性一直遭受伦理的指责。对此,哈贝马斯提出公共关系是"启蒙运动以来最值得警惕的社会现象之一",乔姆斯基提出现代公共关系的"伟大先驱"是操纵舆论的"邪恶教主",二人皆认为公共关系是为操纵舆论而生。①

林语堂在海外留学期间正是艾维·李的公关思想盛行之时,艾维·李对建立"良好公众关系"的重视②影响了林语堂对读者地位的认识,一定程度上促使他在新闻实践中始终坚持以读者为中心,重视读者的利益。与此同时,林语堂在海外期间听闻和目睹了发生在身边的总统大选、政府游说、企业或名人的形象宣传中公共关系是如何借助大众媒体发挥威力的,这或多或少影响了他对媒体功能的认识。他认为新闻业在为社会进步发挥作用的同时也具有负面性,形象可以被制造,要警惕媒体成为欺骗宣传的工具,这些观点与公共关

---

① 胡百精:《公共关系的"元理论"与对话范式》,《国际新闻界》2007年第12期。

② 艾维·李认为,"凡是有益于公众的事情也必然有益于组织",组织利益与公众利益具有一致性。参见胡百精:《公共关系学》,北京:中国人民大学出版社,2008年,第13页。

系遭受的伦理指责是一致的。

三、中国传统文人性格的影响

在近代新闻思想的形成过程中,儒家文化思想深深根植于知识分子和报人群体的心底。他们深受儒家文化中"君子群而不党"思想的影响,无党无派,个人主义的色彩浓厚,论政而不参政。① 林语堂虽然成长于基督教的教育环境中,没有养成儒家士大夫的个性,但正如他评价"虽然父亲是牧师,却绝不表示他不是一个儒家"②一样,他本质上既是一个基督徒同时也是一介儒生。身处中国传统儒家文化为主导的舆论环境中,"每一个有学问的中国人,都被期望能铭记孔子在《论语》中所说的话",因此"加入本国思想的传统主流,不做被剥夺国籍的中国人,是一种很自然的期望",加上"幼承父亲的庭训,对儒家经典根底很好",从圣约翰大学毕业后曾"带着羞愧,浸淫于中国文学及哲学的研究",③留学期间在美国哈佛大学和德国莱比锡大学的图书馆又专心研读了很多中国书籍来了解中国文化④,其思想一定程度上受到传统儒家文化的影响和约束。与此同时,林语堂也十分推崇道家精神,曾感言"中国有幸,中国人有一半时间是属于道家的"⑤,他尤其欣赏庄子的处世风格和哲学思想,晚年"以道家老庄之门徒自许"⑥,在《生活的艺术》《京华烟云》《老子的智慧》《苏东坡传》等创作中也传播和弘扬了道家文化和精神。因此,正如林语堂自己所言:"我的天性近乎道家,多过因信仰而造就的儒家"⑦,中国传统文化中的儒家、

---

① 李金铨主编:《文人论政:知识分子与报刊》,桂林:广西师范大学出版社,2008年,《序言》,第5页。

② 林语堂著,谢绮霞译:《从异教徒到基督徒》,见《林语堂名著全集》第十卷,长春:东北师范大学出版社,1994年,第47页。

③ 林语堂著,谢绮霞译:《从异教徒到基督徒》,见《林语堂名著全集》第十卷,长春:东北师范大学出版社,1994年,第62-63页。

④ 林太乙:《林语堂传》,见《林语堂名著全集》第二十九卷,长春:东北师范大学出版社,1994年,第38、43页。

⑤ 林语堂著,谢绮霞译:《从异教徒到基督徒》,见《林语堂名著全集》第十卷,长春:东北师范大学出版社,1994年,第119页。

⑥ 林语堂,张振玉译:《八十自叙》,见《林语堂名著全集》第十卷,长春:东北师范大学出版社,1994年,第247页。

⑦ 林语堂著,谢绮霞译:《从异教徒到基督徒》,《林语堂名著全集》第十卷,长春:东北师范大学出版社,1994年,第88页。

道家思想共同作用于林语堂,构成其新闻与舆论思想的文化基础。

在林语堂看来,"儒家和道家被视为中国思想的对立的两极"①,但"我们大家都是生就一半道家主义,一半儒家主义"②,"道家及儒家是中国人灵魂的两面","一种是属于活动的、有为的、相信的一面;一种是属于静观的、怀疑的、惊异的,使生活笼罩着一种如梦性质的一面","每一个中国人当他成功的时候,是一个好儒家,当他为艰难及失败所围困的时候,是一个道家"。③ 除基督教文化中的人性、人道主义价值观外,这种儒道互补的认识也为林语堂的新闻实践提供了伦理学基础和道德抉择标准,成为他进可攻、退可守的强大心理武器,反映在其新闻与舆论思想中表现为"一手闲适,一手忧愤"④,达则兼济天下,穷则独善其身。

(一) 兼济天下的"文人论政"情怀

中国的"文人论政"思想源远流长,早在三千多年前,中国的士人阶层就开始充当非官方的批评角色,以传抄宣传册、在街头张贴揭帖、在宫门口请愿等形式,表达对皇帝政令的不满。汉武帝独尊儒术后,儒家文化中"天下兴亡,匹夫有责"的道德规范深深根植于中国读书人的精神品质中,一直到近代,这一文化传统仍然在知识分子的新闻实践中不断地被延续和发扬,吴廷俊先生将其概括为:论政而不参政,经营不为营利,以言论报国,代民众讲话。⑤ 从王韬创办《循环日报》宣传"变法自强"到梁启超在《时务报》撰文中首创"时务文体",再到商业报刊为了竞争纷纷重金聘请主笔评论时局,"文人论政"一直是近代报刊发展中的一大特色。

林语堂从事新闻活动的初期,"文人论政"思想发展成熟,报刊一般都为知识分子发表政见而设,"以言论报国"和"代民众讲话"的整体报界氛围深深影响了林语堂对报刊的认知,加上儒家道德思想施加于他的影响,他很快形成了

---

① 林语堂著,谢绮霞译:《从异教徒到基督徒》,见《林语堂名著全集》第十卷,长春:东北师范大学出版社,1994年,第88页。

② 林语堂著,越裔译:《生活的艺术》,见《林语堂名著全集》第二十一卷,长春:东北师范大学出版社,1994年,第116页。

③ 林语堂著,谢绮霞译:《从异教徒到基督徒》,见《林语堂名著全集》第十卷,长春:东北师范大学出版社,1994年,第123-124页。

④ 作者不详:《台湾知名翻译家林语堂的另一面》,文华轩网,2012年9月17日,http://www.gotome.com.tw/tubiao/2012-09-17/3235.html。

⑤ 吴廷俊:《新记〈大公报〉史稿》,武汉:武汉出版社,2002年,第4页。

以言论报国的新闻实践理念。1924年加入语丝社后，有两个人对林语堂的思想产生了直接的影响，一个是鲁迅，另一个是周作人，他们几乎可以说是林语堂从事新闻活动的领路人和精神导师。周作人早期的新闻思想可以从他为《语丝》起草的发刊词中看出，他认为《语丝》要做的是"冲破一点中国的生活和思想界的昏浊停滞的空气"，反抗"一切专断与卑劣"。①鲁迅的"文人论政"思想相比周作人更具有战斗性。1912年1月，鲁迅在参与创办的《越铎日报》创刊号上以笔名"黄棘"发表《〈越铎〉出世辞》，阐明其办报宗旨为"纾自由之言议，尽个人之天权，促共和之进行，尺政治之得失，发社会之蒙覆，振勇毅之精神。灌输真知，扬表方物，凡有知是，贡其颛愚，力小愿宏，企于改进"②。1925年4月创办《莽原》周刊时，在给许广平的信中，鲁迅写道："中国现今……最缺少的是'文明批评'和'社会批评'，我之以《莽原》起哄，大半也就是为了想由此引出新的这一种批评者来……继续撕去旧社会的假面。"③由此表明其创刊目的是进行"文明批评"和"社会批评"。周氏兄弟二人虽然后来走上了截然相反的道路，但他们对林语堂早期新闻思想的形成都产生过影响，有学者用"亲密战友"④来形容"语丝"时期他与周氏兄弟之间的关系。

抗日战争爆发后，身在美国的林语堂利用其在美国的知名度和影响力，以"代中国讲话"的方式实现自己对国家与民族的关切，表现出了兼济天下的文人论政情怀。他在《我的信仰》一文中写道："我以普通受过教育之人的资格，对于生命，对于生活，对于社会，宇宙，及造物，尝想采取一个和谐而一贯的态度。我虽天性不信任哲学的理论体系，然此非谓对于人生——如金钱，结婚，成功，家庭，爱国，政治等——就不能有和谐而一贯的态度。"⑤抗战期间他一改"论语"时期以"自我""闲适"为中心的作风，以勇猛、凌厉之势成为积极奔走于国际舞台、捍卫国家与民族尊严的斗士，以此实现他兼济天下的儒家道德情怀。

---

① 周作人：《〈语丝〉发刊词》，《语丝》第1期，1924年11月17日。
② 鲁迅：《〈越铎〉出世辞》，《越铎日报》1912年1月3日。见鲁迅：《集外集拾遗补编》，北京：人民文学出版社，1995年，第36页。
③ 鲁迅、景宋：《两地书·原信：鲁迅许广平来往通信集》，北京：中国青年出版社，2005年，第200页。
④ 施建伟：《林语堂在大陆》，北京：北京十月文艺出版社，1991年，第173页。
⑤ 林语堂：《我的信仰》，《宇宙风乙刊》第10期，1939年7月16日。

（二）独善其身的"中庸主义"传统

林语堂说自己是"一团矛盾"，称自己是"现实理想主义家"和"热心人冷眼看人生"的哲学家，既喜爱妙思古怪，也喜爱平实贴切。① 徐訏评价林语堂一生中最矛盾的两句话是"文章可幽默，做事须认真"，认为这两句话看似很能自圆其说，实际上则是无法统一的。因为"做事"往往包括处世与待人接物，而"文章"所包括的人生，也就是处世与待人接物的表现，两者形成无法调和的矛盾，因此"读语堂先生的文章，往往误会他是一个不拘形骸，潇洒放浪随便自然任性的人，其实他的生活是非常有规律拘谨严肃井井有条的"②。林语堂一生都在矛盾中努力挣扎并试图寻求一个处世的平衡点，最终将积极的人生观和消极的人生观适度匹配起来形成一种中庸主义生存哲学，并将其运用于新闻实践活动中。

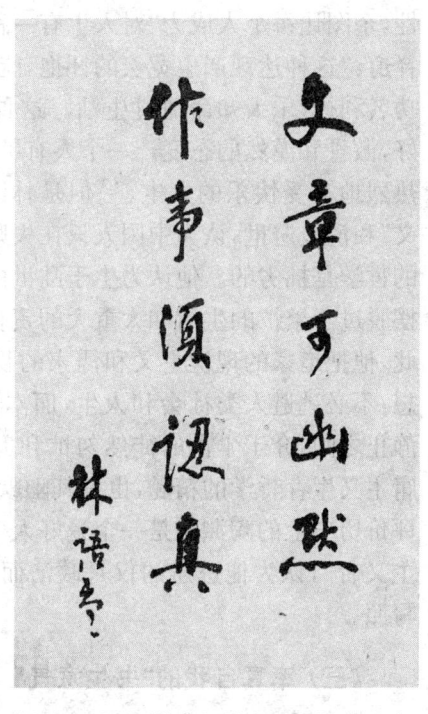

"文章可幽默，做事须认真"（林语堂手迹）

根据林语堂的观点，当一个人被艰难及失败所围困的时候，道家思想中的崇尚自然、反对斗争、清静无为、无所不容就开始发挥作用和影响力，使人更倾向于悠然闲适的超脱心境以及明哲保身的避世心态。他认为人类的尊严在于"能够利用幽默感去纠正他们的梦想，以一种比较健全的现实主义去抑制他们的理想主义"③。受现实政治环境的影响，他一方面提出不涉党派、不涉政治的办刊理念，以豁达的态度对或左或右的观点进行"兼蓄并收"，强调不偏不

---

① 林语堂著，张振玉译：《八十自叙》，见《林语堂名著全集》第十卷，长春：东北师范大学出版社，1994年，第245页。

② 徐訏：《追思林语堂先生》，见子通主编：《林语堂评说70年》，北京：中国华侨出版社，2003年，第137页。

③ 林语堂著，越裔译：《生活的艺术》，见《林语堂名著全集》第二十一卷，长春：东北师范大学出版社，1994年，第13页。

倚、宽容平和的价值观;另一方面提倡幽默闲适并关注大众生活和人生,将对现实的不满和无奈转化为追求一种理性、和谐的生活状态,努力磨炼个人的品性,企图让每个人成为"对人生有一种建于明慧悟性上的达观者",并进一步解释道:"这种达观产生宽宏的怀抱,能使人带着温和的讥评心理度过一生,丢开功名利禄,乐天知命地过生活。这种达观也产生了自由意识,放荡不羁的爱好,傲骨和漠然的态度。一个人有了这种自由的意识及淡漠的态度,才能深切热烈地享受快乐的人生。"①但是林语堂也不主张道家思想中绝对的"玩世主义"和消极避世,认为中国人只在失败后才做玩世者,叫人完全逃避人类社会的哲学是拙劣的。他认为生于乱世的人需要玩世主义的熏陶,但一定要叫他摆脱过于繁忙的生活和太重大的责任,会使人渐渐减少实际行动的欲望。因此,他把道家的现世主义和儒家的积极观念融合起来,提出了更高的生存理想:不必逃避人类社会和人生,而本性仍能保持原有的快乐。②"介于动作和静止之间,介于尘世的徒然匆忙和完全逃避现实人生之间。"③这是林语堂中庸主义生存哲学的精髓,也是其幽默、闲适和近情的新闻理念的思想源头。他评价历史上的陶渊明是一个爱好人生、近情近理的人而不是人们以为的"逃避主义者",认为他逃避的仅是政治而非生活本身,④这正是林语堂内心的真实写照。

（三）率真自我的"书生意气"

林语堂是一个率真磊落、活得自我的人。他在追寻儒家思想和道家思想的过程中发现两者的一个共通点,即"完成天性及实现人的真我",认为这既是儒家的教条,道家也同意。⑤ 这成为他一生从事新闻活动的重要价值取舍标准之一,他的新闻与舆论思想中对新闻自由、文体自由、个性化的办刊主张等

---

① 林语堂著,越裔译:《生活的艺术》,见《林语堂名著全集》第二十一卷,长春:东北师范大学出版社,1994年,第2页。
② 林语堂著,越裔译:《生活的艺术》,见《林语堂名著全集》第二十一卷,长春:东北师范大学出版社,1994年,第115-116页。
③ 林语堂著,越裔译:《生活的艺术》,见《林语堂名著全集》第二十一卷,长春:东北师范大学出版社,1994年,第119页。
④ 林语堂著,越裔译:《生活的艺术》,见《林语堂名著全集》第二十一卷,长春:东北师范大学出版社,1994年,第124页。
⑤ 林语堂著,谢绮霞译:《从异教徒到基督徒》,见《林语堂名著全集》第十卷,长春:东北师范大学出版社,1994年,第102页。

的追求也多少受到这一价值标准的影响。

根据林语堂的新闻实践历程,我们可以把林语堂对"天性"和"真我"的追求理解为一种追求个性、敢于直言的"书生意气",又即林语堂眼中的"丈夫气"或"浩然正气"。1934年12月27日,他在暨南大学对青年学生发表演讲时说:"既做文人,而不预备成为文妓,就只有一道:就是带一点丈夫气,说自己胸中的话,不要取媚于世,这样身分自会高。要有点胆量,独抒己见,不随波逐流,就是文人的身分。所言是真知灼见的话,所见是高人一等之理,所写是优美动人的文,独往独来,存真保诚,有气骨,有识见,有操守,这样的文人是做得的。"①晚年他评价孙中山在立德、立功、立言三方面的不朽成就使当代人及后代人深受其赐,认为孙中山的气魄在于"善养其浩然正气,所以百折不挠,鞠躬尽瘁,死而后已。却又能在局面周章之时,发出一种灵气,好像一阵天风,千里吹来,至大至刚,直养而无害,塞于天地之间。中山先生一生,就好像利用这一点气,所以有这样的建树。……所以能有那大无畏的精神"②。这里的"丈夫气"和"浩然正气"大概指的就是文人的气节,表现在林语堂身上就是只顺乎自己的本性和价值判断,存真保诚,我行我素。他一生与鲁迅"相得"二次,"疏离"二次,在给鲁迅的悼文中,他写道:"吾始终敬鲁迅。鲁迅顾我,我喜其相知,鲁迅弃我,我亦无悔。……《人间世》出,左派不谅吾之文学见解,吾亦不肯牺牲吾之见解以阿附于初闻鸦叫自为得道之左派,鲁迅不乐,我亦无可如何。"③"无悔"和"无可如何",亦表现出林语堂的率真与自我。

(四) 历史上文人的"幽默"源头

中国历史上的文人思想和理论成果也是林语堂新闻与舆论思想的源头之一。他认为庄子是中国之幽默始祖,理由是太史公曾称之滑稽,战国之纵横家如鬼谷子淳于髡之流,也具有滑稽雄辩之才。但这时的幽默,酸辣有余而温润不足,非幽默本色。纯熟的幽默始于魏晋王何之学兴起,道家势力复兴,加以"竹林七贤"继出,涤尽腐儒之气,开了清谈之风,道家心理深入人的性灵,周秦

---

① 林语堂:《做文与做人》,《论语》第57期,1935年1月16日。
② 林语堂:《一点浩然气》,《无所不谈合集》,见《林语堂名著全集》第十六卷,长春:东北师范大学出版社,1994年,第373-374页。
③ 林语堂:《悼鲁迅》,《宇宙风》第32期,1937年1月1日。

思想之紧张怒放一变而为恬淡自适,于是养成晋末成熟的幽默之大诗人陶潜。① 由此林语堂把他提倡的幽默追溯到东晋末年陶渊明的恬淡自适,证明幽默并非舶来品而是中国传统文化的一部分。同时,对于近情笔调,他也找到明代晚期"公安三袁"的文体风格,以其作为思想源头。他认为,三袁兄弟之排斥仿古文辞,就犹如西方的浪漫主义推翻古典主义,是一种文体的自由解放。② "公安三袁"反对承袭,主张独抒性灵、不拘格套,提倡通俗文学,与林语堂的文体主张几乎一致,所以林语堂毫不掩饰自己读到袁中郎文章后的惊喜:"近来识得袁宏道,喜从中来乱狂呼。宛似山中遇高士,把其袂兮携其裾,又似吉茨读荷马,五老峰上见鄱湖。从此境界又一新,行文把笔更自如。"③"公安三袁"的文体风格为林语堂全面认识报刊文体提供了源头上的支持。

小　结

在林语堂的新闻实践历程中,他一方面积极吸收和借鉴西方先进的新闻理念,一方面总结和概括自己创办和编辑刊物的经验,最终形成自己独具特色的新闻思想。他对新闻社会功能的认识是其新闻思想的整个核心,反映了他从事新闻实践活动的基本立场。20世纪20年代,出于知识分子的道德感和使命感,林语堂认为新闻业应该肩负起言论救国、批评和监督政府、开启民智的责任;30年代起,受新闻环境和政治局势的影响,他开始站在大众立场上重新审视新闻业的功能,认为新闻业应贴近大众,为大众的需求服务。这一思想上的变化直接影响和改变了林语堂的新闻实践理念和方式,并集中体现在他对报刊文体、报刊的编辑和经营等的思想认识中。

20世纪30年代,在饱受言论压制的摧残后,林语堂从民主政治如何施行的角度对中国漫长的舆论史做了回顾,并提出了对舆论的看法。跟同时代的梁启超与李普曼相比,他的舆论思想更强调民众在舆论形成过程中的主体性

---

① 林语堂:《论幽默》,《行素集》,见《林语堂名著全集》第十四卷,长春:东北师范大学出版社,1994年,第5—7页。

② 林语堂:《论文》,《披荆集》,见《林语堂名著全集》第十四卷,长春:东北师范大学出版社,1994年,第146页。

③ 林语堂:《四十自叙诗》,《论语》第49期,1934年9月16日。

作用以及舆论自由表达的重要性。林语堂认为中国历史上民意与专制斗争的传统是自由与民主在中国发展的基础,在适当的社会和政治环境下,这种传统的公共批评精神会再度开花结果,作为当代新闻事业中真正的民主力量出现。从报刊发展与舆论兴衰的关系来看,政府越"强大",舆论越衰败,因此中国需要不畏强权的报刊和民众以及相对宽松的舆论环境,才能维持公共批评的传统,真正发挥舆论的威力。同时他认为,新闻检查制度是破坏舆论表达和民主政治的最大元凶,政府明智的做法是让民意得到充分的表达。

  林语堂的新闻与舆论思想是时代的产物,是他身处那个时代和历史时期对新闻实践活动的思考和总结,所以必然带有那个时代和历史时期的印记,体现了他从事新闻活动时的社会状况、思想状况等。他深受西方资产阶级民主思想和孙中山"三民主义"思想的影响,对于民主政治制度中的言论自由、出版自由、舆论的作用、报刊批评监督政府与向导民众的作用具有深切的认同感,但"政治权力的绝对性没有哪个社会阶层能够撼动,知识分子最理想的状态是在它周围活动,进入则势必成为附庸,保持一定距离则至多能够做到论政"[1]。林语堂在饱受言论的压制后很快认识到这一点,转而从中国的儒家和道家文化中寻找新闻的出路,"鲁迅认为中国充满仁义道德的文化只是'吃人',而语堂向慕儒家之明性达理"[2],他最终确立了以幽默、闲适、近情为中心的中庸主义新闻实践哲学,努力在儒家的"入世"与道家的"出世"间找到一种平衡。此外,西方传媒理论的浸染以及林语堂的自身个性等,也对他的新闻与舆论思想产生了较大影响。

---

[1] 邵志择:《近代中国报刊思想的起源与转折》,杭州:浙江大学出版社,2011年,第197页。

[2] 林太乙:《林语堂传》,见《林语堂名著全集》第二十九卷,长春:东北师范大学出版社,1994年,第104-105页。

第四章 新闻人林语堂的学术地位与历史评价

徐讦在追思林语堂时曾评价道:"我相信他在中国文学史有一定的地位,但他在文学史中也许是最不容易写的一章。"①由于林语堂思想、性格、气质、兴趣、爱好的多重性、复杂性和矛盾性,因此要全面评述林语堂的历史地位是比较困难的一件事。本章主要立足新闻学视角,分析和评价林语堂作为新闻人在中国新闻史上的学术地位,他的新闻实践历程和新闻与舆论思想对民国新闻业发展与社会发展的影响与贡献,以及他在特定时代背景和自身个性影响下所存在的局限性。

第一节 舆论史研究开我国舆论研究之先河

《中国新闻舆论史》原本是林语堂基于争取言论自由而对中国漫长的舆论史做出回顾,从而抒发内心的矛盾和对国民党压制言论的愤慨所著之书,而因其从民主政治如何施行的角度对舆论的生成与发展、演变规律等进行了思考,客观上成为系统化研究中国舆论史的第一部学术著作,因此在中国新闻学研究史上具有一定的学术地位。

一、研究成果的学术价值

林语堂研究舆论史的主要成果是英文专著《中国新闻舆论史》(*A History of the Press and Public Opinion in China*)。有学者评价它是"我国最早对舆

---

① 徐讦:《追思林语堂先生》,见子通主编:《林语堂评说70年》,北京:中国华侨出版社,2003年,第155页。

论学进行系统深入研究"的一部专著,"把新闻史与舆论学结合起来进行研究","建立了最早的舆论史学研究专著的框架结构和理论体系",①"书中援引大量翔实的史料作为依据,将中国舆论发展的历史系统化"②,也有学者认为在严格意义上它并非学术性著作,而是政论性著作。③ 笔者认为,《中国新闻舆论史》在学术规范性方面略有欠缺,但它开我国舆论学研究之先河,对后继学者研究中国舆论史具有较为重要的学术参考价值。

(一) 提供了新颖独特的舆论研究视角

在日译本《支那言论的发达》的译者序言中,译者安藤次郎和河合彻认为,戈公振的《中国报学史》和白瑞华的《中国近代报刊史(1800—1912)》要么是专门要么是局部地对报刊与舆论进行了比较,而《中国新闻舆论史》通过巧妙地总结古代到现代作为舆论发表机构的报纸的盛衰,向读者展现了中国舆论的特殊性质和多舛命运。④ 在日本学者眼中,林语堂对舆论的研究视角是比较新颖和巧妙的。他从历史上舆论与专制统治之间的斗争史切入舆论史的研究,揭示古代的士人和民众如何以血的代价追求和捍卫民主,到近代又从报刊的兴衰角度进一步揭露在民主自由思想深入人心的时候,政府、报刊和民众之间如何展开舆论拉锯战。在研究内容上重点关注舆论的生成环境、表达方式以及产生的社会影响等。这种研究视角和研究思路为舆论学的研究奠定了一定的基础,尤其是对于"舆论与政治"研究具有较大的借鉴和参考意义。

(二) 首次界定了舆论学的研究对象和范围

林语堂认为古代的官方报纸既然未能成为民众的"耳目喉舌",便不是舆论的载体,只用古代的官报来研究舆论是极不公正的,古代非官方的公共批评要比官报重要得多。换句话说,他认为舆论的研究对象应该是真正代表老百姓呼声、反映民意的载体,不管是有形的古代报纸抑或任何其他代表民意发声的内容和形式,例如传抄的宣传册子、在街头张贴的揭帖、非官方的全民批评

---

① 刘家林:《〈中国新闻舆论史〉中文版序言》,见林语堂著,王海、何洪亮译:《中国新闻舆论史》,北京:中国人民大学出版社,2008年,《中文版序言》,第7页。
② 甘惜分主编:《新闻学大辞典》,郑州:河南人民出版社,1993年,第861页。
③ 宁树藩:《〈中国新闻舆论史〉序》,见林语堂著,刘小磊译:《中国新闻舆论史》,上海:上海人民出版社,2008年,《序》,第3页。
④ 林语堂著,安藤次郎、河合彻译:《支那言论的发达》,日本:生活社,1939年,《译者的话》,第3页。

运动等。这一观点为舆论学的研究界定了对象和范围,对舆论学的研究具有启发意义。如今,随着自媒体越来越发达,网络舆情丰富而复杂,由此引发的社会群体性事件也时有发生,如何确定网络舆情的研究对象和范围,林语堂的研究观点或许可以提供一定的参考。

(三)留下了代表"一家之说"的学术观点

林语堂在《中国新闻舆论史》中对古代舆论批评潮流的详细描述,为我们全面认识和解读古代的舆论表达方式提供了较为珍贵的资料。他对中国舆论发展史与报刊发展史的爬梳和分析,为我们研究中国新闻史和舆论史提供了一个很好的参考范例。他在研究古代歌谣、历史上三次著名的舆论运动、现代的报刊舆论之后所提出的观点,对后世的新闻史研究产生过一定的影响。在1990年8月出版的《中国明代新闻传播史》中,尹韵公在谈及明代的"政治性歌谣"时就引用了林语堂"中国在没有文字报以前,歌谣就是当日的口语新闻"的观点,认为"这种看法尽管有些牵强,但也不乏道理";[1] 在2003年出版的《晚清报业史》中,陈玉申也引用了林语堂提出的王韬是"中国报业之父"[2]以及梁启超是"中国新闻史上最伟大的人物"[3]的观点。除此之外,林语堂对清末民初的报刊发展、20世纪30年代上海期刊的发展现状等做了详细的介绍,对"语丝派"与"现代评论派","论语派"与左翼作家之间的几次论战进行了详细的记录和解读,对"五卅"惨案、"三一八"惨案、"西安事变"、国共联合抗日等重大历史事件也做了详细的记录和分析。这些观点对于我们今天全面、客观

---

[1] 尹韵公:《中国明代新闻传播史》,重庆:重庆出版社,1990年,第241-242页。林语堂原文:Before the literary press existed there was, as in all countries, the "spoken press". If we include this in our definition of the word "press", then we must say that Chinese journalism was born in song rather than in prose. 见 Lin Yutang: A History of the Press and Public Opinion in China;Chicago: The University of Chicago Press,1936,P12.

[2] 陈玉申:《晚清报业史》,济南:山东画报出版社,2003年,第62页。林语堂原文:Wang Tao himself, being a great Chinese scholar with a rather original mind, may be called the father of Chinese journalists. 见 Lin Yutang: A History of the Press and Public Opinion in China;Chicago: The University of Chicago Press,1936,P79.

[3] 陈玉申:《晚清报业史》,济南:山东画报出版社,2003年,第128页。林语堂原文:We come now to Liang Qichao, the greatest personality in the history of Chinese journalism. 见 Lin Yutang: A History of the Press and Public Opinion in China;Chicago: The University of Chicago Press,1936,P97.

地研究中国新闻史具有较为重要的史料价值。

二、产生的社会影响

《中国新闻舆论史》是林语堂于1935年在上海用英文写成,1936年由美国芝加哥大学出版社出版的,是林语堂继《吾国与吾民》后在美国出版的第二本书。同年,上海英商凯利和威尔士有限公司(Kelly & Walsh Book Co.,又名别发洋行)也予以出版,1968年纽约 Green Wood 出版社再版,同年台北成文出版社再版。该书1936年首次出版后,在美国、日本等国家引起了较大的关注,但在国内由于时局变化和林语堂的政治立场等原因,很长一段时间处于无人知晓的沉寂状态。

(一) 在国外的社会影响

1935年《吾国与吾民》占据了美国十大畅销书榜首后,林语堂一下子成为欧美文坛上炙手可热的明星作家,获得了较高的声望,也拥有了无数书迷和粉丝,紧随其后的《中国新闻舆论史》一经出版,也引起了极大关注,并对美国的学术界产生了一定的影响。余英时曾评价道:林语堂有两部英文著作对美国的汉学研究产生过影响,一部是《苏东坡传》,另一部就是《中国新闻舆论史》,后者"在50年代前后还是美国大学中关于中国近代史的指定参考书之一。今天不少人谈中国的'公共空间'问题,此书仍有可以借鉴之处,因为近几十年关于报业史的专题研究虽增加了不少,却仍没有一部英文的通论取它而代之"①。

在日本,1939年(昭和十四年)就出现了《中国新闻舆论史》的日译本,由学者安藤次郎、河合彻翻译,生活社出版,译本名为《支那言论的发达》。译者在序言中写道:即便是你们也会赞叹富于自然魅力的多样性和无尽性。即便是你们也不会希望蔷薇上飘荡着和堇菜相同的香味。而且,最为丰富的东西即精神,难道就必须只能契合唯一一种类型吗?一滴露水也可以呈现出太阳照耀的无限色彩。然而精神的太阳,无论在纷繁的人的内心如何存在,无论如何照耀着繁杂的事物,被允许的只有唯一的色彩,也就是呈现出由政府规定的

---

① 余英时:《试论林语堂的海外著述》,《中国知识分子论》,郑州:河南人民出版社,1997年,第210页。

颜色。① 这段话透露出林语堂写作《中国新闻舆论史》的言论背景，以及译者对林语堂勇于批判政府勇气的赞赏。译者还写道：本书是一本通过历史来论述政治批判的书，在这个意义上有很多启迪，另一方面即使作为纯粹的新闻发达史来看也占据着特殊的地位。……成为对中国社会关心的人的有价值的参考资料。②

日本学者对《中国新闻舆论史》给予较大的关注主要源于两方面原因：一是当时正值中日战争期间，日本国内对反映中国问题的书籍比较关注；二是林语堂在国际上的知名度和影响力。1938年日本国内出现了《吾国与吾民》和《生活的艺术》的日译本，1939年《中国新闻舆论史》和

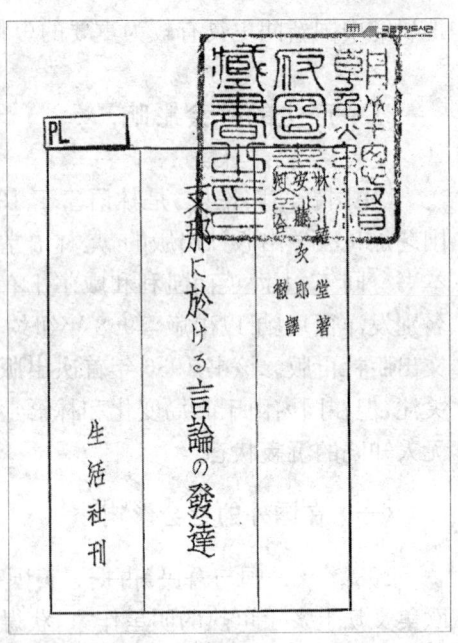

《中国新闻舆论史》日译本封面

《孔子的智慧》又被翻译成日文出版，1940年《小评论》和《京华烟云》也相继被多位日本学者翻译出版。进入20世纪40年代，对林语堂作品的日文翻译并未由于中日战争的形势变化以及林语堂本人在美国舆论界强烈的反日言论而停止，相反，就译本的篇幅和内容而言，还有进一步的拓展。③ 这种现象与日本的民族性有关，出于对林语堂在国际舆论界的影响力的尊重和好奇，日本民众对其作品投入了较多的关注和热情。

（二）在国内的反响

不同于在国外的受欢迎，《中国新闻舆论史》1936年由上海别发洋行出版

---

① 林语堂著，安藤次郎、河合彻译：《支那言论的发达》，日本：生活社，1939年，《译者的话》，第2页。
② 林语堂著，安藤次郎、河合彻译：《支那言论的发达》，日本：生活社，1939年，《译者的话》，第3页。
③ 冯羽：《日本"林学"的风景——兼评日本学者合山究的林语堂论》，《世界华文文学论坛》2009年第1期。

后,在国内沉寂了很长一段时间。根据宁树藩先生的分析,原因有两方面:一是该书出版后不久,国共联合抗日的趋向日益显露,国内反对国民党专制的舆论在淡化;二是跟林语堂与左翼作家冲突对立,而社会上左的思想观念占主导有关。① 林语堂本人在著述中提及的国内对《中国新闻舆论史》出版的反应,见于《吾国与吾民》第十三版增加的《中日战争之我见》一章中。他说:"(国民党)情报司的头目认为我在《中国新闻舆论史》一书里陈述的事实真相是往中国人脸上抹黑,这个小官僚甚至还恐吓我说,在我回国时不让我下飞机。"② 除此之外,林语堂的其他著述中均未发现对此有任何记载。

  国内学术界最早在著述中提及该书的是台湾学者朱传誉,在 1967 年出版的《宋代新闻史》中他首次引用该书③,在 1974 年出版的《中国民意与新闻自由发展史》中,在谈及成舍我被张宗昌逮捕后因营救及时得以免死时,征引了林语堂的观点说明事情的来龙去脉。④ 大陆的公开出版物中首次记载该书名字的是 1989 年 7 月出版的《中国新闻学书目大全》,将其译为《中国报业及民意史》。⑤ 在方汉奇先生主编的《中国新闻事业通史》的《序言》中,方先生将之译为《中国报刊和舆论史》,认为中华人民共和国成立前中国新闻史通史方面的代表著作除戈公振的《中国报学史》、黄天鹏的《中国的新闻事业》之外,就是

---

  ① 宁树藩:《〈中国新闻舆论史〉序》,见林语堂著,刘小磊译:《中国新闻舆论史》,上海:上海人民出版社,2008 年,《序》,第 11 页。

  ② 林语堂著,郝志东、沈益洪译:《中国人》,上海:学林出版社,1994 年,第 365 页。

  ③ 相关引用出现在《宋代新闻史》的附录《征引书目》中,使用了英文书名 *A History of the Press and Public Opinion in China*。见朱传誉:《宋代新闻史》,台北:中国学术著作奖助委员会,1967 年,第 342 页。

  ④ 朱传誉在《民初舆论界之厄运》一章的第五十三条注释中写道:"另据林语堂《中国报业及舆论史》(*A History of the Press and Public Opinion in China*)谓:'成氏被捕待枪决。惟死刑令状须张宗昌亲自签署,恰好张新讨了一房姨太太,没有人敢去打扰他的春宵美梦,成氏得苟延残喘,其家属为之奔走,请前总理孙宝琦出面调停。张和孙约定,要清查成氏银行存款,看他是不是有俄国或其他来源的万元以上存款,如果没有,将道歉释放。结果查明成氏为一穷报人,成氏终获自由。'"见朱传誉:《中国民意与新闻自由发展史》,台北:正中书局,1974 年,第 521 页。

  ⑤ 编者林德海将该书归入"台港部分(1951—1985)"的"中国新闻事业历史与现状"中,只提及书名《中国报业及民意史》和著者林语堂,未做任何释义。见林德海主编:《中国新闻学书目大全(1903—1987)》,重庆:新华出版社,1989 年,第 241 页。

林语堂的《中国报刊和舆论史》。① 在 1993 年出版的甘惜分先生主编的《新闻学大辞典》中,《中国报刊和舆论史》被列入了"新闻史论著"中,并给予了较为详细的释义:"是中国较早概述中国舆论演变过程的专著","阐述了对中国报刊及舆论发展过程的基本观点","古代部分(第 2 至 7 章)较系统地概述了中国从周朝至明代社会公众舆论的产生、与政治的关系及其发展的历史和古代报纸的出现;近现代部分(第 8 至 13 章)概述中国鸦片战争前夕至 1936 年近现代报刊的出现和发展,以及报界与清廷和北洋军阀政府的冲突对立"。② 2001 年,侯东阳发表论文《林语堂的新闻舆论观——评林语堂的〈中国新闻舆论史〉》,首次以"中国新闻舆论史"的译名向国内新闻学界介绍和评析这本著作,③自此,学术界开始统一采用"中国新闻舆论史"的译名。但该文发表后,《中国新闻舆论史》仍未引起学术界重视,直到 2008 年 6 月由王海和何洪亮翻译、中国人民大学出版社出版④,同年 12 月,由刘小磊翻译、上海人民出版社出版⑤,该书才正式进入公众视野。2011 年 8 月,王海在前两部译本的基础上,又将林语堂 1968 年的英文版本翻译成中文并由暨南大学出版社出版,新的译本纠正了 2008 年首译中文版的瑕疵,并用注释的方式指出原著中史料引用的一些错误。关于这三个中译本,笔者认为刘小磊翻译的版本可读性更佳一些。

三、研究的不足之处

《中国新闻舆论史》在研究内容上分为古代和现代两个部分:古代部分对报刊史的叙述较为简单,重点论述了作为公共批评有力武器的歌谣和历史上三次大规模的舆论批判热潮;现代部分在戈公振《中国报学史》的框架基础上,从近代报刊的开创时期(1815—1895)、辛亥革命前的新闻事业(1895—1911)、

---

① 方汉奇主编:《中国新闻事业通史》(第一卷),北京:中国人民大学出版社,1992年,第 7 页。对此,宁树藩先生曾把方先生的评价概括为"新中国成立前中国新闻史三大代表著作之一"。见宁树藩:《〈中国新闻舆论史〉序》,林语堂著,刘小磊译:《中国新闻舆论史》,上海:上海人民出版社,2008 年,《序》第 16 页。
② 甘惜分主编:《新闻学大辞典》,郑州:河南人民出版社,1993 年,第 861 页。
③ 侯东阳:《林语堂的新闻舆论观——评林语堂的〈中国新闻舆论史〉》,《新闻与传播研究》2001 年第 2 期。
④ 底本为美国芝加哥大学出版社 1936 年版。
⑤ 底本为美国芝加哥大学出版社 1936 年版。

辛亥革命后的新闻事业(1912—1935)三个时间分期对近代报刊的发展状况、报刊舆论的生成和演变等展开了研究。

有学者认为从严格意义上来说，《中国新闻舆论史》是一部用英文写给外国大众读者看①但同时表达林语堂对中国民意与舆论的思考（尤其是对当时现实不满）的著作，不是一部学术性专著。林语堂并非新闻史领域的专业学者，他撰写此书的目的是借历史话题发现实牢骚，因此《中国新闻舆论史》语言浅显通俗，读来生动有趣，但在学理规范上有明显欠略。

一是史料引用比较随意，有不少错误之处。这是该书较受非议的一个问题。甘惜分先生虽肯定该书史料翔实，"观点鲜明，文笔流畅"，但也指出"个别史实有谬误"。②《中国新闻舆论史》写于林语堂动身去美国定居前夕，当时他要结束国内的诸多事务和关系，千头万绪，时间又比较仓促，因此书中所用史料大多为前人之作或刊登在当时报刊上的现成材料，他未加甄别、考证而直接引用，导致第八、九章中关于报刊的名称、创刊和停刊年份、出版地等信息出现不少错误。他尤其推崇戈公振的《中国报学史》，认为戈在收集从古代到现代涉及报纸史料方面是其他著作无法比肩的，对于白瑞华的《中国近代报刊史1800—1912》一书中与戈著不同的观点，还起而为戈著的错误辩护，对戈公振的《中国报学史》几乎"到了盲从的程度"。③

二是近代报刊史部分的框架结构和文献引用对《中国报学史》借鉴较多。李金铨教授在一次采访中谈道："（《中国新闻舆论史》）在当时有其贡献，但林语堂毕竟是学文学出身的大众作家，书中框架脱不开戈公振《中国报学史》的思路。"④余英时也提过《中国新闻舆论史》的近代部分是以戈公振的《中国报

---

① 卓南生曾在一次采访中说，林语堂的《中国新闻舆论史》只是用英文写了一本面向英文读者的著作而已。见卓南生：《正本清源新闻史 纵横策论天下事》，人民网传媒专题"贯通三界畛域，共熔传媒精神"，2005年4月18日，http://media.people.com.cn/GB/22114/45503/46200/3328056.html。

② 甘惜分主编：《新闻学大辞典》，郑州：河南人民出版社，1993年，第861页。

③ 宁树藩先生在为《中国近代报业发展史（1815—1874）》写的书评中提到："林语堂出版于1936年的《中国报刊和舆论史》一书，关于香港早期中文报纸的简略介绍，完全依据戈公振的《中国报学史》，其错误可想而知。……林语堂却起而声称不同意白瑞华的意见，已经到了盲从的程度。"见宁树藩：《新加坡人对中国报业史研究的新突破》，载卓南生：《中国近代报业发展史（1815—1874）》，北京：中国社会科学出版社，2002年，第251页。

④ 李金铨、刘兢：《海外中国传媒研究的知识地图》，《开放时代》2012年第3期。

学史》等为基础。① 除框架之外,《中国新闻舆论史》在文献引用方面对《中国报学史》的直接借鉴也较多。例如在介绍宋朝邸报的发展情况时,他全文引用了《中国报学史》的《小报与新闻》一节中的两篇文献②,在谈及社会人士对近代报纸的看法时也直接引用了《中国报学史》中的两大段文献③。因此,也有学者认为,《中国新闻舆论史》的价值主要在古代部分。④

三是语言欠严谨,缺乏学理性。学术性著作一般比较注重对理论渊源、理论基础、基本概念等进行阐述和介绍,用语严谨规范,注重学理性。但《中国新闻舆论史》较少涉及理论和概念,更多的是大量生动的现象和事实描述,尤其是现代部分,"描述多而思辨少,有些流水账的性质"⑤。这其中的原因大抵有三方面:首先,林语堂在本质上是个作家,行文中更多依循的是文学创作思路而非史学家或学者的创作思维,所以不太注重观点的系统性和概括性,以生动的描述性语言居多;其次,20世纪30年代他大力提倡通俗文体,主张把高深的道理和哲学内容用通俗易懂、贴近读者情感的语言表达出来,因此行文主要

---

① 余英时:《试论林语堂的海外著述》,《中国知识分子论》,郑州:河南人民出版社,1997年,第210页。

② 一篇是《朝野类要》,用以说明宋朝的邸报还有边报、朝报等称呼;另一篇是南宋周麟之奏请皇帝要求查禁小报的奏章《论禁小报》。两篇文献在林著中见 Lin Yutang: A History of the Press and Public Opinion in China; Chicago: The University of Chicago Press,1936,P17,P17-18。在戈著中见戈公振:《中国报学史》,长沙:岳麓书社,2011年,第27页、26-27页。另,余英时曾在《试论林语堂的海外著述》一文中说:"(《中国新闻舆论史》)中介绍了南宋周麟之《论禁小报》,这是有关中国报纸史料较早而且较详细的一件文献,是胡适在1933年12月18日最先发现的。我猜想林语堂引及此文或许与胡适有关。"见余英时:《试论林语堂的海外著述》,《中国知识分子论》,郑州:河南人民出版社,1997年,第210页。但从1926年出版的《中国报学史》来看,戈公振比胡适更早就发现并引用了《海陵集》第四卷第2页中的《论禁小报》。所以准确来说,林语堂引用《论禁小报》,应是受了戈公振的影响。

③ 分别是《上海闲话》中刊载的一篇文章和《申报》馆出版的《最近五十年之中国》。两篇文献在林著中见 Lin Yutang: A History of the Press and Public Opinion in China; Chicago: The University of Chicago Press,1936,P89-90,P90。在戈著中见戈公振:《中国报学史》,长沙:岳麓书社,2011年,第88-89页、86-87页。

④ 作者不详:《台湾知名翻译家林语堂的另一面》,文华轩网,2012年9月17日,http://www.gotome.com.tw/tubiao/2012-09-17/3235.html。

⑤ 作者不详:《台湾知名翻译家林语堂的另一面》,文华轩网,2012年9月17日,http://www.gotome.com.tw/tubiao/2012-09-17/3235.html。

采取他一贯主张的娓语、近情笔调,没有深奥晦涩的语言,虽然读来让人觉得饱含感情又平易近人,但学术信息内涵却略欠深厚;最后,林语堂写作《中国新闻舆论史》的时候国内还没有形成严格的学术规范,虽然有《中国报学史》和《中国近代报刊史 1800—1912》作为参考,但总体来说当时的论著普遍学术性要差一些,而且他与当时的学院派交往也少,没有机会接受学术思维的熏陶,这使他在阐述和展现舆论思想上显得不够系统和条理化。

第二节 新闻人林语堂的历史贡献

纵观林语堂的新闻实践历程,在追求自由、民主和个性的前提下,他在创办和编辑期刊方面不断推陈出新,引领了 20 世纪 30 年代中国期刊业的发展潮流;对军阀政府和国民党文化专制的控诉表现出理性的批判精神和对新闻自由的追求,具有进步意义;于民族危亡时刻在海外为中国的抗日战争奔走呼喊,为争取中国的抗战胜利发挥了积极作用。综合而言,林语堂的新闻实践活动为民国时期的新闻业发展和社会发展做出了一定的历史贡献。

一、报刊文体创新影响后人

林语堂倡导的小品文简言之是一种"以浅显明白晓畅为主"[1]的通俗化报刊文体,亦即他大力提倡的"西洋杂志文"。林语堂常感叹于西洋杂志文的"取材之丰富,文体之活泼,与范围之广大",又忧愤于中国杂志的"取材之单调,文体之刻板,及范围之拘束",[2]因此从《人间世》到《宇宙风》,他通过创办刊物开创和弘扬"通俗""有趣"和"贴近人生"[3]的小品文文体,极力倡导幽默与闲适的文风,力图修正当时中国杂志唱高调、不近人情的缺陷,为"中国杂志辟一蹊

---

[1] 林语堂:《文章五味》,《披荆集》,见《林语堂名著全集》第十四卷,长春:东北师范大学出版社,1994 年,第 244 页。

[2] 林语堂:《中国杂志的缺点——〈西风〉发刊词》,《宇宙风》第 24 期,1936 年 9 月 1 日。

[3] 林语堂:《谈画报》,《良友画报》第 107 期,1935 年 7 月 15 日。

径"①,并希望以此改变当时的文艺阵地只有几种突出声音的现状,使报刊文学摆脱政治忠实仆人的身份,朝更神圣和宽阔的视野发展,②使报刊真正具备评述国内外重要形势,介绍或倡导艺术、文学、思想的新动向,不断指引思想潮流和修正它的错误的社会功能。③

林氏风格的小品文在实际的推行过程中遭到左翼作家的强烈反对和抵制,但林语堂坚信"今日提倡之难,三十年后人见之,当引为奇谈",并认为通俗、有趣和贴近人生的小品文是中国文体演化的必经之路。④ 从实际的市场反应来看,林语堂提倡的小品文风格的确受到了大众的喜爱和认可,并对当时的期刊业发展产生了重要的影响。

(一) 加快了"杂志年"的出现

继《论语》的"一炮而响"造成了如鲁迅所言"轰的一声,天下无不幽默和小品"⑤之后,1934年4月林语堂又创办了专为登载小品文而设的《人间世》半月刊,极力提倡小品文,"小品文的刊物一时风起云涌"⑥,中国杂志迎来了它的繁荣发展,1934年被称为"杂志年",甚至有人称之为"小品文年"⑦。

那么,为什么林语堂的小品文如此受市场欢迎呢?当时有研究者认为,"定期出版物篇幅有限,最宜于刊登短隽的小品文字,而小品文的冲淡闲逸也最合于定期出版物读者的口味,因为他们多半是看倦了长而无味的正经书,才来拿定期出版物松散一下"⑧。也有观点认为,林语堂的小品文之所以能够占

---

① 林语堂:《中国杂志的缺点——〈西风〉发刊词》,《宇宙风》第24期,1936年9月1日。
② Lin Yutang: A History of the Press and Public Opinion in China; Chicago: The University of Chicago Press,1936,P165.
③ Lin Yutang: A History of the Press and Public Opinion in China; Chicago: The University of Chicago Press,1936,P150.
④ 林语堂:《临别赠言》,《宇宙风》第25期,1936年9月16日。
⑤ 鲁迅:《一思而行》,《申报·自由谈》,1934年5月17日。见《鲁迅全集》第五卷,北京:人民文学出版社,2006年,第499页。鲁迅说这句话,有讽刺的意味,但也反映了当时幽默刊物与小品文刊物的风行程度。
⑥ 茅盾:《关于小品文》,《文学》第3卷第1号,1934年7月1日。见《茅盾全集》第二十卷,北京:人民文学出版社,1990年,第107页。
⑦ 冉彬:《30年代上海文学与上海出版业》,上海师范大学博士学位论文,2007年,第140页。
⑧ 梁遇春:《〈小品文选〉序》,《小品文选》,上海:北新书局,1930年,第2页。

据文化市场上的主动权,在于它"既满足了扩张的市民阶层调节身心、放松精神的需求,满足了他们扩大知识、认知人生的需求,更满足了都市化程度日益提高后人们对消遣消闲丰富生活的享受需求"①。

但在与林语堂展开激烈论战的左翼阵营看来,提倡幽默与闲适的林氏小品文并没有产生如此大的影响力。茅盾虽言"并不反对'小品文',尤不反对有专登'小品文'的定期刊;也不主张'小品文'一定非有'世道人心'的大议论不可"②,但认为小品文不应成为"某些人的避世的桃源"③。对于"杂志年"的说法,他认为应该"把'杂志年'看作我们现时'文化动向之忠实的记录'——最忠实的记录"④,而不仅仅是看作出版界出现的一种新动态或现象,因为造成"杂志年"的原因比较复杂,大致有三个:第一是基于"广大的读者的要求",由于杂志定价比较低,"一本十三四万字的书籍定价至少是一元,而包含字数同样多的杂志则仅有三角左右"⑤,对于钱袋不充裕的读者大众来说,显然更倾向于杂志而非书籍;且由于文化专制的"特别国情",市场无法提供"大鱼大肉",广大读者养成了"爱吃消闲的零食"的脾胃,这正"说明了何以今年的最'时髦'的刊物是幽默而又小品"。⑥ 第二是因为"出版家的'一窝风'的脾气以及营业上的无路可走","'幽默'有销路,大家就来'幽默';'小品文'引人注意,大家就来'小品文'"。⑦ 第三是"想办杂志的人,现今非常之多",无论哪个系哪个派,都想借助办一个杂志"发表自己的意见"或"扩大影响",甚至商家也借用杂志来做广告。⑧ 从茅盾的观点可以看出,他认为"杂志年"的出现不能简单地归因

---

① 吕若涵:《"论语派"论》,上海:上海三联书店,2002年,第218页。
② 茅盾:《小品文半月刊〈人间世〉》,《文学》第3卷第1号,1934年7月1日。见《茅盾全集》第二十卷,北京:人民文学出版社,1990年,第99页。
③ 茅盾:《关于小品文》,《文学》第3卷第1号,1934年7月1日。见《茅盾全集》第二十卷,北京:人民文学出版社,1990年,第108页。
④ 茅盾:《杂志年与文化动向》,《文学》第4卷第5号,1935年5月1日。见《茅盾全集》第二十卷,北京:人民文学出版社,1990年,第435页。
⑤ 茅盾:《所谓"杂志年"》,《文学》第3卷第2号,1934年8月1日。见《茅盾全集》第二十卷,北京:人民文学出版社,1990年,第133页。
⑥ 茅盾:《所谓"杂志年"》,《文学》第3卷第2号,1934年8月1日。见《茅盾全集》第二十卷,北京:人民文学出版社,1990年,第133-134页。
⑦ 茅盾:《所谓"杂志年"》,《文学》第3卷第2号,1934年8月1日。见《茅盾全集》第二十卷,北京:人民文学出版社,1990年,第134页。
⑧ 茅盾:《所谓"杂志年"》,《文学》第3卷第2号,1934年8月1日。见《茅盾全集》第二十卷,北京:人民文学出版社,1990年,第134-135页。

于是林氏小品文满足了社会大众对幽默消闲的消费需求,而是与社会的整体需求和环境有关,小品文的流行是"社会气运的反映"①,意即当时的"特别国情"。但他也没有否认,林氏小品文在杂志市场的受欢迎确是"杂志年"出现的原因之一。

在《中国出版界到何处去?》一文中,傅逸生认为之所以把1934年称为"杂志年",在于杂志数量的剧增,"据人文月刊统计,一九三二年收到全国杂志为八七七册,一九三三年为一二七四册,一九三四年为二〇八六册"。他认为当时中国出版界出现的几个新动态,其中两个"便是所谓杂志年"及"幽默小品的流行"。② 茅盾在《所谓"杂志年"》的开篇也提到:"今年自正月起,定期刊物愈出愈多。专售定期刊物的书店中国杂志公司也就应运而生。有人估计,目前全中国约有各种性质的定期刊三百余种,内中倒有百分之八十出版在上海,而且是所谓'软性读物',——即纯文艺或半文艺的杂志;最近两个月内创刊的那些'软性读物'则又几乎全是'幽默'与'小品'的'合股公司'。"③

综合以上可见,林语堂的小品文虽不是产生"杂志年"的唯一原因,但"杂志年"的出现确实与林语堂提倡幽默、闲适的小品文有着密不可分的关系,至少从"杂志年"的期刊数量来看,幽默小品文类刊物占了很大的比重。为了对抗林语堂提倡的小品文,左翼阵营也纷纷创办了《太白》《芒种》等小品文刊物,这无形之中也促成了小品文的流行。由此我们可以很客观地说,正是因为林语堂大力提倡小品文,造成了小品文刊物的流行,才加快了"杂志年"的出现。

(二) 推动了"杂志文"的变革

林语堂在《人间世》上提倡小品文后,一下子引起了文艺界关于小品文的"论战",论争的焦点集中于小品文是应该"言志"还是"载道",意即应该"以自我为中心,以闲适为格调",还是应该"大处着眼,小处落笔,篇幅即使短小,却应得'袖里有乾坤'"④。这场激烈的论战不论是非对错,都掀起了无论是"论语派"(言志派)还是"左翼派"(载道派)对于中国文体发展的思考热潮。可以

---

① 茅盾:《小品文和气运》,《太白》一卷纪念特辑,1935年3月。见《茅盾全集》第二十卷,北京:人民文学出版社,1990年,第425页。
② 傅逸生:《中国出版界到何处去?》,《现代》第6卷第2期,1935年3月。
③ 茅盾:《所谓"杂志年"》,《文学》第3卷第2号,1934年8月1日。见《茅盾全集》第二十卷,北京:人民文学出版社,1990年,第132页。
④ 茅盾:《不关宇宙或苍蝇》,《申报·自由谈》1934年10月17日。见《茅盾全集》第二十卷,北京:人民文学出版社,1990年,第257页。

说,自五四时期报刊文体经历了变革之后,由林语堂的小品文引发的这场论战再次推动了报刊文体的发展和演变。

首先,林语堂在对比了中西杂志的差距之后,指出中国杂志文的创作存在诸多缺陷,主张变革现有的杂志文体。他提出了"西洋小品文"的概念,主张以娓语和近情的笔调进行杂志文的创作,一要通俗易懂,二要有趣味性,三要贴近公众的日常生活。这种平易近人的杂志文体顺应了时代发展趋势,既满足了读者对多样化杂志风格的阅读需求,丰富了当时杂志的种类,也为当时杂志文体的发展提供了出路。

其次,林氏风格小品文的风行激起了左翼人士对"如何办好杂志"以及"如何写好小品文"的反思,从另一个侧面推动了杂志文体的变革。徐訏曾言:"中国文坛,在林语堂的《论语》半月刊与《人间世》半月刊提倡幽默、闲适的散文后,有一个很大的变化,这就是第一类文章(暂且说是载道派文章)的衰落,而后一类文章(言志派)开始抬头,在左翼的圈子,也开办散文的刊物,如《太白》《芒种》等等。在文字方面,也无形之中走向简朴简明的路,所谓'的么了呢啊哟'一类的字,也自然地少用起来。"①这一方面再次证明了林语堂的小品文对当时期刊业发展确实产生了深远的影响,另一方面也充分说明林氏风格的小品文对杂志文体整体上朝着简化、通俗化方向发展演变做出了贡献。

除此之外,左翼人士也开始大力倡导更顺应读者和时代需求的"新小品文"的创作。例如茅盾曾在《关于小品文》一文中呼吁:"我们以为应该提倡小品文,积极批评小品文,使得小品文发展到光明灿烂的大路。我们应该创造新的小品文,使得小品文摆脱名士气味,成为新时代的工具;我们应该把'五四'时代开始的'随感录''杂感'一类的文章作为新小品文的基础,继续发展下去。要是我们不满于专论苍蝇之微的小品文,那么,我们就应该写出包括宇宙之大的小品文来跟它比赛,让读者来决定两者的命运。"②他还提倡不应该给小品文"排八字,算五星","应该让它自由发展,让它依着环境的需要而演变为各种格调","定要'宇宙之大'似的载'道'"和"特以自我为中心,闲适为格调",都是

---

① 徐訏:《从〈语堂文集〉谈起》,《徐訏文集》第十一卷,上海:上海三联书店,2008年,第175页。
② 茅盾:《关于小品文》,《文学》第3卷第1号,1934年7月1日。见《茅盾全集》第二十卷,北京:人民文学出版社,1990年,第107-108页。

枷锁或镣锁。①

从以上可以看出,自林语堂大力提倡幽默、闲适的小品文之后,杂志文体应时代发展需要,随时代和读者需求的变化而发展演变而逐步成为一种共识,从报刊文体变革的角度来看,这无疑是进步的。

(三)引领"幽默"风潮

幽默"跨越高级文化和低级文化的界限,吸引着各类观众"②,因此具有广泛的市场。受林语堂所办幽默刊物的影响,民国时期的新闻业和社会均变得"幽默"起来。

首先,由于强大的市场号召力,林语堂创办的《论语》《人间世》和《宇宙风》"一纸风行",掀起了幽默小品文刊物的创办风潮。章克标曾说:"《论语》的畅销引起了各方面出版的兴趣,都来竞相办杂志刊物了。"③在《论语》创刊后的短短几年中,仅幽默刊物就出现了不下二十种,《论语》出现后的第二年1933年更是被称为"幽默年"。④ 有些刊物甚至直接复制林氏刊物的风格。1936年3月5日,《逸经》半月刊在上海创刊,主编是简又文,由上海人间书室出版。林语堂在创刊号上发表《与又文先生论〈逸经〉》一文,提出自己的编辑建议。可以说,《逸经》几乎是林氏风格的延续。1936年10月25日,《谈风》在上海创刊,主编为海戈和周黎庵,由谈风社发行。海戈是林语堂的好友,深受林语堂新闻思想的影响,周黎庵曾编辑《宇宙风》杂志,也对林氏风格颇为了解。《谈风》在封面刊名下方书"幽默半月刊"五个字,并在创刊号首页上刊登了宇宙风社、西风社和谈风社欢送林语堂去美国的大幅照片,可看出对林语堂的推崇。⑤

其次,由于幽默小品文刊物的热销,"幽默"在社会上受到热烈的追捧,"幽

---

① 茅盾:《不关宇宙或苍蝇》,《申报·自由谈》1934年10月17日。见《茅盾全集》第二十卷,北京:人民文学出版社,1990年,第258页。

② 玛丽·李·堂森德:《幽默与19世纪德国的公众场合》,[荷]简·布雷默、赫尔曼·茹登伯格编,北塔等译:《搞笑——幽默文化史》,北京:社会科学文献出版社,2001年,第296页。

③ 章克标:《林语堂在上海》,见子通主编:《林语堂评说70年》,北京:中国华侨出版社,2003年,第120页。

④ 赵海彦:《中国现代趣味主义文学思潮》,北京:中国社会科学出版社,2005年,第229页。

⑤ 林夏:《〈谈风〉的〈宛西闻见记〉》,《河南教育(中旬刊)》2013年第1期。

默"这两个字成为当时最流行、最时髦的名词。日常生活中,人们热烈讨论"幽默",商家也嗅到"幽默"的魅力,开始用"幽默"二字做广告。例如《论语》第 17 期的《雨花》栏目曾介绍一则刊登在《申报》上的香水广告,为了吸引公众的眼球,广告以"谈幽默"作为标题,广告词中写道:"自大文豪萧伯纳抵沪后,幽默二字,一时颇为风行。幽默即含蓄,寓意深长,耐人寻味,萧伯纳之成名,得力于幽默不少。物品之有幽默性者为'×××牌香水精',其香味含蓄极富,可以兼旬不散,清幽隽永,耐人寻味,为最享名之国货香品。"①

二、对军阀和国民党专制的控诉应予以充分肯定

林语堂的新闻实践因大力提倡幽默与闲适而饱受争议,但在 20 世纪二三十年代社会急剧动荡的背景下,他也在报刊上发表了很多批评军阀政府和国民党右派专制统治的文章,并写作《中国新闻舆论史》一书对国民党政府施行的新闻检查制度进行了集中批判。这些新闻活动展现了林语堂"幽默、闲适"形象之外的另一面,具有时代进步意义,应予以充分的肯定。

(一)客观公正的理性批判精神

林语堂对于新闻批评可以产生强大的社会推动力和舆论监督力量有着深刻的认识,他曾说:"西方的人类进步至今还是在根本上由常识和批判精神所统制着,这常识和批判精神是比逻辑精神更为伟大的东西……代表着西方思想的最高的形式"②,"要想把文明继续发展下去的话,我们还须产生一个更善于批评的灵心"③,这样"作家的笔正如鞋匠的锥,越用越锐利,到后来竟可以尖如缝衣之针"④。在对军阀政府和国民党专制统治展开的新闻批评中,他坚守知识分子的独立身份和政治上的中间立场,将政治批评和幽默讽刺、嬉笑怒骂的风格结合起来,既体现出独具特色的新闻批评风格,又反映出坚持真实性和真理性的理性批判精神,起到了"尖如缝衣之针"的舆论监督效果。

---

① 羌笛:《幽默香水》,《论语》第 17 期,1933 年 5 月 16 日,《雨花》栏目,第 706 页。
② 林语堂著,越裔译:《生活的艺术》,见《林语堂名著全集》第二十一卷,长春:东北师范大学出版社,1994 年,第 387 页。
③ 林语堂著,越裔译:《生活的艺术》,见《林语堂名著全集》第二十一卷,长春:东北师范大学出版社,1994 年,第 61 页。
④ 林语堂著,越裔译:《生活的艺术》,见《林语堂名著全集》第二十一卷,长春:东北师范大学出版社,1994 年,第 362 页。

林语堂认为"一个真有学问的人,其实就是一个善于辨别是非者"①,因此一直秉持"为真理喝彩,祝真理万岁"②的信念进行新闻批评实践,不管是揭露军阀政府的罪行、回击"现代评论派"的"谎言",还是抨击国民党政府的新闻检查制度,他始终坚持真理和正义,站在客观公正的立场"用事实"驳斥批评对象。"五卅"惨案发生后,报刊上出现了"罢课是自杀""学生不念书,后来爱国,是上了知识阶级之当"等歪曲学生爱国运动的言论,林语堂从事实角度充分肯定了学生运动的价值,对持反对学生爱国运动论调的人批评道:"果使全国的男女青年能像他们的舒服乐观,中国的命运也就完了",并指出以上这些"不负责任"的言论"实不过盖藏些我们民族的懒惰性与颓丧性而已"。③ 女师大学潮和"三一八"惨案发生后,《现代评论》上出现了为段祺瑞政府开脱的言论,林语堂写作《悼刘和珍杨德群女士》一文详述自己亲历的刘和珍被害的事件经过,以"眼见为实"证明"刘杨二女士之死,是在我们最痛恨之敌人手下,是代表我们死的"④。在指斥中国新闻检查制度的混乱和荒唐时,他列举了缺乏头脑、不称职的新闻检查官闹出的"笑话",并提出了称职检查官的标准,即受过训练的职业官僚,对世界局势、全球新闻业与通讯社的运作有所了解,更重要的是,知道什么才是对国家有利的。⑤ 但林语堂知道这根本是不可能的。因为只有没什么特长、找不到工作的年轻人才会接受检查官薪水这样低的工作,而这样的年轻人是很难具备上面这些素质的。⑥ 以上这些事例充分表明林语堂的批评实践是建立在事实材料基础之上的,具有作为一名新闻工作者的是非观念和出于公心、代表公众利益的立场,体现出客观公正的理性批判精神。这对于今天我们的新闻媒体如何进行有效批评和舆论监督具有一定的启示意义。

---

① 林语堂著,越裔译:《生活的艺术》,见《林语堂名著全集》第二十一卷,长春:东北师范大学出版社,1994年,第336页。

② 林语堂:《祝土匪》,《剪拂集》,见《林语堂名著全集》第十三卷,长春:东北师范大学出版社,1994年,第8页。

③ 林语堂:《"读书救国"谬论一束》,《剪拂集》,见《林语堂名著全集》第十三卷,长春:东北师范大学出版社,1994年,第28页。

④ 林语堂:《悼刘和珍杨德群女士》,《剪拂集》,见《林语堂名著全集》第十三卷,长春:东北师范大学出版社,1994年,第55页。

⑤ Lin Yutang:A History of the Press and Public Opinion in China;Chicago:The University of Chicago Press,1936,P175.

⑥ Lin Yutang:A History of the Press and Public Opinion in China;Chicago:The University of Chicago Press,1936,P167.

（二）对新闻自由坚定不移的追求

身为一个自由主义者，林语堂终其一生渴望自由。按理说，胡适对他有知遇之恩①、雪中送炭之恩②，"现代评论派"的陈西滢、徐志摩等人是他北大英文系的同事，他在初涉新闻界时应该加入胡适的"现代评论派"才对，但林语堂却最终选择了"语丝派"，这与他向往言论的自由表达有关。初到北京大学任教时，《努力周刊》还未停刊，但林语堂没有参加《努力周刊》的任何活动，主要原因在于林认为《努力周刊》同人热衷于仕途，奔走于官场，与自己的旨趣不一。③ 生活中，林语堂不喜欢一切约束限制的东西，诸如领带、裤腰带、鞋带儿④，而依附于政府的"现代评论派"为了"适于做官"，必定受政府的诸多约束，无法随心所欲，"各人说自己的话"⑤，相比而言他更愿意在《语丝》的自由园地中任意而谈，无所顾忌。由此可见，林语堂在新闻实践之初就已经建立了新闻自由思想。

在《中国新闻舆论史》《谈言论自由》等著述中对国民党政府施行的新闻检查制度的批判是林语堂追求新闻自由的最集中体现。他指出报刊业是公众的耳目喉舌，即使不能影响各种政治、社会事件的进程，至少能让人们享有"喊痛的自由，而并非是说话的自由"⑥——在林语堂看来，如果人们在受到伤害时连"喊痛的自由"都没有，那就是真的连动物都不如了。而国民党政府实施新闻检查的目的恰恰正是剥夺人们在受到伤害时"喊痛的自由"。从当时制定的法律来看，1912年3月施行的《中华民国临时约法》规定"人民有言论、著作、

---

① 留学美国时林语堂在清华大学只申请到每月四十美金的半额奖学金，胡适欣赏林语堂的才华遂以北大名义资助其另外一半奖学金，并约定学成回国后林语堂入北大任教。1923年9月，林语堂在胡适的引荐下正式入北大执教。

② 在国外留学期间生活很困苦的时候，林语堂曾利用和胡适之间的"约定"两次打电报给胡适请求北大预支钱给他以渡过难关，胡适两次共寄给林两千美元。林语堂一直以为那是北大的公款，直到回国后向北大的教务长蒋梦麟致谢，才知道那两千美元并非北大的救助，而是胡适自己的钱，而胡适对此只字未提。

③ 施建伟：《林语堂在大陆》，北京：北京十月文艺出版社，1991年，第103页。

④ 林语堂著，张振玉译：《八十自叙》，见《林语堂名著全集》第十卷，长春：东北师范大学出版社，1994年，第277页。

⑤ 林语堂著，张振玉译：《八十自叙》，见《林语堂名著全集》第十卷，长春：东北师范大学出版社，1994年，第296页。

⑥ 林语堂：《谈言论自由》，《论语》第13期，1933年3月16日。

刊行及集会、结社之自由"①；南京国民政府国民议会1931年5月通过的《中华民国训政时期约法》中规定"人民有发表言论及刊行著作之自由，非以法律不得停止或限制之"②。《中华民国临时约法》和《中华民国训政时期约法》分别是孙中山领导的民国南京临时政府和蒋介石主导的民国南京政府时期的宪制性法律，具有宪法的基本功能，理应得到彻底施行，但国民党政府却或是通过"采取向出版物发放津贴的办法来打入文艺界"，或是通过颁布《维持治安紧急办法》的方式"合法"地扼杀学生运动和报刊舆论，再或者就是通过新闻检查使报刊不能"向民众提供准确的消息"，阻碍社会舆论的"自由而不受限制地表达"，林语堂认为这是与孙中山在《中华民国临时约法》中规定的"宪法原则"及蒋介石自己主导的南京国民政府在《中华民国训政时期约法》中声称的"宪法原则"背道而驰的。因此，他呼吁：必须为新闻自由的宪法原则而战，为个人的公民权利而战，也就是为了争取宪法规定的"新闻自由权利"而坚定地否定国民党政府的新闻检查制度。这是对国民党政府实施文化专制政策的直接宣战，表现出林语堂对新闻自由坚定不移的追求和对新闻专制的坚决反对，在当时和中国新闻史上均具有重要的意义。

三、海外抗日宣传产生了重要影响

林语堂在上海创办幽默刊物时选择了"不左不右"的中间派立场，不宣传主义，不反革命，甚至在《方巾气研究》等文章中表达出对报刊上动不动就出现"爱国""救国"等字眼的"厌恶"③，加上他在国外的抗日宣传言论主要是用英文发表在国外刊物上的，国内很少有人看到和了解，在很长一段时间内林语堂的"海外抗日宣传"一直被人误解，有人认为他不爱国，待在美国是为了避难、

---

① 《中华民国临时约法》(1912年3月11日公布)，载王培英编：《中国宪法文献通编》(修订版)，北京：中国民主法制出版社，2007年，第299页。

② 《中华民国训政时期约法》(1931年6月1日公布)，载王培英编：《中国宪法文献通编》(修订版)，北京：中国民主法制出版社，2007年，第363页。

③ 笔者在研读了林语堂的作品及文章后认为，林语堂真正厌恶的不是"爱国"和"救国"，而是反对当时空谈爱国、救国大道理的文章，提倡真正的救国在于务实做好身边的小事。他说："吾人制牙膏必曰'提倡国货'，炼牛皮必曰'实业救国'。于是放风筝亦救国，挥老拳亦救国，穿草鞋亦救国，读经书亦救国，庸医自荐，各药乱投，如此救国，其国必亡，不亡于病，而亡于药。吾国如要得救，各人将手头小事办好，便可救得。"见林语堂：《今文八弊(中)》，《人间世》第28期，1935年5月20日。

躲避抗日①,有人认为他暗中拿了国民政府的钱才在美国努力为中国宣传②。事实上,抗战时期的林语堂有着强烈的民族意识和爱国情怀,他认为"在国外为国家做宣传,要比在国内跑警报有贡献"③,充分利用自己在国外的声望为中国的抗战争取国际舆论的同情和支持,对改变美国社会对中国及中国人的成见及争取抗战胜利发挥了积极作用。根据现有的文献史料,这应是出于爱国的义举,政府没有支付任何酬劳。④

《新中国的诞生》出版两年后,1941年日军偷袭珍珠港,美国终于对日宣战。这期间林语堂的抗日宣传到底起了多大的效果,笔者尚无确切史料加以评估,但是有一点是肯定的,林语堂的宣传实践为中国扩大了在美国舆论界的发言权,作为美国的公众人物、现今意义上的舆论领袖,他用自己的言论出版

---

① 章克标认为是邵洵美的祖父邵友濂的一个遗训使林语堂产生了去美国避难的念头。他在《林语堂在上海》一文中写道:"(邵家的一篇家传中)提到小村公(邵友濂)有一条遗训,大意是说:三二十年之内,必然要发生世界性大战,中国将被各国军队分割成混乱的战场,全国任何地方都不安全,不能照以往的小乱避城、大乱避乡的办法。要避难只有到美国去最安全,关照子孙要牢记此话。我们当时还相互戏言,大家一同逃到美国去吧,到美国去出本《论语》杂志,也许可以养活我们这些人的。林语堂是想起了邵小村这个遗训,想到现在正是要逃难避地的时候,只有去美国才对。"见章克标:《林语堂在上海》,子通主编:《林语堂评说70年》,北京:中国华侨出版社,2003年,第126页。又据林太乙的回忆,林语堂一家1940年5月回国后住在重庆的北碚,饱受日本空袭的惊扰,同年8月他们重新赴美时很多人不理解,误以为林语堂是为了躲避抗日逃回美国,他们说:"林语堂拗不住跑警报,又回美国去啦!"见林太乙:《林语堂传》,《林语堂名著全集》第二十九卷,长春:东北师范大学出版社,1994年,第176-177页。

② 林语堂在《八十自叙》中回忆道:"有一个对我中伤的谣言,在一派人之间流传。传言何应钦付给了我两万美金。这谣言是我听赛珍珠,J. J. Singh,Agnes Smedley三个人说的。在纽约城聚会堂上,Agnes Smedley在大众之前提到这件事。我立刻质问她,要求她当众再公开说明。我敢说,我没向中央政府拿过一文钱。"见林语堂著,张振玉译:《八十自叙》,《林语堂名著全集》第十卷,长春:东北师范大学出版社,1994年,第306页。

③ 林太乙:《林语堂传》,《林语堂名著全集》第二十九卷,长春:东北师范大学出版社,1994年,第176页。

④ 林语堂1940年回国后表现出明显的"亲蒋"态度,并在赴美时接受了蒋介石侍从室"顾问"的头衔,入美护照上显示的是"官员签证"。虽然林语堂一再强调接受顾问头衔不过是为了享受美国的"官员签证"待遇,不必以"游客签证"每隔6个月就重新办理一次签证手续,但误会已深。我们认为林语堂遭受的"拿钱宣传"误解主要跟此有关。见林太乙:《林语堂传》,《林语堂名著全集》第二十九卷,长春:东北师范大学出版社,1994年,第176页;施建伟:《林语堂在海外》,天津:百花文艺出版社,1992年,第73-74页。

活动加深了国际社会对中华民族的认识和了解,使国际社会同情和支持中国人民的抗战事业,在国际舞台上为中国抗战营造了一个有利的舆论环境。

(一) 在争取西方舆论界对中国抗战的同情与支持方面起到积极作用

对于日本在侵占中国方面的"强词夺理"和英美政府的"两面"外交政策,林语堂将满腔愤怒诉诸笔端,痛斥日本的侵华阴谋和劣迹斑斑的罪行,并毫不留情地谴责英美政府独善其身的冷漠态度和背弃中国的做法。他通过演讲和写作而发表的一系列爱国言论得到了美国文化界知名人士和美国公众的支持,其好友赛珍珠等人纷纷发表文章表达对中国抗日的同情与支持,因林语堂而爱上中国文化的美国读者也普遍同情和支持中国人民,发起抵制日货的运动,[①]并促使原本持谨慎态度的美国主流媒体开始关注中国的抗日问题。1937年11月,美国的《亚细亚》杂志专门出版增刊《亚细亚:中国抗日战争专号》(Asia Special Section: The War in China)[②],大量刊登林语堂和赛珍珠等人的抗日文章。1943年《啼笑皆非》一书出版,林语堂对美英政府外交政策的强烈谴责和批判遭到了一些美国书评家的批评,赛珍珠的丈夫华士在媒体上对书评家公开回应道:"像您这样在报业中履行重要职责的人却罔顾中国人民及其他亚洲人民中间逐渐滋生的(反抗)情绪之重要性。我真觉得您应该引以为戒。您不能将林语堂的书视为一个愤怒者的胡言乱语。我向您保证他是在为中国说话,不只是为中国人民说话,也是为很多不善表达的中国官员说话。"[③]华士对林语堂的维护之语既体现出当时林语堂抗战言论产生的影响力,也反映出当时林语堂为中国争取权益的不易。

抗战时期为中国奔走于国际舞台的还有胡适,1937年"七七"事变发生后不久他便飞往英美国家进行抗日宣传,1938年9月被国民政府任命为驻美大使。如果说林语堂主要借助言论出版活动进行抗日宣传,胡适上任后则发挥了他擅长的演讲和社交优势到各地巡回演说。1939年美国著名书评家、书评编辑克里夫顿·费迪曼(Clifton Fadiman)编辑《我的信仰》(I believe: The Personal Philosophies of Certain Eminent Men and Women of Our Time)一

---

① 施建伟:《林语堂在海外》,天津:百花文艺出版社,1992年,第32页。
② 《亚细亚》杂志第11期(总第37期)增刊《亚细亚:中国抗日战争专号》,1937年11月。
③ 约翰·黛档案,美国普林斯顿大学。转引自陈欣欣:《林语堂:孤行的反抗者》,北京:清华大学出版社,2015年,第149页。

书,邀请当时19位世界名人撰写作品谈论自己的信仰,有爱因斯坦、赛珍珠、杜威、罗素等人,其中两位中国人便是林语堂和胡适。对于二人在抗战时期的表现余英时评价道:"林语堂成名于抗日战争的前夕,1937年战争爆发时,他已寓居纽约。他的家喻户晓的名字使他在美国取得了为中国说话的权利。从1937年到1945年,他在美国的著名的报刊上发表了无数文字,争取了广大的西方读者对中国的深厚同情。在太平洋战争发生之前,他和胡适是国际宣传战线上的两个尖兵,一个用舌,一个用笔,都激起了巨大的回响。胡适在全美的巡回演说甚至引起了日本的抗议。……林语堂在《纽约时报》《时代周刊》及其他重要杂志上的抗日言论也发生了同样的作用。这是功在国家,决不容埋没的。"① 林太乙在《林语堂传》中也提到了林语堂在争取国际舆论同情方面所发挥的积极作用和影响力:"这时我方新闻工作人士努力搞宣传工作,争取友邦同情。有一些人像乔志高(高克毅),四处奔走,声嘶力竭,在报上也争不到三五行的篇幅。在北平沦陷,南京被敌人蹂躏的关头,看到《纽约时报》用显著的标题发表林语堂作《双城记》的长文,那时他们是多么兴奋和鼓舞呀!"② 相比而言,日本的舆论界就为"没有一个林语堂"而深感惋惜。徐訏评价林语堂在美国时期的宣传出版活动时曾说:"(他)为国家尽一定的宣传的力量,当时日本舆论界觉得他们没有一个林语堂这样的作家可以在世界上争取同情为憾事。"③

(二)对改变美国社会对中国及中国人的负面看法有积极意义

20世纪三四十年代的美国是白人的天下,对黑人和黄种人种族歧视很深,称中国人为"Chinaman"或"Chink",对中国人的认识也很肤浅甚至是歪曲变形的。对一般的美国人来说,中国给他们的印象就是龙、玉、丝、茶、筷子、鸦片烟、梳辫子的男人、缠足的女人、狡猾的军阀、野蛮的土匪、不信基督教的农民、瘟疫、贫穷和危险;他们见过的中国人大多是在中国餐馆和洗衣店里工作的华人,听说过的中国人也只有孔夫子一人。虽然有一些"中国通"写一些关

---

① 余英时:《试论林语堂的海外著述》,《中国知识分子论》,郑州:河南人民出版社,1997年,第211页。

② 林太乙:《林语堂传》,《林语堂名著全集》第二十九卷,长春:东北师范大学出版社,1994年,第155页。

③ 徐訏:《追思林语堂先生》,见子通主编:《林语堂评说70年》,北京:中国华侨出版社,2003年,第148页。

于中国的报导,也出版关于中国的书,但他们所接触的都是家里的中国厨子、老妈子、买办和会计,对真实的中国人一点也不了解,难免误导美国人。①《吾国与吾民》和《生活的艺术》在美国出版后,扭转了西方人对中国及中国人的刻板印象,林语堂以幽默的笔调深入浅出地向西方人介绍中国人如何品茗、行酒令、观山、玩水、看云、鉴石、养花、蓄鸟、赏雪、听雨、吟风、弄月,展现中国人"旷怀达观、高逸退隐、陶情遣兴、涤烦消愁"的人生哲学。② 赛珍珠在《吾国与吾民》的序中写道:"中国人向来就是一个骄傲的民族,它具有坦率和自豪的资本。对中国的理解应该是具有智慧和洞察力的理解,因为中国人在理解人类本质时就胜其他所有民族一筹,是聪明而富有洞察力的。"③有书评家在《纽约时报》上评价《生活的艺术》道:"读完这本书之后,令我想跑到唐人街,遇见一个中国人便向他深鞠躬"④,很多美国女人更是奉此书为生活之法则。⑤

　　抗战爆发后,林语堂通过写作致力于塑造和传播中国的民族精神和中国人民英勇抗战的形象。在《吾国与吾民》中,他大力宣扬中华民族经过历史发展和蜕变,已经诞生了震惊世界的"新的民族精神",即"一种民族自信的新精神"和"因为大众觉醒的无形力量所带来的新民族主义",这种新的民族精神能够确保中国取得最后的胜利。⑥ 在《京华烟云》中,他努力把中华民族塑造成一个在苦难面前英勇抵抗、屹立不倒的民族:"在难民的千千万万数不尽的艰难困苦之中,她(姚木兰)还没听见一个人说反对中央政府的抗日政策。她看见,所有这些人都宁愿要战争,不愿身为亡国奴……虽然这场战争毁灭了他们的家,杀死了他们的骨肉,使他们一无所有了,只剩下他们的一身行李,只剩下了饭碗,只剩下了筷子,他们不悔恨。这就是人类精神的胜利。再大的灾难,人的精神都能克服,能超而上之,由于精神的坚强弘毅,能改变而成为伟大荣耀,光辉万丈。……这广大逃难的人潮越往内地走,中国抗战的精神越坚强。

---

① 林太乙:《林语堂传》,《林语堂名著全集》第二十九卷,长春:东北师范大学出版社,1994年,第138-139页。
② 林语堂:《关于〈吾国与吾民〉》,《宇宙风》第49期,1937年10月16日。
③ 赛珍珠:《赛珍珠序》,林语堂著,郝志东、沈益洪译:《中国人》,上海:学林出版社,1994年,第7页。
④ 林太乙:《林语堂传》,《林语堂名著全集》第二十九卷,长春:东北师范大学出版社,1994年,第157页。
⑤ 林语堂:《关于〈吾国与吾民〉》,《宇宙风》第49期,1937年10月16日。
⑥ 林语堂著,郝志东、沈益洪译:《中国人》,上海:学林出版社,1994年,第352页。

因为真正的中国老百姓是扎根在中国的土壤里,在他们深爱的中国土壤里。"①有了《吾国与吾民》和《生活的艺术》打下的良好公众基础,林语堂笔下具有民族气节、英勇抗争的中国人形象获得了美国公众的高度认同,他们对中国和中国人充满了好感和赞赏。根据美国记者伊罗生(Harold Isaacs)的一项调查,抗日战争时期是美国民众对中国最为"钦佩"的一个时代,认为中国是"崛起的英雄",从中美关系来看,也是"惟一一段对中国人完全同情的印象支配着整个美中关系的时期"②。这样的结果,应该说与抗战时期林语堂的宣传和影响力不无关系。

第三节　新闻人林语堂的局限性

由于受宗教信仰、个性旨趣、复杂的时代环境等因素的影响,林语堂在"五四"这一代媒体知识分子群体中无疑是较为特殊和具有争议的一位,体现出一定的局限性。

一、未能一以贯之实践新闻自由的主张

林语堂的新闻自由观念来源于西方的资本主义民主自由思想,他把争取言论自由作为实现民主的重要手段,认为言论自由是民主的真正基石,是公民的基本权利。但在当时特殊的国情和时代背景下,他对新闻自由的认识与实践受到现实的制约。20世纪20年代,林语堂提出"报刊应该自由地讨论国事","自由地批评政府",但从北洋军阀政府到蒋介石的国民政府都对言论出版进行了严苛的统制和检查,很多记者和报人为此丧命。这让一心向往新闻自由和真正民权③的林语堂感到失望,他痛苦地意识到:在中国,"言论自由与

---

① 林语堂著,张振玉译:《京华烟云》,《林语堂名著全集》第二卷,长春:东北师范大学出版社,1994年,第503页。
② [美]伊罗生著,于殿利、陆日宇译:《美国的中国形象》,北京:中华书局,2006年,第165页。
③ 林语堂认为,保障人民性命财产自由之权,乃真正的民权。见林语堂:《又来宪法》,《披荆集》,《林语堂名著全集》第十四卷,长春:东北师范大学出版社,1994年,第232页。

守口如瓶莫谈国事是不两立的"，"民的自由与官的自由成正面的冲突"，最为关键的一点，中国的法律不像西方的法律那样保障基本的人权。① 西方的新闻自由思想经过漫长的与各种阶级利益的斗争，最终是以一种政治制度的形式被确立的，"是基本法认定、授予和保障的基本人权"②，而在中国，中华民国成立之初孙中山虽试图把言论出版自由制度化和法律化，但随着辛亥革命的失败最终未能实现。因此，在基本的人权尚缺乏法律保障的情况下，20世纪30年代林语堂对新闻自由的认识和实践方式发生了变化。一方面，为了逃避审查，他用英文撰写《中国新闻舆论史》，并抨击国民党政府不合理的新闻检查制度，提出只有言论自由，报刊才能发挥出舆论的力量，唤醒民众为争取言论自由而战；另一方面，他以"幽默"为手段在国民党政府实施新闻统制和审查的区域争取言论自由，通过"幽默"开辟出一条言论通道，相比于鲁迅等人采取激烈、直接的方式与国民党文化专制政策展开正面对抗，林语堂争取新闻自由的方式要迂回曲折得多。

正如林语堂评价自己是"现实理想主义家"，"热心人冷眼看人生"，对于争取新闻自由他是个"理想家"和"热心人"，但是在残酷的杀戮面前，他选择了遵从人的本性——活着，以"冷眼"应对不公正的世道。他争取新闻自由的过程长期徘徊在"为理想的抗争"与"对现实的妥协"边缘，一方面坚持认为只有具有前赴后继不怕死的勇气，新闻业才能真正发挥舆论的力量，另一方面又崇尚魏晋时期的"清谈"之风，提倡明哲保身的处世哲学，甚至对于社会改革也认为"应当采取中庸之道"。③ 他在外有强敌入侵、内有党派纷争的社会背景下提出幽默、闲适、近情的中庸主义新闻实践哲学，体现出其争取新闻自由的不彻底性。

此外，在抗日战争时期内外交困的特殊国情下，知识分子的使命感促使林语堂以国家和民族的利益为前提进行舆论宣传，他在海外期间对新闻自由的认识和实践也受到民族主义思想的制约。事实上，自由主义与民族主义发生冲突在民国时期的报人群体中很常见，凡是接受了西方的新闻自由思想又秉

---

① 林语堂：《谈言论自由》，《行素集》，《林语堂名著全集》第十四卷，长春：东北师范大学出版社，1994年，第125-127页。

② [美]卡斯珀·约斯特著，王海译：《新闻学原理》，北京：中国传媒大学出版社，2012年，第93页。

③ 林语堂著，张振玉译：《八十自叙》，见《林语堂名著全集》第十卷，长春：东北师范大学出版社，1994年，第297-298页。

持"文人论政"传统的报人、编辑都具有这种矛盾性。从这一点来看,林语堂在海外时期也未能真正践行新闻自由思想。

二、对国情和政党的认识不够全面客观

林语堂赴美后在给陶亢德的信中写道:"外报载中国消息,伦敦《泰晤士报》终不及纽约《泰晤士报》,每日短短半栏数百字而已,其详不可得而知也。故又续订纽约报,再参阅上海《密勒氏周刊》,本国情形大概可知一二。又杨光泩先生所办日内瓦机关每晚可收中国内地所发无线电讯。"①从中可见抗战时期的林语堂对中国真实国情的认识是有限的。海外的求学和生活经历使林语堂具备了西方的认知和思维模式,他自诩"这基本的西方观念令我自海外归来后,对于我们自己的文明之欣赏和批评能有客观的,局外观察的态度"②,但正是这种"局外观察的态度"加上对中国国情的认识有限,使他与中国真实的社会、政治之间"实在是隔膜"③,他不仅不能客观地认识中国当时的形势,反而产生了认知上的偏差,特别是对国共两党的认识不够全面和客观。

林语堂一生最受诟病的是 20 世纪 40 年代的政治立场问题,他 1941 年回国之后表现出明显的"亲蒋"立场,在此之后又一直与蒋介石政府之间保持着若即若离的关系。他在《中日战争之我见》中曾用《蒋介石其人其谋》一节来论述蒋介石在抗日问题上的功过与谋略,并视蒋为"民族危亡时期的一位民族领袖"④,是带领中国战胜日本的希望。1943 年秋天他从美国回重庆"漫游一番"⑤,自认为摸清了当时中国的情形,第二年返回美国后在美国的广播上说:"现在在重庆的那批人,正是以前在南京的那批人,他们正在捋胳膊,挽袖子,为现代的中国而奋斗。"⑥他仅凭短短的重庆之行就对中国复杂的局势下定

---

① 林语堂:《在美编〈论语〉及其他》,《宇宙风》第 74 期,1938 年 9 月 1 日。
② 林语堂著,工爻译:《林语堂自传》,见《林语堂名著全集》第十卷,长春:东北师范大学出版社,1994 年,第 21 页。
③ 徐訏:《追思林语堂先生》,见子通主编:《林语堂评说 70 年》,北京:中国华侨出版社,2003 年,第 142 页。
④ 林语堂著,郝志东、沈益洪译:《中国人》,上海:学林出版社,1994 年,第 377 页。
⑤ 林语堂著,张振玉译:《八十自叙》,见《林语堂名著全集》第十卷,长春:东北师范大学出版社,1994 年,第 306 页。
⑥ 林语堂著,张振玉译:《八十自叙》,见《林语堂名著全集》第十卷,长春:东北师范大学出版社,1994 年,第 306 页。

论,对中国国情的认识与现实之间是有差距的,对蒋介石和国民党政府寄予过高的期望,对共产党的认识也不够客观和全面。在这之后他的抗日言论主要是站在国民党政府的立场为中国争取国际舆论的同情和支持,后期更是在没有认清中国社会现实的情况下发表了有失公允的言论。20 世纪 30 至 40 年代,在宋庆龄、林语堂、胡适等爱国人士的积极宣传下,"众多美国人心目中对中国人同情的印象,上升到无可匹敌的顶峰"①。但身在中国,目睹了中国战争实况和灾荒的美国人,看到的中国完全又是另一个样子,"中国的抗日战争并不像想像中的东方史诗,而是一场只有残酷没有英雄色彩的令人绝望的战争"②,尤其是国民党内部的贪腐等问题使美国人对国民党的管治能力和对民主政策的维护产生怀疑,曾被林语堂塑造成"民族领袖"的蒋介石也被史迪威轻蔑地称为"花生",美国更有记者刻薄地评价蒋介石"同华盛顿的唯一相似之处只有那满口的假牙","蒋更不是什么拿破仑,拿破仑'是天才的军事家、干练的组织家和有创新精神的行政家'。而这位中国的独裁者在军事上一窍不通,政治上一塌糊涂,只知道拜倒在洋人脚下像奴隶一样乞讨"。③ 1944 年 10 月,史迪威的回忆录问世,越来越多的美国人意识到媒体上美化的蒋介石的中国,很可能是一个骗局。④ 而在共产党方面,随着 1937 年美国记者埃德加·斯诺《红星照耀中国》的出版,美国人开始对中国共产党有了正面的印象。"斯诺介绍的中国共产党以及他们管理的地区,像一个与世隔绝的乌托邦,让绝大多数西方读者感到新奇,也让极少数的西方知识分子在 30 年代末看到了中国的某种希望。"⑤1944 年前后,美国舆论界开始同情共产党并转而批判国民党。这时林语堂依然卖力地为重庆政府"说好话",甚至武断地认为美国对国民党政府之所以有诸多不满是因为共产党处心积虑制造的舆论使美国舆论界受到了蒙蔽,而忽视了问题在于国民党本身。这是盲目而不理智的。他在 1944 年 4

---

① 周宁:《龙的幻象(上)》,《中国形象:西方的学说与传说·8》,北京:学苑出版社,2004 年,第 150 页。

② 周宁:《龙的幻象(上)》,《中国形象:西方的学说与传说·8》,北京:学苑出版社,2004 年,第 152-153 页。

③ 周宁:《龙的幻象(上)》,《中国形象:西方的学说与传说·8》,北京:学苑出版社,2004 年,第 151-152 页。

④ 周宁:《龙的幻象(上)》,《中国形象:西方的学说与传说·8》,北京:学苑出版社,2004 年,第 154 页。

⑤ 周宁:《龙的幻象(上)》,《中国形象:西方的学说与传说·8》,北京:学苑出版社,2004 年,第 158 页。

月29日的信中写道:"由于第三国际的解散,共产分子将他们的目光转向美国,并试图表示自己才是追求民主的。……他们称(国民党)为法西斯而达到让美国反对重庆政府的目的","到处散播着国民党正逐渐失去民心的谎言。……如今再没有一本书能从中立与同情的角度正确地阐释中国"。① 林语堂的局限性在于不能很好地审时度势,而把国家、民族的利益和重庆政府的利益混为一谈。又据学者王兆胜的观点:"林语堂往往用'自由''平等''人性'的尺子去衡量政治,虽然也有某些合理性和值得借鉴的地方,但他是以笼统的甚至带有偏激的情绪来评说共产党和它领导的新中国。"②

小 结

新闻史作为文化史的一部分,与文化史有着异常紧密的联系。"五四"时期涌现的一批媒体知识分子,以报刊为媒介,以"文人论政"、文化活动的方式参与社会变革,他们的无所畏惧和拼搏奋斗精神为我们继承和发扬新闻工作者的优良传统树立了榜样;他们在新闻实践过程中总结出的办刊经验和新闻思想,为我们的新闻实践工作提供了借鉴。

在林语堂的新闻实践历程中,他以报人、编辑、撰稿人和新闻研究学者的多重身份从事新闻活动,创办了《论语》《人间世》《宇宙风》等风行一时的大众刊物,并留下了中国新闻史上第一部研究著作《中国新闻舆论史》。他在中国新闻史上的贡献主要有两点:一是对舆论史进行了研究,撰写的《中国新闻舆论史》不仅为我国的新闻史学研究提供了宝贵的史料,且对中国新闻史学向海外传播做出了贡献;二是大力提倡报刊的消遣娱乐功能和通俗化的报刊文体,纠正了"五四"以来报刊只是政治宣传工具的认知偏差,促进了报刊朝多样性、大众化方向发展,并促成了"杂志年"的形成。除此之外,他对军阀政府、国民党文化专制政策的批判以及在海外进行的抗日宣传对社会都产生了积极影响,具有明显的进步意义。

但是,林语堂的新闻思想与实践也有其历史局限性。他的局限性主要源

---

① 陈欣欣:《林语堂:孤行的反抗者》,北京:清华大学出版社,2015年,第192-193页。

② 王兆胜:《林语堂的文化情怀》,北京:中国社会科学出版社,1998年,第258页。

于两个方面,一是基督教的家庭背景和教育经历使他与真实的中国社会之间产生了隔膜,长期浸淫在基督教文化氛围中形成的个性也使他与压迫势力的斗争不够彻底;二是身处"五四"时期这一特殊"过渡时代",林语堂身不由己地在中国的政治及舆论旋涡里挣扎、漂泊,其认识和思想难免片面和主观,也无法摆脱时代的局限。2005年9月3日,胡锦涛总书记在纪念中国人民抗日战争暨世界反法西斯胜利60周年大会的讲话中第一次明确指出国民党军队是抗日战争的一支主力:"中国国民党和中国共产党领导的抗日军队,分别担负着正面战场和敌后战场的作战任务,形成了共同抗击日本侵略者的战略态势。以国民党军队为主体的正面战场,组织了一系列大仗,特别是全国抗战初期的淞沪、忻口、徐州、武汉等战役,给日军以沉重打击。中国共产党领导的敌后战场,广泛发动群众,开展游击战争,八路军、新四军、华南游击队、东北抗日联军和其他人民抗日武装力量奋勇作战。"①林语堂因为在抗日宣传中的"亲蒋"言论,在很长一段时间内背负着"反动文人"的骂名,但他对蒋介石的态度是有历史原因的。在当时的时代背景下,国民党政府客观上是中央政府,国民党军队在抗日战争中也确实发挥了主战场的作用,林语堂与相当一部分知识分子在当时拥护和支持国民党,从民族主义立场来看是站得住脚的。杨奎松曾说过:"我们对历史和历史中人,还是努力先去理解,在理解的基础上再来尝试着做评价。"②对于林语堂的政治立场问题以及他在海外抗日宣传中的表现,我们应该以历史唯物主义和辩证唯物主义的立场、观点和思想方法予以客观、全面的认识和评价,给予他更多的理解和肯定。

---

① 胡锦涛:《在纪念中国人民抗日战争暨世界反法西斯战争胜利60周年大会上的讲话》,《人民日报》2005年9月10日。

② 杨奎松:《忍不住的"关怀":1949年前后的书生与政治》,桂林:广西师范大学出版社,2013年,《前言》,第26页。

结　语　多侧面的新闻人林语堂

通过研究我们认为，林语堂并非学术界长期以来认为的消极的、只提倡"幽默""闲适"的文人，而是一个具有正义感、爱国心、大众立场和创新意识的学者和新闻人，整体上是一个进步的新闻人形象——当然也有其个性，并体现出一定的时代局限性。

一、以追求真理正义作为新闻实践的原则

著名文学理论家与批评家萨义德认为，传统意义上的文人知识分子，只有不被现有体制收编，才能够对权势说真话。这部分知识分子"不为利益或奖赏所动，只是为了喜爱和不可抹煞的兴趣，而这些喜爱与兴趣在于更远大的景象，越过界限和障碍达成联系，拒绝被某个专长所束缚，不顾一个行业的限制而喜欢众多的观念和价值"①。林语堂终其一生未加入过任何党派，他如萨义德所言是无惧权势的，为了自己的兴趣和"自由意志"敢于挑战界限和障碍，并在多数情况下能够保持正确的是非观念和客观公正的立场。

1925—1926年，中国发生了五卅运动、"三一八"惨案、北伐等一系列重大的历史事件，新闻界发生了"《京报》社长邵飘萍被张作霖下令枪杀""《社会日报》社长林白水遭张宗昌杀害"两件大事，林语堂本人也遭到北洋军阀的通缉，在如此高压态势下，林语堂仍然同情和支持爱国学生运动，用语言的匕首与军阀专制及其仆从文人展开了激烈的斗争。"五卅"惨案发生后，报刊上出现了不少反对学生爱国运动的论调，林语堂连续发表《丁在君的高调》《随感录》《谬论的谬论》《咏名流》等文章批判反对爱国群众运动的言论。"三一八"惨案发生后，林语堂悲愤欲绝地写下《悼刘和珍杨德群女士》等文章对军阀的残暴统治进行了猛烈抨击。30年代在上海创办幽默刊物时，在

---

① ［美］爱德华·萨义德著，单德兴译：《知识分子论》，北京：生活·读书·新知三联书店，2002年，第67页。

国民党右派的文化高压政策下,林语堂仍然公开表示"不反革命",坚持"不左不右"的中立立场,并在《中国新闻舆论史》中批判和揭露军阀政府、国民党政府残杀和迫害新闻工作者的罪状,既表现出对国民党专制统治的反抗,也隐含了对受压制方的同情。

由于对孙中山先生的景仰及对"三民主义"思想的认同与支持,林语堂在情感上对国民党有一种天然的亲近感,希望国民党能秉承孙中山先生的遗志带领国人走出困境,实现救国理想。但这种"天然的亲近感"并没有导致他盲目地支持国民党。受家庭和成长环境的影响,他在宗教信仰上无法认同共产

比利时画家所作的林语堂像
(摄于台北林语堂故居)

主义者所持的无神论态度,基于对资产阶级人权、民主、自由的理解,他也无法接受"无产阶级专政",因此"在政治上对共产主义怀有抵触情绪"①,但他对无产阶级本身并不抵触,生活中他面对达官贵人向来不卑不亢,对待家中的仆人也从不斥骂、摆架子,"与外交大使或庶民百姓同席共坐,全不在乎"②,在他创办的幽默刊物上还热情赞扬过三轮车夫、苦力等社会底层人士。1943年之前他对共产党也并无敌意③,反而多次称赞充满爱国热情、一心抗日救国的中国共产党和共产主义青年。他对"西安事变"中共产党以国家和民族利益为重,不计较个人恩怨的情怀大加赞扬④,认为国共之间携手合作共同抗日归功于具有真诚的爱国主义和宽宏大量态度的共产党领袖毛

---

① 陈欣欣:《林语堂:孤行的反抗者》,北京:清华大学出版社,2015年,第175页。

② 林语堂:《八十自叙》,见《林语堂名著全集》第十卷,长春:东北师范大学出版社,1994年,第246页。

③ 周质平教授在《林语堂的抗争精神》一文中曾对此给予佐证:"此时的林与其说是政治上反共,不如说是文学上反共。他反的是左派文人的假道学,也就是他所常说的'方巾气'。"见周质平:《林语堂的抗争精神》,《二十一世纪》双月刊,2012年2月号,总第129期,第109页。

④ 林语堂:《中日战争之我见》,林语堂著,郝志东、沈益洪译:《中国人》,上海:学林出版社,1994年,第370页。

泽东和朱德①;在《京华烟云》中他这样描述那些扬言要加入共产党、接受中共领导抗日的人士:"他们是勇敢爱国的中国青年,在物质环境最艰难之下,他们的精神奋发旺盛,他们的斗争勇气坚强不摧,不屈不挠。"②而对于国民党和蒋介石,林语堂也绝不回避批评:《中国新闻舆论史》《半部〈韩非〉治天下》《论政治病》《脸与法治》《谈言论自由》和《致中国民权保障同盟》(For a Civic Liberty Union)③等著作和文章都表达了他对国民党政府钳制言论的强烈不满,并为此受到了国民党情报司头目的威胁;对于蒋介石政府在抗日问题上采取的绥靖政策,他发表《我要去阿比西尼亚》(I Will Go to Abyssinia)④等英文文章进行抨击,并在《中日战争之我见》中说:"1935年8月以来,这个人(蒋介石)对共产党提出的统一战线采取了顽固不化的态度,对此,本人仍然深为不满。"⑤即使晚年定居台湾后,相比于胡适的"不可救药的乐观主义"以及"始终不能让他放弃改造国民党和蒋介石的努力",林语堂对蒋介石的"民主自由"也一直持怀疑的态度。⑥ 以上种种皆表明林语堂始终以追求真理和正义作为自己从事新闻活动的准则。

二、以捍卫民族利益作为新闻实践的前提

1940年林语堂获得纽约艾迈拉大学(Elmira College)颁授的荣誉博士学位,校长在致颁奖词时评价他"是爱国者,也是世界公民","以深具艺术技巧的笔锋向英语世界阐释伟大中华民族的精神,获致前人未能取得的效果";1946年获得威斯康辛比洛特学院(Beloit College)颁授的荣誉博士学位时,评价他

---

① 林语堂:《中日战争之我见》,林语堂著,郝志东、沈益洪译:《中国人》,上海:学林出版社,1994年,第373页。

② 林语堂著,张振玉译:《京华烟云》(下),见《林语堂名著全集》第二卷,长春:东北师范大学出版社,1994年,第440页。

③ Lin Yutang: For a Civic Liberty Union; The China Critic, 1932 - 11 - 03.

④ Lin Yutang: I Will Go to Abyssinia; The China Critic, 1935 - 12 - 19.

⑤ 林语堂:《中日战争之我见》,林语堂著,郝志东、沈益洪译:《中国人》,上海:学林出版社,1994年,第359-360页。

⑥ 周质平:《张弛在自由与权威之间:胡适、林语堂与蒋介石》,《二十一世纪》双月刊2014年12月号,总第146期,第37页。

"具有国际思想,为中华民族扬眉吐气","在世界上成为非官方的中国大使"。① 相较于国内很长一段时间给林语堂贴上的"反动文人"标签,这样的评价是比较客观公允的,正如学者王兆胜所评价的:"林语堂一生不管走到哪里,他心中总是揣着自己的祖国和人民。"②抗战时期,他在海外积极为中国奔走呐喊,可以说都是以维护国家和民族利益为出发点的。

林语堂在评论时局时感慨:"我现在不做大梦,不希望有全国太平的天下,只希望国中有小小一片的不打仗,无苛税,换门牌不要钱,人民不必跑入租界而可以安居乐业的干净土。……我不做梦,希望人民有集会结社权,只希望临时开会抗日不被军警干涉。我不做梦,希望内政修明、党派消灭,只希望至少对外能一致,外邻侵犯时,保留一点人气。"③抗战时期在美国,作为一名畅销书作家,如果只考虑市场和读者的口味,林语堂应该谨言慎行,尽量不涉及敏感或令美国人反感的话题,但他却一改创作《吾国与吾民》《生活的艺术》时的旷怀达观、陶情遣兴,在《啼笑皆非》等著述中,他言辞犀利地批评英美政府,即使招致美国主流舆论的反对和抵制也在所不惜,体现出中国人不畏强权的民族性格和传统精神。这一时期他除了借助宣传出版活动为中国抗日积极呐喊外,还用实际行动表达对抗日的支持。他在美国宣传鼓吹抵制日货,不仅自己参加各种抗日救亡的集会,还支持妻子廖翠凤担任纽约中国妇女战时救济会的会长,积极出谋划策为国内的难民孤儿募捐,④并在旅法期间捐赠4 320法郎抚养了6个中国孤儿⑤;他坚信中国一定会取得抗战的最后胜利,1939年,他将16 000美元和23 000美元兑换成10万和13万银圆存入中国银行以表示对中国货币的支持,可惜抗战胜利后由于通货膨胀,这笔钱极速贬值;⑥ 1940年赴美前,他将重庆北碚蔡锷路24号的私人住宅捐赠给中华全国文艺

---

① 林太乙:《林语堂传》,《林语堂名著全集》第二十九卷,长春:东北师范大学出版社,1994年,第188-189页。
② 王兆胜:《林语堂的文化情怀》,北京:中国社会科学出版社,1998年,第259页。
③ 林语堂:《新年之梦——中国之梦》,《东方杂志》第三十卷第一号,1933年1月1日。
④ 林太乙:《林语堂传》,《林语堂名著全集》第二十九卷,长春:东北师范大学出版社,1994年,第194页。
⑤ 施建伟:《林语堂在海外》,天津:百花文艺出版社,1992年,第62页。
⑥ 林太乙:《林语堂传》,《林语堂名著全集》第二十九卷,长春:东北师范大学出版社,1994年,第167、199页。

界抗敌协会使用,以支持抗战。①

在"两个中国"问题上,林语堂也坚决维护中国的统一。1959年美国参议院外交委员会发表了所谓的"康隆报告",制造"两个中国"的谬论。对此,林语堂坚决反对美国政府企图分裂中国的阴谋。据陈纪滢在《我们知道的林语堂先生》一文中的回忆,林语堂曾在纽约自己家中对他说:"美国的'两个中国'观念是错误的。不只中华民国反对,就是毛泽东也不赞成。他们不了解东方,更不了解中国人。"他还清楚地记得林语堂"说这段话时,是站着说的,浑身用力,双拳并举,两眼要迸出火星似的"②。除此之外,林语堂还为梁和钧起草的《康隆报告的分析:亚洲人所见的谬妄和矛盾》做修正核定,并领衔签名,公开表明坚决反对美国政府制造"两个中国"的立场。③

台北林语堂故居

关于林语堂的"亲蒋",世人皆以他最后定居台湾为根据下定论。事实上,当林语堂萌生落叶归根想法的时候,最先考虑的并不是台湾而是香港。1966年4月5日,林语堂在香港看望女儿林太乙时曾给香港移民局

---

① 施建伟:《林语堂在海外》,天津:百花文艺出版社,1992年,第74页。
② 陈纪滢:《我们知道的林语堂先生》,台湾《传纪文学》第31卷第6期。
③ 刘炎生:《林语堂评传》,南昌:百花洲文艺出版社,2014年,第185页。

局长柯乐德写过一封信,征询申请香港永久居留的可能,但此事没有结果。① 而20世纪60年代的台湾发起中国文化复兴运动,呼吁海外著名文化学者到台湾定居,蒋介石在这时向林语堂主动抛去橄榄枝,并为他在台北近郊风景秀丽的阳明山建了寓所,林语堂最终选择接受这根橄榄枝似乎也在情理之中。

三、以服务大众作为新闻实践的目标

林语堂的新闻实践紧紧贴近大众人生,主张报刊不是政治的附庸,不必做政治的仆人,不能"与人生太疏远"②,"只求教我认识人生而已"③。相比于阶级和政治,他始终把"人"放在更重要的位置,把畅谈人生、感悟人生价值作为创办刊物、从事文化出版活动的重要内容和目标。尽管这使他不像鲁迅那么的"深刻和无私",却显示出他积极面对人生、心怀大众的一面。

他曾说:"我并不读哲学而只直接拿人生当做课本……我的理论根据大都是从下面所说这些人物方面而来:老妈子黄妈,她具有中国女教的一切良好思想;一个随口骂人的苏州船娘;一个上海的电车售票员;厨子的妻子;动物园中一只小狮子;纽约中央公园里的一只松鼠;一个发过一句妙论的轮船上的管事人;一个在某报天文栏内写文章的记者(已亡故十多年了);箱子里所收藏的新闻纸;以及任何一个不毁灭我们人生好奇意识的作家,或任何一个不毁灭他自己人生好奇意识的作家……诸如此类,不胜枚举。"④可见他以大众及大众人生作为新闻实践的重要内容。他创办的《论语》《人间世》《宇宙风》等刊物虽然也刊载时事评论文章,但更多内容关注的是普通大众的日常生活,反映人生百态,参与社会生活讨论,林语堂本人也经常对大众日常生活中的衣食住行等"小事"发表个人的意见和看法。

在创办和编辑刊物的过程中,林语堂立足于大众,反复强调"近人情"的理念,提出通俗化、大众化、趣味性的办刊主张。他说:"必须使哲学从天上

---

① 周质平:《张弛在自由与权威之间:胡适、林语堂与蒋介石》,《二十一世纪》双月刊2014年12月号,总第146期,第44页。
② 林语堂:《中国杂志的缺点——〈西风〉发刊词》,《宇宙风》第24期,1936年9月1日。
③ 林语堂:《且说本刊》,《宇宙风》第1期,1935年9月16日。
④ 林语堂著,越裔译:《生活的艺术》,见《林语堂名著全集》第二十一卷,长春:东北师范大学出版社,1994年,《自序》,第2-3页。

落到地面,使普通大众都能理解。在我的编辑生涯里,曾为此尽过绵薄之力。我希望开创一种使普通读者都能读懂的报刊写作风格,并一直在朝着这个目标努力。"① 在期刊定位上他面向普通读者群,力争将刊物办成非文人独享的大众读物,并提出期刊作者不应只限于读书人阶层,应该使作者队伍大众化;在文体上力求通俗直白,让人人看得懂;在内容上追求雅俗共赏,满足不同大众对信息和知识的需求;在编排上重视大众的阅读兴趣,根据大众需求选择和编排内容;在经营上始终以读者利益为中心,尊重大众的各项权益。

除此之外,在新闻的功能方面,林语堂强调报刊应该与大众的实际需求相贴近,认为报刊应为公众行使舆论监督之职;应服务大众,满足大众的需求;应传播知识,指导大众生活;应提供娱乐,给予大众消遣。在舆论思想方面,他强调民权和民众的力量,认为民众是制造和推动舆论发展的主体,更是形成客观、公正舆论的关键所在。在新闻批评中,他对军阀政府和国民党右派的残暴统治进行痛斥和批判,对日本的侵略罪行和英美政府的"两面"手法进行披露和谴责,背后隐含的是对受压迫方——大众的同情与支持。这些均表明林语堂对大众的重视和关怀。

四、以求新创新作为新闻实践的宗旨

"一个写作者,如若他的思想浅薄,缺乏创造性,则他大概将从简单的文体入手,终至于奄无生气。"② 林语堂一生追求标新立异,他的思想丰富而活跃,崇尚"因为没人做,所以我来做""如已有人做了,我便万不肯做"的独一无二和特立独行,因此在其新闻实践历程中,他总能推陈出新、独辟蹊径地创出前人没有创出的成绩,提出前人没有提出的观点,具有较强的创新意识。

在 20 世纪 30 年代初期国内言论遭到压制的现实情况下,林语堂没有像鲁迅等左翼作家一样径直"举起投枪",而是转变思路和方法以创办幽默刊物的方式对抗国民党政府的文化高压政策。他提出"地盘公开"和"兼蓄并收"的办刊策略,在幽默的掩护下于复杂的政治环境中创出一个言论相对自由的公

---

① Lin Yutang: A History of the Press and Public Opinion in China; Chicago: The University of Chicago Press, 1936, P158.

② 林语堂著,越裔译:《生活的艺术》,见《林语堂名著全集》第二十一卷,长春:东北师范大学出版社,1994 年,第 359 页。

共舆论空间,既使人能够在十分危险的境地也能"滑口善辩",含蓄地发表关于时局的言论而不至于身受牢狱之灾,又为公众在压抑的社会里提供了一条发泄忧愤、缓解压力的途径。与鲁迅等直面危险的左翼作家相比,林语堂在世人眼中或许是消极逃避的,但从另一面来看,他的新闻实践方式确实比鲁迅等人更具有灵活性,更能适应当时的新闻生态环境,为当时言论不自由的新闻界开辟了一条新路。

林语堂在新闻实践历程中曾创下多个"第一":第一个把英文单词"humour"音译为中文的"幽默",使"幽默"一词在中国迅速流行开来;创办并主编的《论语》半月刊是中国第一份幽默刊物,《人间世》半月刊是中国第一本纯粹登载散文小品的刊物,由此引领了幽默与小品文刊物的创办潮流;首创风格咸淡的通俗报刊文体,由此引发了杂志文体的变革;第一个对中国的舆论发展史进行了研究,开我国舆论史研究之先河,并客观上成为第一个用英文撰写新闻学著作并在国外发表的学者。

同时,由于林语堂借鉴并吸收的是西方新闻界最前沿的编辑出版理念,他提出的很多新闻观念和主张具有开创性和超前性:他根据西洋杂志的特写体裁提出记者写作新闻稿必须以实地调查为基础,以真实的社会与生活为写作素材,与同样强调记者采写新闻要深入现场,腿脚要勤快的民初著名记者黄远生相比,虽然观点提出得不如黄远生早,但因为援引中西方记者的生动事例加以说明并直指当时中国杂志的弊端,林语堂的观点更具有说服力;①他提倡差异化的期刊定位策略,主张期刊保持个性和独一无二风格,与当时跟风创办期刊或出于政治目的创办期刊的人相比,更具有现代期刊经营意识;他主张期刊的稿源不应局限于文人群体,救火队长、航空署长、书局老板、银行经理,甚至"小瘪三""鸦片鬼"中的能文之人都可以成为投稿者,这在当时是大胆而具有开创性的;他邀请丰子恺、张光宇兄弟等著名画家设计期刊封面,并在版式上不断创新,用珍贵的老照片或手稿引发读者的兴趣,体现出现代书刊的设计意识;……林语堂的诸多见解和主张新颖独到,很多观点是现代新闻业对新闻真实性、客观性报道的基本要求,也是现代编辑出版的基本观点,直到今天依然闪烁着智慧的光芒。

此外,林语堂的勇于创新还体现在他对发明创造的痴迷和热衷,曾被冠以

---

① 1914年,黄远生在回顾自己的新闻生涯时提出一个好的新闻记者必须具备"四能":脑筋能想,腿脚能奔走,耳能听,手能写。见方晓红:《中国新闻史》,北京:北京师范大学出版社,2013年,第100页。

"发明家"的称号。除了童年时期有几次不成功的发明尝试外,1947年他依据历时30多年研究出的"上下形检字法"发明出"明快中文打字机","这架打字机的诞生,在汉字世界里,是一项革命性创举"①,被赞为"了不起的发明"和"极有价值的发明",②并于1952年取得美国的发明专利权;他根据"上下形检字法"和简化过的"国语罗马字拼音法",历时5年编撰出《当代汉英词典》③,是开创性的盛举;他还发明过可以挤出牙膏的"自来牙刷"、自动门锁、自动打桥牌机、轮盘机、符合人体力学的舒适座椅等。④林太乙对此评价道:"父亲有超人的精神,超人的创造力,使我想到纽约泰姆士广场一千只亮灯泡的广告,灿烂得令人炫目。"⑤

明快中文打字机样机
(摄于台北林语堂故居)

五、因自由个性在新闻路上饱受争议

在自传中,林语堂把自己形容成"一个到异地探险的孩子","我不管别人说什么,而在这探险程序中也没有预定的目的地;没有预定的游程,不受规定的向导之限制。如此游历,自有价值,因为如果我要游荡,我便独自游荡。我可以每日行卅里,或随意停止,因为我素来喜欢顺从自己的本能,所谓任意而行;尤喜欢自行决定什么是善,什么是美,什么不是。我喜欢自己所发现的好东西,而不愿意人家指出来的"。⑥ 在林语堂的新闻"探险"历程中,他对"纯粹

---

① 施建伟:《林语堂在海外》,天津:百花文艺出版社,1992年,第105页。
② 林太乙:《林语堂传》,《林语堂名著全集》第二十九卷,长春:东北师范大学出版社,1994年,第209-210页。
③ 1972年由香港中文大学出版。
④ 王超群:《林语堂的几项发明》,《人民日报(海外版)》2002年4月12日。
⑤ 林太乙:《林语堂传》,《林语堂名著全集》第二十九卷,长春:东北师范大学出版社,1994年,第207页。
⑥ 林语堂著,工爻译:《林语堂自传》,见《林语堂名著全集》第十卷,长春:东北师范大学出版社,1994年,第33页。

的自由意志"①的追求,对现实的时而抗争时而妥协,以及过于"顺乎本性"②的个性表现,使他的新闻活动一波三折并饱受争议。

  林语堂在新闻路上遭受的争议主要有两点。一是以幽默践行新闻自由思想并与专制统治抗争。在争取言论自由的过程中,林语堂在经历了一系列的残酷杀戮之后意识到新闻自由的实现是需要条件的,它是由一个国家的政治体制所决定,如果民权得不到法律的保障,言论自由只能是空谈。他说,在民主和独裁的斗争中,纸上的宪法终究敌不过独裁者的刺刀,③并高呼"头颅一人只有一个……死无葬身之地的祸是大可以不必招的"④。因此,他放弃了正面对抗,转而以提倡"幽默与闲适"来争取另一种方式的自由。与鲁迅"横眉冷对"的斗争精神相比,林语堂"寄情于幽默"的抗争在世人眼中显得过于软弱,遭到左翼人士的抨击。二是20世纪40年代他在海外宣传言论的政治立场问题。虽然林语堂一直标榜自己"不左不右"的中间派立场,也宣称"厌恶政治",但不管他主观上是否愿意,最终还是被卷入时代的政治旋涡中。他在宗教信仰上无法接受共产党的无神论,深受西方资产阶级民主自由思想熏陶的他也无法认同"无产阶级专政",加上长年生活在国外对中国社会的真实情况缺乏了解,导致他把带领中国走出困境的希望寄托在他认为是秉承了孙中山遗志的国民党政府身上,因此20世纪40年代他对国共两党的认识和评价出现了倾向性,在言论上站到了国民党一方。

  综合而言,基督教家庭的成长环境以及从小接受的西式教育把林语堂塑造成一个极具西方知识分子精神的新闻人,他的新闻实践理念和新闻思想具有明显的西方视野和特征,"追求自由""保持个性"是他从事新闻活动的两个重要原则。对于新闻自由他有较为全面的认识和执着的追求,在人权得不到法律保障的情况下,他借助幽默有限度地争取言论自由。保持个性是林语堂一生追求的处世目标,对于不公他有抗争,并在新闻道路上不断标新立异,特

---

  ① 茅盾:《小品文和气运》,《太白》1卷纪念特辑,1935年3月。见《茅盾全集》第二十卷,北京:人民文学出版社,1990年,第424页。

  ② 林语堂著,张振玉译:《八十自叙》,见《林语堂名著全集》第十卷,长春:东北师范大学出版社,1994年,第246页。

  ③ Lin Yutang: A History of the Press and Public Opinion in China; Chicago: The University of Chicago Press, 1936, P73.

  ④ 林语堂:《〈翦拂集〉序》,《林语堂名著全集》第十三卷,长春:东北师范大学出版社,1994年,第4页。

立独行。他始终坚持以真理和正义践行新闻理想,并在现实屡屡受挫后转而从儒道精神中寻找出路,试图在时代的旋涡中寻找到儒家的入世与道家的出世之间的平衡点。他对自由和个性的追求反映在新闻实践中具体表现为两个方面:一是利用报刊媒体积极履行作为现代知识分子的批判职责;二是以实现人的"天性"和"自我"作为道德抉择标准,提倡幽默、闲适、近情的中庸主义新闻实践哲学。这两面看似矛盾,但林语堂用自己的方式将二者做了统一,即用幽默的方式迂回曲折地践行知识分子的批判精神,与恶政和不公现实做抗争。

  林语堂的新闻实践经历和取得的实践成果虽不及文学成就那么享誉世界,但对当时的新闻业产生了不容忽视的影响,也是中国新闻史上不应忽略的一部分。林语堂对恶政现实的有限抗争,在入世与出世间的矛盾挣扎,源于自身的个性和成长环境,但更多的是出于身处特殊时代与政治场的无奈,我们应该表示更多的同情和理解。

参考文献

一、中文著述

1. 阿英:《阿英全集》第四卷,合肥:安徽教育出版社,2003年。
2. 阿英:《现代十六家小品》,天津:天津古籍出版社,1990年。
3. 曹聚仁:《文坛五十年》,北京:生活·读书·新知三联书店,2010年。
4. 曹聚仁:《我与我的世界》,北京:人民文学出版社,1983年。
5. 陈福康、蒋山青编:《章克标文集》,上海:上海社会科学院出版社,2003年。
6. 陈建云:《向左走 向右走——一九四九年前后民间报人的出路抉择》,福州:福建教育出版社,2010年。
7. 陈万雄:《五四新文化的源流》,北京:生活·读书·新知三联书店,1997年。
8. 陈欣欣:《林语堂:孤行的反抗者》,北京:清华大学出版社,2015年。
9. 陈玉申:《晚清报业史》,济南:山东画报出版社,2003年。
10. 大华烈士(简又文):《西北东南风》(民国史料笔记丛刊),上海:上海书店出版社,2000年。
11. 丁淦林主编:《中国新闻事业史》,北京:高等教育出版社,2002年。
12. 樊亚平:《中国新闻从业者职业认同研究(1815—1927)》,北京:人民出版社,2011年。
13. 方汉奇、丁淦林、黄瑚等:《中国新闻传播史》,北京:中国人民大学出版社,2002年。
14. 方汉奇、王润泽主编:《中国人民大学新闻学院藏稀见民国新闻史料汇编》,北京:国家图书馆出版社,2012年。
15. 方汉奇:《中国近代报刊史》,太原:山西教育出版社,1991年。
16. 方汉奇:《中国新闻事业编年史(中)》,福州:福建人民出版社,2000年。
17. 方汉奇主编:《中国新闻事业通史》(第一卷),北京:中国人民大学出版社,1992年。
18. 方晓红:《中国新闻史》,北京:北京师范大学出版社,2013年。
19. 费正清编:《剑桥中华民国史 1912—1949年(上卷)》,北京:中国社会科学出版社,

1998年。

20. 费正清编:《剑桥中华民国史 1912—1949 年(下卷)》,北京:中国社会科学出版社,1998年。

21. 冯并:《中国文艺副刊史》,北京:华文出版社,2001年。

22. 复旦大学历史系中国近代史教研组:《中国近代对外关系史资料选辑(1840—1949)》(下卷第二分册),上海:上海人民出版社,1977年。

23. 复旦大学语言研究室:《陈望道文集》(第三卷),上海:上海人民出版社,1981年。

24. 甘惜分主编:《新闻学大辞典》,郑州:河南人民出版社,1993年。

25. 高名凯、刘正埮:《现代汉语外来词研究》,北京:文字改革出版社,1958年。

26. 戈公振:《从东北到庶联》,长沙:湖南人民出版社,1984年。

27. 戈公振:《中国报学史》,长沙:岳麓书社,2011年。

28. 郭沫若:《文艺与宣传》,《抗战与宣传》,重庆:独立出版社,1938年。

29. 郭沫若:《战时宣传工作》(第3版),重庆:重庆青年书店,1940年。

30. 洪煜:《近代上海小报与市民文化研究 1897—1937》,上海:上海书店出版社,2007年。

31. 胡百精:《公共关系学》,北京:中国人民大学出版社,2008年。

32. 胡适:《胡适文集》,合肥:黄山书社,1996年。

33. 胡适著,耿云志、欧阳哲生编:《胡适书信集 1907—1962》,北京:北京大学出版社,1996年。

34. 胡太春:《中国近代新闻思想史》,太原:山西人民出版社,1987年。

35. 黄瑚:《中国近代新闻法制史论》,上海:复旦大学出版社,1999年。

36. 黄瑚:《中国新闻事业发展史》,上海:复旦大学出版社,2001年。

37. 黄裔:《梅溪集》,香港:香港天马图书有限公司,2003年。

38. 李彬:《中国新闻社会史》,北京:清华大学出版社,2008年。

39. 李滨:《中国近代报刊角色观念的发展和演变》,长沙:岳麓书社,2011年。

40. 李金铨:《报人报国》,香港:香港中文大学出版社,2013年。

41. 李金铨主编:《文人论政:知识分子与报刊》,桂林:广西师范大学出版社,2008年。

42. 李良荣:《西方新闻事业概论》(第3版),上海:复旦大学出版社,2006年。

43. 李龙牧:《五四时期思想史论》,上海:复旦大学出版社,1990年。

44. 李欧梵:《现代性的追求》,北京:生活·读书·新知三联书店,2000年。

45. 李泽厚:《中国近代思想史论》,合肥:安徽文艺出版社,1994年。

46. 李泽厚:《中国现代思想史论》,合肥:安徽文艺出版社,1994年。

47. 梁启超:《清代学术概论》,上海:上海古籍出版社,1998年。

48. 梁启超:《饮冰室合集·文集》,北京:中华书局,1989年。

49. 梁启超:《饮冰室合集·专集》,北京:中华书局,1989年。

50. 梁士纯:《实用宣传学》,上海:商务印书馆,1936年。

51. 梁遇春：《小品文选》，上海：北新书局，1930年。
52. 林达祖、林锡旦：《沪上名刊〈论语〉谈往》，上海：上海书店出版社，2008年。
53. 林太乙：《林语堂传》，北京：中国戏剧出版社，1994年。
54. 林语堂：《林语堂名著全集》（1—30卷），长春：东北师范大学出版社，1994年。
55. 刘半农著，徐瑞嶽编：《刘半农文选》，北京：人民文学出版社，1986年。
56. 刘桂生、张步洲编：《台港及海外五四研究论著撷要》，北京：教育科学出版社，1989年。
57. 刘海龙：《宣传：观念、话语及其正当化》，北京：中国大百科全书出版社，2013年。
58. 刘建明等主编：《宣传舆论学大辞典》，北京：经济日报出版社，1992年。
59. 刘凌、孔繁荣编：《蔡元培书话》，杭州：浙江人民出版社，1998年。
60. 刘心皇：《现代中国文学史话》，台北：正中书局，1979年。
61. 刘炎生：《林语堂评传》，南昌：百花洲文艺出版社，2015年。
62. 刘哲民编：《近现代出版新闻法规汇编》，上海：学林出版社，1992年。
63. 鲁迅、景宋：《两地书·原信：鲁迅许广平来往通信集》，北京：中国青年出版社，2005年。
64. 鲁迅：《鲁迅全集》（第三卷），北京：人民文学出版社，1956年。
65. 鲁迅：《鲁迅全集》（第四卷），北京：人民文学出版社，1973年。
66. 鲁迅：《鲁迅全集》（第五卷），北京：人民文学出版社，2006年。
67. 罗元铮主编：《中华民国实录》，长春：吉林人民出版社，1998年。
68. 吕若涵：《"论语派"论》，上海：上海三联书店，2002年。
69. 马光仁主编：《上海新闻史（1850—1949）》（修订版），上海：复旦大学出版社，2014年。
70. 茅盾：《茅盾全集》（第二十卷），北京：人民文学出版社，1990年。
71. 倪延年：《中国报刊法制发展史·现代卷》，南京：南京师范大学出版社，2010年。
72. 欧阳哲生主编：《傅斯年全集》（第一卷），长沙：湖南教育出版社，2000年。
73. 钱基博：《现代中国文学史》，长沙：岳麓书社，1986年。
74. 钱锁桥编：《小评论：林语堂双语文集》，北京：九州出版社，2012年。
75. 钱玄同著，北京鲁迅博物馆编：《钱玄同日记》（影印本），福州：福建教育出版社，2002年。
76. 钱玄同著，沈永宝编：《钱玄同五四时期言论集》，上海：东方出版中心，1998年。
77. 秦绍德：《上海近代报刊史论》（增订版），上海：复旦大学出版社，2014年。
78. 任重编：《文言、白话、大众话论战集·白话》，《民国丛书第1编52》，上海：上海书店，1934年。
79. 邵飘萍：《实际应用新闻学》，北京京报馆，民国十二年（1923年）铅印本。
80. 邵绡红：《我的爸爸邵洵美》，上海：上海书店出版社，2005年。
81. 邵志择：《近代中国报刊思想的起源与转折》，杭州：浙江大学出版社，2011年。

82. 施建伟:《林语堂研究论集》,上海:同济大学出版社,1997年。

83. 施建伟:《林语堂在大陆》,北京:北京十月文艺出版社,1991年。

84. 施建伟:《林语堂在海外》,天津:百花文艺出版社,1992年。

85. 石峻:《中国近代思想史参考资料简编》,北京:生活·读书·新知三联书店,1957年。

86. 史仲文、胡晓林等主编:《中国全史》,北京:人民出版社,1994年。

87. 孙旭培:《坎坷之路:新闻自由在中国》,北京:巨流出版社,2013年。

88. 孙中山:《孙中山全集》(第一卷),北京:中华书局,1981年。

89. 万平近:《林语堂论》,西安:陕西人民出版社,1987年。

90. 万平近:《林语堂评传》,上海:上海远东出版社,2008年。

91. 王凤超:《中国的报刊》,北京:人民出版社,1988年。

92. 王培英编:《中国宪法文献通编》(修订版),北京:中国民主法制出版社,2007年。

93. 王韬:《弢园文录外编》,上海:上海书店出版社,2002年。

94. 王维礼:《中国现代史大事纪事本末(1919—1949)》(上),哈尔滨:黑龙江人民出版社,1987年。

95. 王文彬:《中国报纸副刊》,北京:中国文史出版社,1988年。

96. 王兆胜:《林语堂的文化情怀》,北京:中国社会科学出版社,1998年。

97. 王兆胜:《林语堂的文化选择》,台北:台湾秀威资讯科技有限公司,2004年。

98. 王兆胜:《林语堂两脚踏中西文化》,北京:文津出版社,2005年。

99. 吴廷俊:《新记〈大公报〉史稿》,武汉:武汉出版社,2002年。

100. 吴廷俊:《中国新闻传播史稿》,武汉:华中理工大学出版社,1999年。

101. 西北政法学院法制史教研室:《中国近代法制史资料选辑(1840—1949)》(第二辑),西安:西北政法学院法制史教研室出版,1985年。

102. 谢明辉:《新闻评论研究》,北京:人民日报出版社,2014年。

103. 熊月之:《中国近代民主思想史》,上海:上海人民出版社,1986年。

104. 徐宝璜:《新闻学》,北京:中国人民大学出版社,1994年。

105. 徐冰:《20世纪三四十年代中国文化人的日本认识:基于〈宇宙风〉杂志的考察》,北京:商务印书馆,2010年。

106. 徐訏:《徐訏文集》,上海:上海三联书店,2008年。

107. 许纪霖:《中国知识分子十论》,上海:复旦大学出版社,2003年。

108. 许纪霖等:《近代中国知识分子的公共交往(1895—1949)》,上海:上海人民出版社,2007年。

109. 杨光辉等编:《中国近代报刊发展概况》,北京:新华出版社,1986年。

110. 杨奎松:《忍不住的"关怀":1949年前后的书生与政治》,桂林:广西师范大学出版社,2013年。

111. 姚颖:《京话》(民国史料笔记丛刊),上海:上海书店出版社,2000年。

112. 叶再生:《中国近代现代出版通史》(第一卷),北京:华文出版社,2002年。
113. 尹韵公:《中国明代新闻传播史》,重庆:重庆出版社,1990年。
114. 余英时:《中国知识分子论》,郑州:河南人民出版社,1997年。
115. 郁达夫:《郁达夫文集》,广州:花城出版社,1983年。
116. 郁达夫:《中国新文学大系·散文二集导言》,上海:上海良友图书印刷公司,1935年。
117. 张宝明、王中江主编:《回眸〈新青年〉·语言文学卷》,郑州:河南文艺出版社,1998年。
118. 张宝明:《现代性的流变——〈新青年〉个人、社会与国家关系聚焦》,北京:社会科学文献出版社,2005年。
119. 张恨水:《记者外传》,太原:北岳文艺出版社,1993年。
120. 张宏杰:《中国国民性演变历程:专制制度的演进导致国民性格大倒退》,长沙:湖南人民出版社,2013年。
121. 张季鸾:《季鸾文存》,天津:大公报馆,1944年。
122. 张静庐:《中国近代出版史料(初编)》,上海:上海联群出版社,1953年。
123. 张朋园:《知识分子与近代中国的现代化》,南昌:百花洲文艺出版社,2002年。
124. 张威:《光荣与梦想:一代新闻人的历史终结》,北京:清华大学出版社,2012年。
125. 张育仁:《自由的历险——中国自由主义新闻思想史》,昆明:云南人民出版社,2002年。
126. 赵海彦:《中国现代趣味主义文学思潮》,北京:中国社会科学出版社,2005年。
127. 赵家璧:《编辑忆旧》,北京:生活·读书·新知三联书店,1984年。
128. 赵晓兰、吴潮:《传教士中文报刊史》,上海:复旦大学出版社,2011年。
129. 郑观应:《盛世危言》,沈阳:辽宁人民出版社,1994年。
130. 中共中央党史研究室:《中国共产党历史第一卷(1921—1949)》(上册)(第2版),北京:中共党史出版社,2011年。
131. 中国第二历史档案馆编:《中华民国史档案资料汇编》,南京:江苏古籍出版社,1991年。
132. 中国社科院新闻研究所编:《抗日战争时期的中国新闻界》,重庆:重庆出版社,1987年。
133. 周宁:《龙的幻象(上)》,《中国形象:西方的学说与传说·8》,北京:学苑出版社,2004年。
134. 周策纵:《五四运动:现代中国的思想革命》,南京:江苏人民出版社,1996年。
135. 周作人:《周作人日记》(影印本),郑州:大象出版社,1996年。
136. 朱传誉:《宋代新闻史》,台北:"中国学术著作奖助委员会",1967年。
137. 朱传誉:《中国民意与新闻自由发展史》,台北:正中书局,1974年。
138. 卓南生:《中国近代报业发展史(1815—1874)》,北京:中国社会科学出版社,

2002年。

139. 子通主编:《林语堂评说70年》,北京:中国华侨出版社,2003年。

二、外文著述及译著

1. Agnes Smedley: Battle Hymn of China; UK: Victor Gollancz, 1944.

2. Lin Yutang: A History of the Press and Public Opinion in China; Chicago: The University of Chicago Press, 1936.

3. Lin Yutang: Letters of a Chinese Amazon and War-time Essays; Shanghai: The Commercial Press Limited, 1930.

4. The Commission on Freedom of Press: A Free and Responsible Press; The University of Chicago Press, 1947.

5. 林语堂著,安藤次郎、河合彻译:《支那言论的发达》,日本:生活社,1939年。

6. 林语堂著,郝志东、沈益洪译:《中国人》,上海:学林出版社,1994年。

7. 林语堂著,刘启升译:《美国的精神》,北京:群言出版社,2011年。

8. 林语堂著,刘小磊译:《中国新闻舆论史》,上海:上海人民出版社,2008年。

9. 林语堂著,王海、何洪亮译:《中国新闻舆论史》,北京:中国人民大学出版社,2008年。

10. 林语堂著,王海译:《中国新闻舆论史》(1968年版),广州:暨南大学出版社,2011年。

11. [荷]简·布雷默、赫尔曼·茹登伯格编,北塔等译:《搞笑——幽默文化史》,北京:社会科学文献出版社,2001年。

12. [美]爱德华·萨义德著,单德兴译:《知识分子论》,北京:生活·读书·新知三联书店,2002年。

13. [美]白瑞华著,苏世军译:《中国近代报刊史(1800—1912)》,北京:中央编译出版社,2013年。

14. [美]哈罗德·D.拉斯韦尔著,田青、张洁译:《世界大战中的宣传技巧》,北京:中国人民大学出版社,2003年。

15. [美]卡斯珀·约斯特著,王海译:《新闻学原理》,北京:中国传媒大学出版社,2012年。

16. [美]柯文著,雷颐、罗检秋译:《在传统与现代性之间:王韬与晚清改革》,南京:江苏人民出版社,2003年。

17. [美]罗纳德·斯蒂尔著,于滨、陈小平、谈锋译:《李普曼传》,北京:新华出版社,1982年。

18. [美]迈克尔·舒德森著,徐桂权译:《新闻社会学》,北京:华夏出版社,2010年。

19. [美]沃尔特·李普曼著,阎克文、江红译:《公众舆论》,上海:上海人民出版社,

2006年。

20. [美]新闻自由委员会,展江等译:《一个自由而负责的新闻界》,北京:中国人民大学出版社,2004年。

21. [美]伊罗生著,于殿利、陆日宇译:《美国的中国形象》,北京:中华书局,2006年。

三、主要报刊

1. Asia,New York:Asia Publishing Company.
2. The China Critic,Shanghai:China Critic Publishing.
3. The Nation,New York:The Nation Company.
4. The New Republic,New York:The New Republic Company.
5. The New York Times Magazine,New York:New York Times Company.
6. The New York Times,New York:New York Times Company.
7. 《晨报副刊》,北京:晨报社。
8. 《论语》,上海:时代图书公司,1932—1949年。
9. 《莽原》,上海:上海书店,1983年,影印本。
10. 《人间世》,上海:良友图书印刷公司,1934—1936年。
11. 《申报》,上海:申报馆。
12. 《太白》,上海:上海生活书店。
13. 《文学》,上海:上海文艺出版社,1961年,影印本。
14. 《现代评论》,长沙:岳麓书社,1999年,影印本。
15. 《新青年》,北京:人民出版社,1954年,影印本。
16. 《逸经》,扬州:广陵书社,2010年,影印本。
17. 《宇宙风》,上海:宇宙风社,1935—1947年。
18. 《语丝》,上海:语丝社,1924—1930年。

四、期刊论文等

1. 蔡元唯:《林语堂研究:从政府的批判者到幽默的独立作家(一九二三到一九三六)》,台湾"中国文化大学"史学研究所硕士学位论文,2005年。
2. 曹毓生:《论郁达夫对林语堂及其小品文观的批评》,《求索》,2005年第1期。
3. 陈纪滢:《我们知道的林语堂先生》,台湾《传纪文学》,第31卷第6期。
4. 陈煜斓:《林语堂幽默观的历史审视》,《湘潭大学学报(哲学社会科学版)》,2007年第3期。
5. 陈煜斓:《民族意识与抗战文化——林语堂抗战期间文化活动的思想检讨》,《山东师范大学学报(人文社会科学版)》,2008年第4期。

6. 陈蕴茜:《论五四知识分子群体的转型》,《江苏社会科学》,1996年第3期。

7. 春杨:《清末报律与言论、出版自由》,《法学》,2000年第3期。

8. 邓丽兰:《略论〈中国评论周报〉(The China Critic)的文化价值取向——以胡适、赛珍珠、林语堂引发的中西文化论争为中心》,《福建论坛(人文社会科学版)》,2005年第1期。

9. 杜玲:《林语堂有无革命思想辨析》,《广东社会科学》,2005年第3期。

10. 范昕悦:《林语堂的编辑思想和办刊风格》,《出版发行研究》,2008年第7期。

11. 冯羽:《日本"林学"的风景——兼评日本学者合山究的林语堂论》,《世界华文文学论坛》,2009年第1期。

12. 冯智强:《林语堂中国文化观的建构与超越——从传统文化的批判到中国智慧的跨文化传播》,《湖北社会科学》,2008年第11期。

13. 傅岩山:《林语堂编辑艺术略论》,《编辑之友》,2002年A1期。

14. 傅逸生:《中国出版界到何处去?》,《现代》,第6卷第2期,1935年3月。

15. 谷长岭:《晚清报刊的两个基本特征》,《国际新闻界》,2010年第1期。

16. 郭辉:《"盖棺论定,尚有待于千载下焉"——孙中山逝世后的舆论反应》,《民国档案》,2010年第4期。

17. 侯东阳:《林语堂的新闻舆论观——评林语堂的〈中国新闻舆论史〉》,《新闻与传播研究》,2001年第2期。

18. 胡百精:《公共关系的"元理论"与对话范式》,《国际新闻界》,2007年第12期。

19. 胡龙春:《林语堂对中西文化交流的贡献》,《兰台世界》,2010年第7期。

20. 黄芳:《跨语际文学实践中的多元文化认同——以〈中国评论周报〉〈天下月刊〉为中心的考察》,华东师范大学博士学位论文,2010年。

21. 黄远生:《不党之言》,《东方杂志》,1915年11月10日。

22. 金花子:《20世纪初中国"国民精神"的批判与改造——兼析林语堂的"国民性"》,《求索》,2008年第11期。

23. 李金铨、刘兢:《海外中国传媒研究的知识地图》,《开放时代》,2012年第3期。

24. 李平:《林语堂的学生生涯史料考察》,《闽台文化交流》,2009年04期。

25. 李英姿:《民国时〈论语〉半月刊经营之道初探》,《齐鲁学刊》,2008年第2期。

26. 林达祖:《我与邵洵美合编〈论语〉之回忆》,《新文学史料》,1997年第3期。

27. 林夏:《〈谈风〉的〈宛西闻见记〉》,《河南教育(中旬刊)》,2013年第1期。

28. 陆晔、潘忠党:《成名的想象:中国社会转型过程中新闻从业者的专业主义话语建构》,台湾《新闻学研究》,2002年第4期。

29. 鹿丽萍:《林语堂编辑出版思想略论》,《编辑之友》,2010年第8期。

30. 马永强:《近代报刊文体的演变与新文学》,《晋阳学刊》,2000年第2期。

31. 闵正年、张志强:《赛珍珠怎样在美国推出林语堂》,《编辑学刊》,2014年第3期。

32. 邱广宏:《论林语堂的期刊编辑思想》,《出版发行研究》,2012年第10期。

33. 冉彬:《30年代上海文学与上海出版业》,上海师范大学博士学位论文,2007年。
34. 沙望孙:《也谈林语堂和〈论语〉上的一首打油诗》,《纵横》,2000年第3期。
35. 邵绡红:《邵洵美的出版实践》,《出版科学》,2007年第2期。
36. 施萍:《"革命",非"革命家"——论林语堂的知识分子立场》,《社会科学》,2005年第11期。
37. 施萍:《回归、审视与选择——论林语堂的传统文化观》,《江苏社会科学》,2001年第2期。
38. 施萍:《论林语堂幽默思想的批判功能》,《文艺理论研究》,2004年第6期。
39. 唐弢:《林语堂论》,《鲁迅研究月刊》,1988年第7期。
40. 王海、何洪亮:《中国古代舆情的历史考察——从林语堂的〈中国新闻舆论史〉说起》,《湖北社会科学》,2007年第2期。
41. 王海:《20世纪二三十年代中西杂志比较——兼论林语堂的杂志观》,《国际新闻界》,2008年第9期。
42. 王京芳:《邵洵美年表》,《新文学史料》,2006年第1期。
43. 王兆胜:《林语堂与邵洵美》,《福建论坛(人文社会科学版)》,2004年第5期。
44. 吴慧坚:《文化传播与策略选择——从林语堂著〈生活的艺术〉说起》,《福建论坛(人文社会科学版)》,2007年第9期。
45. 吴翔:《林语堂的舆论改良观——关于〈中国新闻舆论史〉的解读》,《世界华文文学论坛》,2011年第4期。
46. 吴有定:《林语堂的版权观念与实践》,《编辑之友》,2005年第4期。
47. 吴元康:《五四时期胡适自费资助林语堂留学考》,《安徽史学》,2009年第5期。
48. 吴志福:《林语堂之父林至诚牧师小传》,《天风》,2013年04期。
49. 肖百容:《"放浪者":林语堂的人格乌托邦》,《中国现代文学研究丛刊》,2011年第3期。
50. 谢庆立:《19世纪中国报业与新型知识分子》,《中国文化研究》,2013年第1期。
51. 谢友祥:《林语堂:直面生命必然缺陷的智者》,《西北师大学报(社会科学版)》,2002年第2期。
52. 谢友祥:《林语堂的文化批判和文化选择》,《文学评论》,2001年第3期。
53. 熊显长:《林语堂的杂志观》,《编辑学刊》,2001年第5期。
54. 余娜:《论现代化转型中的国民性观念:以林语堂为个案》,《福建论坛(人文社会科学版)》,2013年第5期。
55. 俞王毛:《〈宇宙风〉与抗战共辉煌》,《厦门文学》,2005年第4期。
56. 员怒华、王灿发:《中国报纸副刊的历史嬗变》,《湖南大众传媒职业技术学院学报》,2004年第1期。
57. 袁洪亮:《"国民性"概念辨析与界定》,《株洲师范高等专科学校学报》,2002年第1期。

58. 翟爱玲:《传统与现代之间:中国近代知识分子的嬗变特征》,《河南科技大学学报(社会科学版)》,2009年第5期。

59. 张桂兴:《林语堂国际学术研讨会综述》,《文学评论》,2008年第3期。

60. 张丽萍、陈培爱:《试论我国近现代报刊的"文人论政"传统》,《内蒙古大学学报(哲学社会科学版)》,2011年第2期。

61. 张宁:《"浮躁凌厉"——林语堂北京时期的杂文》,《福建论坛(社科教育版)》,2007年第2期。

62. 章克标:《闲话〈论语〉半月刊》,香港《读者良友》,1986年第6期。

63. 章敏:《论林语堂1930年代创作语境与读者接受的变化及对当下的启示》,《徐州师范大学学报(哲学社会科学版)》,2008年第6期。

64. 赵国忠:《周黎庵编"宇宙风社月书"》,《出版史料》,2009年第2期。

65. 周晓红:《理解国民性:一种社会心理学的视角》,《天津社会科学》,2012年第5期。

66. 周质平:《林语堂的抗争精神》,《二十一世纪》双月刊,2012年2月号,总第129期。

67. 周质平:《张弛在自由与权威之间:胡适、林语堂与蒋介石》,《二十一世纪》双月刊,2014年12月号,总第146期。

附 录

林语堂新闻活动年表[①]

1895 年（清光绪二十一年） 1 岁

10 月 10 日出生于福建省龙溪县坂仔村，谱名和乐，学名玉堂，字语堂。家中有兄弟六人，姐姐两人，林语堂排行第五。

1900—1910 年（清光绪二十六年至光绪三十六年） 6—16 岁

先就读于坂仔村教会办的铭新小学，后父亲林至诚不满于铭新小学的师资和教学，1904 年转入厦门鼓浪屿教会小学，1907 年入教会办的中学寻源学院学习四年。在这期间，林语堂跟随父亲传教，深受两位西方传教士范礼文（Reverend W. L. Warnshius）和林乐知（Young J. Allen）的影响，并开始接触西方的杂志和传教士中文报刊。

1911 年（清光绪三十七年） 17 岁

入上海圣约翰大学学习，先在神学院学习了一年半，后转入文学院，其间几乎中断中文学习以及与真实中国社会的接触，集中精力学习英文和西方文学。在圣约翰大学期间担任班长、"英文文学辩论社"社长、"圣约翰青年中学"英文秘书、校合唱团团长、田径队队员、足球队队员；从大一开始担任学生刊物

[①] 本年表主要梳理的是林语堂的新闻实践经历，因此略去了与新闻实践无关的人生经历，他在报刊上发表的中英文文章也远不止本年表所列（仅限于他的新闻实践及新闻与舆论思想方面），特此说明。

Echo 的编辑,并在大四时任当届毕业纪念年刊的主编。

1916 年　22 岁

秋天,从圣约翰大学毕业,获文学学士学位,在校方的举荐下入清华大学担任英文教员。工作之余花大量时间和精力博览国学书籍,充实国学基础知识。

1917 年　23 岁

受胡适和陈独秀的影响,一边从事教学工作,一边开始在报刊上发表文章,支持文学革命。在北平的英文报纸上发表了几篇关于欧洲文学发展与白话写作之间关系的文章,引起了胡适的注意。

1918 年　24 岁

2月,《汉字索引制说明》刊于《新青年》第4卷第2号,这是林语堂用中文发表的第一篇文章。

4月,《论〈汉字索引制〉及西洋文学》刊于《新青年》第4卷第4号。

同年,在《清华季刊》上发表《分类成语辞书编纂法》。

以上三篇文章虽主要是语言学的内容,但文章发表后所产生的舆论效应,使林语堂初次感受到了报刊的魅力,他因此被聘为教育部"国语统一筹备会"会员。

1919 年　25 岁

6月,申请到留学美国的半额奖学金,每月四十美元。

7月9日,与廖翠凤女士结婚。

8月,偕妻乘坐"哥伦比亚号"轮船由上海赴美。

9月,入哈佛大学比较文学所深造。

1920 年　26 岁

因留学费用被无故取消,无力在哈佛大学继续求学。应基督教青年会之邀,前往法国乐魁索城(Le Creusot)的"中国劳工青年会"服务,教华工读书识字。

1921 年　27 岁

2月,由法国转到德国,入耶拿大学(University of Jena)就读一个学期。

9月,转入德国莱比锡大学攻读博士学位。

同年,获哈佛大学硕士学位。

1922 年　28 岁

继续攻读博士学位,撰写博士论文《古代中国语音学》,获音韵学博士学位。

1923 年　29 岁

夏天,结束四年的留学生活,回到中国。

9月,应胡适之邀到北京大学执教,任英文系英文及语言学教授。

1924 年　30 岁

兼任北京女子师范大学英文学科主任、教务长。日常教书之余,经常在《晨报副刊》上发表关于文艺和思想的文章。

开始担任《国民新报》英文部编辑(直到 1926 年 5 月遭北洋军阀政府通缉被迫南下)。

9月,加入语丝社。

11月,《语丝》创刊,成为《语丝》周刊 16 位主要撰稿人之一。

12月1日,《论土气与思想界之关系》刊于《语丝》第 3 期。

1925 年　31 岁

受鲁迅和周作人等人的影响,积极在报刊上发表有关"改造国民性"的评论文章,并与"现代评论派"展开激烈论战,支持爱国群众运动。

1月10日,《谈理想教育》刊于《现代评论》第 1 卷第 5 期。

3月29日,《论性急为中国人所恶》刊于《猛进》第 5 期。

4月20日,《给玄同的信》刊于《语丝》第 23 期。

6月8日,《话》刊于《语丝》第 30 期。

6月24日,《丁在君的高调》刊于《京报副刊》。

10月12日,《随感录》[又名《回京杂感(四则)》]刊于《语丝》第 48 期。

11月9日,《谬论的谬论》(又名"读书救国"谬论一束)刊于《语丝》第 52 期。

11月23日,《咏名流》刊于《语丝》第 54 期。

11月30日,《Zarathustra 语录》刊于《语丝》第 55 期。

12月,写作《苦矣!左拉!》(收入《翦拂集》)。

12月14日,《插论语丝的文体——稳健、骂人及费厄泼赖》(又名《论语丝文体》)刊于《语丝》第57期。

12月19日,《论骂人之难》刊于《国民新报副刊》。

12月31日,写作《〈"公理"的把戏〉后记》(收入《翦拂集》)。

1926年　32岁

继续与"现代评论派"之间的论战,支持女师大学生反对校长杨荫榆的斗争,摒弃"费厄泼赖"思想,在报刊上积极声援鲁迅的"打狗运动",成为打狗运动的"急先锋"。

1月10日,《祝土匪》刊于《莽原》第1期。

1月26日,《写在刘博士文章及爱管闲事图表的后面》刊于《语丝》第63期。

3月10日,《泛论赤化与丧家之狗》刊于《京报副刊》。

3月29日,《悼刘和珍杨德群女士》刊于《语丝》第72期。

3月30日,写作《闲话与谣言》(收入《翦拂集》)。

4月2日,写作《讨狗檄文》(收入《翦拂集》)。

4月17日,写作《打狗释疑》(收入《翦拂集》)。

4月23日,写作《"发微"与"告密"》(收入《翦拂集》)。

5月,遭北洋军阀政府通缉,被迫南下。

6月,任厦门大学文科主任兼国学院总秘书。

12月19日,写作《冢国絮语解题》(收入《翦拂集》)。

12月23日,写作《文妓说》(收入《翦拂集》)。

1927年　33岁

3月,因"厦大风潮"愤而辞职,受武汉国民政府外交部部长陈友仁之邀,赴武汉任国民政府外交秘书,并担任英文报 The People's Tribune 的主编。林语堂在该报上发表了系列英文时政评论文章,这些文章连同英译的谢冰莹的《女兵日记》由商务印书馆于1930年结集出版,书名为 Letters of a Chinese Amazon and War-time Essays (《林语堂时事述译汇刊》,又称《女兵日记和战时评论》)。

9月,因厌恶政治,离开武汉赴上海专事写作。

1928 年　34 岁

6 月,受蔡元培之邀任中央研究院英文主编,兼任国际出版品交换处处长。

11 月,开始给英文刊物《中国评论周报》(The China Critic)撰稿。

12 月,最能反映林语堂评论特色的《翦拂集》由北新书局出版,这是林语堂生平正式出版的第一本著作。

1929 年　35 岁

12 月 26 日,在光华大学发表演讲《机器与精神》(收入《大荒集》)。

1930 年　36 岁

1 月 3 日,在寰球中国学生会发表演讲《论现代批评的职务》(刊于 1 月 23 日的《中国评论周报》,收入《大荒集》)。

1 月,开始主持《中国评论周报》的"The Little Critic"(《小评论》)专栏,担任编辑。(从《中国评论周报》第 3 卷第 27 期开始,直到 1936 年赴美前。其中 1931 年 5 月至 1932 年 5 月由于随中央研究院文化代表团出访欧洲,《小评论》专栏由全增嘏暂代)

1931 年　37 岁

5 月,随中央研究院文化代表团出访欧洲一年。

同年,《现代新闻散文选》(英文)由商务印书馆出版。

1932 年　38 岁

9 月 16 日,创办并主编《论语》半月刊。

10 月 16 日,《〈申报〉〈新闻报〉之老大》《半部〈韩非〉治天下》刊于《论语》第 3 期。

11 月 3 日,《致中国民权保障同盟》("For a Civic Liberty Union")刊于《中国评论周报》。

11 月 16 日,《文章五味》刊于《论语》第 5 期。

12 月 1 日,《编辑罪言》刊于《论语》第 6 期。

12 月 16 日,《脸与法治》刊于《论语》第 7 期。

12 月 29 日,和宋庆龄、蔡元培、杨杏佛共同发起成立"中国民权保障同盟"。

1933 年　39 岁

1月1日,《又来宪法》刊于《论语》第8期。

1月16日,《〈笨拙〉记者受封》刊于《论语》第9期。

2月1日,《吃糍粑有感》刊于《论语》第10期。

2月16日,《糍粑与糖元宝》刊于《论语》第11期。

2月,萧伯纳到上海访问,林语堂热情欢迎并在《论语》第12期设"迎萧专号"。

3月4日,在上海青年民权同盟发表演讲《谈言论自由》,刊于《论语》第13期。

4月16日,《编辑滋味》刊于《论语》第15期。

5月1日,《跋众愚节〈字林西报〉社论》刊于《论语》第16期。

10月1日,《论语录体之用》刊于《论语》第26期。

10月16日,《论政治病》刊于《论语》第27期。

11月1日,《与陶亢德书》刊于《论语》第28期。

12月16日,《有不为斋解》刊于《论语》第31期。

1934 年　40 岁

1月16日,《论幽默(一)》刊于《论语》第33期。

2月16日,《论幽默(二)》刊于《论语》第35期。

4月1日,《发刊〈人间世〉意见书》《再与陶亢德书》刊于《论语》第38期。

4月5日,创办并主编《人间世》半月刊。

4月28日,《方巾气研究(一)》刊于《申报·自由谈》。

4月30日,《方巾气研究(二)》刊于《申报·自由谈》。

5月20日,《说小品文半月刊》刊于《人间世》第4期。

5月31日,《方巾气研究(三)》刊于《申报·自由谈》。

6月20日,《论小品文笔调》刊于《人间世》第6期。

7月5日,《说个人笔调》刊于《新语林》创刊号。

10月5日,《怎样洗炼白话入文》刊于《人间世》第13期。

10月20日,《关于本刊》刊于《人间世》第14期。

1935 年　41 岁

1月1日,《跋〈西洋幽默专号〉》刊于《论语》第56期。

2月20日,《小品文之遗绪》刊于《人间世》第22期。

3月20日,《再谈小品文之遗绪》刊于《人间世》第24期。

5月5日,《今文八弊(上)》刊于《人间世》第27期。

5月20日,《今文八弊(中)》《〈记者生涯〉附语》刊于《人间世》第28期。

5月27日,在大厦大学发表演讲《中国的国民性——散漫性之来源》刊于《人间世》第32期。

6月5日,《今文八弊(下)》刊于《人间世》第29期。

7月3日,《说本色之美》刊于《文饭小品》第6期。

7月15日,《谈画报》刊于《良友画报》第107期。

8月,开始担任英文刊物《天下月刊》(T'ien Hsia Monthly)的编辑(直到1936年3月)。

8月,《一盘散沙》("A Tray of Loose Sands")刊于《亚洲》(Asia)。

9月16日,创办并主编《宇宙风》半月刊。

9月16日,《孤崖一枝花》《无花蔷薇》《且说本刊》刊于《宇宙风》第1期。

10月,《中国的出路》("The Way out for China")刊于《亚洲》。

10月16日,《所望于〈申报〉》刊于《宇宙风》第3期。

11月1日,《〈论语〉三周年》刊于《论语》第73期。

12月1日,《写中西文之别》刊于《宇宙风》第6期。

12月,《我要去阿比西尼亚》("I Want to Go to Abyssinia")刊于《中国评论周报》。

同年,用英文写成《中国新闻舆论史》(A History of the Press and Public Opinion in China)。

1936年　42岁

1月1日,《关于北平学生"一·二九"运动》刊于《宇宙风》第8期。

2月16日,《论性灵》刊于《宇宙风》第11期。

3月5日,《与又文先生论〈逸经〉》刊于《逸经》第1期。

5月16日,《广田示儿记》刊于《论语》第65期,最早以英文发表于1935年3月的《中国评论周报》。

6月1日,《〈字林西报〉评走私》《〈申报〉的医学副刊》刊于《宇宙风》第18期。

与黄嘉德、黄嘉音合资创办《西风》杂志,为其致发刊词,此后担任第1—107期的顾问编辑。

8月,全家由上海赴美。

9月1日,《中国杂志的缺点——〈西风〉发刊词》刊于《宇宙风》第24期。

9月16日,《临别赠言》刊于《宇宙风》第25期。

10月1日,《文学》第7卷第9号上刊出《文艺界同人为团结御侮与言论自由宣言》,林语堂作为21位签署者之一在《宣言》上签了名,同时签名的有:鲁迅、巴金、茅盾、陈望道、郭沫若、谢冰心、丰子恺、张天翼等人。

10月5日,应《纽约时报》(*The New York Times*)和美国书籍出版者协会之邀,在第一届全美书展上发表演讲。这是林语堂旅美后的第一次公开演讲,《纽约时报》进行了大幅报道。

12月19日,应邀参加在哥伦比亚大学举行的有关"西安事变"的公开讨论会,并发表演讲。

12月20日,《中国联合抗日》("China Uniting Against Japan")、《中文名如何发音》("How to Pronounce Chinese Names")刊于《纽约时报》。

12月27日,《当哲学中国面对军事日本》("As 'Philosophic China' Faces 'Military Japan'")刊于《纽约时报周刊》(*The New York Times Magazine*)。

同年,《中国新闻舆论史》由上海别发洋行和美国芝加哥大学出版社先后出版。

1937年   43岁

开始在美国的新闻舆论界宣传中国抗日。

4月,《中国准备抵抗》("China Prepares to Resist")刊于《外交事务》(*Foreign Affairs*)。

6月,《更好地了解中国》("A Better Understanding of China")刊于《美亚》(*Amerasia*)。

6月16日,《自由并没死》刊于《宇宙风》第43期。

8月15日,《沦陷了的北平》("Captive Peiping Holds the Soul of Ageless China")刊于《纽约时报周刊》。

8月29日,《中国能否制止日本的亚洲征程?》("Can China Stop Japan in Her Asiatic March?")刊于《时代周刊》(*Time*)。

10月3日,《中国四个城市的故事》("China's Dramatic Story: A Tale of Four Cities")刊于《纽约时报周刊》。

10月30日,《日本征服不了中国》("Can China Stop Japan")刊于《中国读者周刊》(*The China Weekly Reader*)。

11月14日,《中国未来的关键人物:苦力》("Key Man in China's Future-the 'Coolie'")刊于《纽约时报周刊》。

《吾国与吾民》(My Country and My People)第十三版在美国出版,为了宣传抗日,林语堂在原书九章的基础上又写了长达八十页的《中日战争之我见》("A Personal Story of the Sino-Japanese War"),作为新增的第十章。

同年,《新中国的诞生》(The Birth of a New China: A Personal Story of the Sino-Japanese War)(即《中日战争之我见》)在美国发行单行本。

1938年　44岁

继续致力于抗日宣传。

1月19日,《美国对日本能做些什么》("What America Could Do to Japan")刊于《新民国》(The New Republic)。

1月30日,《中国的未来》("A Chinese Views the Future of China")刊于《纽约时报周刊》。

7月1日,《美国与中日战争》刊于《宇宙风》第70期。

8月,在巴黎开始写作《京华烟云》(Moment in Peking),寓抗日救亡宣传于才子佳人的故事当中。

8月16日,《日本必败论》刊于《宇宙风》第73期。

9月1日,《在美编〈论语〉及其他》刊于《宇宙风》第74期。

1939年　45岁

因欧战爆发,全家自巴黎回到纽约。

3月,《新中国的诞生》("The Birth of a New China")刊于《亚洲》。

5月6日,《怀疑论者的信念》("Faith of a Cynic")刊于《国家》(The Nation)。

5月9日,在纽约世界笔会第17届大会上发表演讲《希特勒与魏忠贤》,刊于《宇宙风乙刊》第17期。

11月12日,《真正的威胁不是炸弹,是概念》("The Real Threat: Not Bombs But Ideas")刊于《纽约时报周刊》。

12月,《远东就在隔壁》("The Far East is Next Door")刊于《中国月刊》(The China Monthly)。

同年,《京华烟云》由美国约翰·黛公司出版。

1940 年　46 岁

5 月，回到重庆。

8 月，返回美国。临行前将其在重庆北碚蔡锷路的住所捐赠给"中华全国文艺界抗敌协会"，同时出于享受在美国的"官员签证"待遇的考虑，接受了蒋介石侍从室"顾问"的头衔。这一决定使他之后的抗日宣传言论饱受争议。

8 月 23 日，《日本被中国的勇气挫败》("Japan Held Foiled by China's Courage")刊于《纽约时报》。

10 月 20 日，《读者来信》("Letter to the Editor")刊于《纽约时报》。

12 月 17 日，《读者来信》("Letter to the Editor")刊于《纽约时报》。

同年，《风声鹤唳》(A Leaf in the Storm)由美国约翰·黛公司出版。

1941 年　47 岁

1 月 27 日，《中国与美国对话》("China Speaks to America")刊于《新民国》。

2 月，《为中国的爱国者唱赞歌》("Singing Patriots of China")刊于《亚洲》。

6 月 8 日，接受《纽约时报》的采访，《纽约时报》刊出《林语堂认为日本处于绝境》("Lin Yutang Deems Japan Desperate")。

7 月，《四年战争回顾》("The Four-year War in Review")刊于《亚洲》。

7 月 31 日，《读者来信》("Letter to the Editor")刊于《纽约时报》。

9 月 21 日，《读者来信》("Letter to the Editor")刊于《纽约时报》。

1942 年　48 岁

2 月 15 日，《中国何以必胜》刊于《泰晤士周刊》。

2 月 22 日，《中国对西方的挑战》("A Chinese Challenge to the West")刊于《纽约时报周刊》。

3 月，《中国枪口直对日本》("The Chinese Gun at Nippon's Back")刊于《美国人》(The American Magazine)。

3 月，《与印度联盟》("Union Now with India")刊于《亚洲》。

5 月 26 日，《中国需要帮助》("China Needs Help")刊于《纽约时报》。

5 月，《战争的悖论》("The War of Paradoxes")刊于《亚洲》。

5 月，《第二次世界大战的悖论》("The Paradox of the Second World War")

刊于《中国月刊》。

5月31日,《读者来信》("Letter to the Editor")刊于《纽约时报》。

6月1日,《美国与中国的抗建》刊于《宇宙风》第115期。

7月,《战争与和平》("The War about the Peace")刊于《自由世界》(*Free World*)。

7月19日,《读者来信》("Letter to the Editor")刊于《纽约时报》。

8月24日,《印度与自由战争》("India and the War for Freedom")刊于《新民国》。

9月,《对破坏美国用轰炸机援助中国的抗议》("Protest Against Criminal Sabotage of U.S. Bomber Aid to China")刊于《中国月刊》。

11月,《东西方必须接触》("East and West Must Meet")刊于《调查》(*Survey Graphic*)。

12月,《当东方与西方相遇》("When East Meets West")刊于《大西洋》(*The Atlantic*)。

1943年　49岁

1月16日,《西方对亚洲需有政治策略》("Wanted: A Political Strategy for Asia")刊于《国家》。

4月,《地理政治:丛林法则》("Geopolitics: Law of the Jungle")刊于《亚洲》。

7月,《亚洲的未来》("The Future of Asia")刊于《亚洲》。

8月,《保卫民众》("In Defense of the Mob")刊于《亚洲》。

8月10日,《读者来信》("Letter to the Editor")刊于《纽约时报》。

秋天,再次回到重庆。

10月24日,在重庆中央大学发表演讲《论东西文化与心理建设》,刊于《天下文章》第2卷第4期。

11月13日,在西安青年堂发表演讲《中西哲学之不同》。

以上两次演讲,皆宣扬和平哲学,但由于立场差异,此次回国与左翼彻底决裂。

同年,《啼笑皆非》(*Between Tears and Laughter*)由美国约翰·黛公司出版。

1944 年　50 岁

重返美国,因在美国广播上支持重庆当局,受到美国出版商的警告。
12 月,《飞越驼峰》("Flying over the Hump")刊于《亚洲》。

1945 年　51 岁

3 月 24 日,《中国及其批评者》("China and Its Critics")刊于《国家》。
7 月 18 日,《中国的冲突分析》("Conflict in China Analysed")刊于《远东调查》(*Far Eastern Survey*)。

1946—1964 年　52—70 岁

辗转于纽约、巴黎、坎城、新加坡等地,专事文学创作。
1952 年 4 月,与次女林太乙在纽约创办《天风》杂志,自任社长。

1965 年　71 岁

2 月 10 日,应马星野之邀开始在台湾的《中央日报》开设《无所不谈》专栏。先后在该专栏发表《中国报业协会推行常用字运动》《谈文体之变——为〈自由谈〉二十年纪念而作》《论幽默》《看见碧姬芭杜的头发谈小品文》《姚颖女士说大暑养生》《再谈姚颖与小品文》等反映其新闻思想的文章,均收入《无所不谈合集》。
同年,结束旅美生活,回到香港。

1966 年　72 岁

6 月,定居台湾阳明山。
在台湾新闻界大会上发表演讲《谈新闻事业与现代社会》(收入《无所不谈合集》)。

1976 年　82 岁

3 月 26 日,逝世于香港,享年八十岁。
4 月 1 日,安葬于台湾阳明山故居后园。

后 记

四年前,有幸拜入倪延年老师门下,由原本的广告与公共关系实务研究进入到新闻史学领域。当时的心情是忐忑的,因为自己在新闻史方面积累太少,加上史学修养较差,一切似乎是从头开始。三年时间里,在导师的悉心指导下,最终完成了博士学位论文《著名作家的侧面:"新闻人"林语堂研究》,本书便是在这篇博士学位论文的基础上补充、完善而成。

林语堂先生尝谓编辑工作有"四苦"和"四乐",回想自己读博期间既当学生又当老师,中间还经历了从怀孕到生子,何尝不是?甘苦各半。白天忙工作,晚上愁论文(宝贝出生后变成"全天忙宝贝,全天愁论文"),感叹时间太少,此一苦也;写作思绪中断,毫无进展,或推倒重来,此二苦也;所需史料寻而未果,求而不得,此三苦也;学术水平有限,词不达意,抓耳挠腮,此四苦也。但读博的过程也有四乐:得到恩师的睿智指导,家人的默默支持,同伴的热忱帮助,此一乐也;可以与大师近距离交流,享受倾听知识、思想碰撞,此二乐也;图书馆、资料室、网络上、朋友处偶得珍贵史料,此三乐也;洗澡时、如厕时、吃饭时、醒来时灵感迸发,此四乐也。至此,快乐的感觉甚于苦闷。

本书是自己在学术道路上的第一本专著,书稿出版在即,需要感谢的人有很多。首先要感谢我的导师倪延年教授,他严谨的治学精神,深厚的学术功底,谦和待人的处世态度使我受益匪浅。在我眼中他既是一位令人尊敬的老师,更是一位宽厚亲切的长辈,从学习、工作到生活都给予了我无私的指导、帮助和关怀,更是慷慨地把本书纳入他的课题出版计划之中。

感谢方汉奇教授对我从新闻人视角研究林语堂给予了充分肯定。感谢程曼丽教授、方晓红教授、顾理平教授、张晓锋教授、于德山教授等专家学者,从论文开题到评阅和答辩,各位老师给予了我很多宝贵的意见和建议,使我深受启发。可惜的是自己能力有限,未能完全达到老师们的要求。

感谢中国社会科学杂志社编审、林语堂研究学会顾问王兆胜教授,漳州市林语堂研究会副会长陈煜斓教授,中国国家图书馆郭传芹副研究员。他们在选题构思、史料搜集方面给予了我无私的帮助。

感谢读博期间和我一起学习、讨论、互相激发的学友,在与他们的日常交流和学术探讨中,我收获了很多关于论文写作的建议和灵感。尤其要感谢卞冬磊博士,写作期间诸多叨扰,每次与他交谈总是受益良多,还有我的师兄王继先,为我提供了林语堂与马星野的交往史料,虞文俊同学为我搜集到《中国新闻舆论史》的日译本,卢河燕同学为我寻得很有价值的研究性文章。

还要特别感谢我的学生张昊宇和马愿濯,在台交流期间,他们为我从台北林语堂故居拍摄了大量有价值的照片,使本书的图片得以充实。感谢项雷达编辑的辛勤付出,使本书得以顺利出版。

最后要感谢我最亲爱的家人。感谢父母对我无微不至的照顾,感谢先生一直以来的宽容和默默守护,感谢淘淘小宝贝的降生,是你们让我拥有了完成博士论文的勇气和力量!

林语堂是一个思想、著作和经历都相当复杂的人,加之其崇尚自由的个性、矛盾的性格,使得他在不同历史时期的新闻活动存在着争议性。本书力持历史唯物主义观点,对林语堂做出贴近客观公允的描述和评价,但由于本人学识、眼界和思想深度的限制,一些观点和结论难免失之偏颇。林语堂在国外生活了近三十年,在台湾生活了近十年,与他相关的资料分散又难以收集,他的很多著作都是用英文撰写的,译本杂乱,良莠不齐,而与他相关的当事人大多已去世,很难对史料进行核实,因此本书所用的史料或存在错讹之处,同时在有限史料的基础上对林语堂新闻实践历程做出的梳理或存在遗漏、片面等缺陷。对于本书的不足和谬误,衷心期望得到同行们的指正和赐教。

钱　珺
2017 年 6 月 14 日于南京